Tiroler Jahrbuch für Politik 2008/2009

Kathrin Hämmerle, Peter Plaikner (Hg.)

Tiroler Jahrbuch für Politik 2008/2009

facultas.wuv

Bibliografische Information der Deutschen Nationalbibliothek

Die Deutsche Nationalbibliothek verzeichnet diese Publikation in der Deutschen Nationalbibliografie; detaillierte bibliografische Daten sind im Internet unter http://d-nb.de abrufbar.

Satz: Ekke Wolf, typic Buchdesign
Umschlaggestaltung: Atelier Tiefenthaler unter Verwendung des Gemäldes „Andreas Hofer" von Franz Defregger, 1901.
Druck: Facultas AG
Printed in Austria

ISBN 978-3-7089-0391-0

Gefördert vom Land Tirol und vom Bundesministerium für Wissenschaft und Forschung in Wien.

Gefördert von

Inhalt

Bevölkerung vor allem im Bereich des Wohnens mit diesem Thema zu verknüpfen (über die vereinfachte Prämisse, dass Bauland in Tirol knapp und von den Agrargemeinschaften gehortet sei, was billigen Wohnungsbau unmöglich mache). So konnte er ein an sich relativ schmales Spezialthema in eine für große Teile der Bevölkerung relevante Frage umwandeln. Sein automatischer Gegenspieler war damit Landesrat Anton Steixner von der ÖVP, zuständig für Landwirtschaft, sowie die ÖVP als Ganzes, die Dinkhauser gleichsam als Teil des Problems darstellte.

Seine Kandidatur bedeutete neben dem sehr wahrscheinlichen Einzug in den Landtag vor allem für die ÖVP den mit an Sicherheit grenzender Wahrscheinlichkeit eintretenden Verlust der absoluten Mehrheit. Auch die Koalitionsfrage war maßgeblich vom Antreten Dinkhausers bestimmt. Absolute Mehrheit oder nicht, eine Koalition gegen die ÖVP war mit den bis dato vorhandenen Parteien nicht machbar. Zwar konnte man spekulieren, ob SPÖ, Grüne und FPÖ genug Stimmen erreichen würden (was eher unwahrscheinlich war), allerdings war eine Zusammenarbeit dieser drei Parteien – selbst unter dem einenden Ziel, die ÖVP in die Opposition schicken zu können – nicht realistisch. Welche Variante allerdings sehr wohl machbar erschien, war eine gemeinsame Regierung von SPÖ, Grünen und der Liste FRITZ. Diese Dreierkoalition Rot-Grün-Dinkhauser spielte in weiterer Folge auch eine große Rolle in der Kommunikation der ÖVP, die diese Variante als realistische Bedrohung darstellte und somit vor allem auch für die interne Mobilisierung über ein klar umrissenes Gegnerszenario verfügte.

Sie konnte sich dabei auf eine relative Mehrheit in der Bevölkerung stützen, die diese Regierungsform kritisch sah. Zwar sank dieser Anteil seit Jänner 2008 konstant von 51 auf 44 Prozent im Mai 2008, die Zustimmungsrate zu Rot-Grün-Dinkhauser war mit 30 Prozent jedoch deutlich geringer (vgl. IMAS 2008). Die Liste FRITZ konnte sich letzten Endes auch nicht vollends von der ÖVP lösen: Jeweils ein Drittel der Wähler/innen schätzte die Wahrscheinlichkeit einer ÖVP-FRITZ-Koalition im Mai vor der Wahl ebenso hoch ein wie eine Dreierkoalition.

Die anderen Parteien spielten in diesem Konflikt nur eine untergeordnete Rolle. Vor allem die SPÖ konnte das Thema Teuerung nicht gewinnbringend für sich einsetzen. Die Grünen steckten sich mit 20 Prozent ein gewagt hohes Wahlziel und lieferten sich mit dem erhofften Gewinn von fünf Prozentpunkten einem kaum zu gewinnenden Erwartungsspiel aus. Die FPÖ trat ohne eigene Landtagsabgeordneten an, nachdem sich in der vorangegangenen Legislaturperiode die verbliebenen Abgeordneten zu unabhängigen Mandatar/inn/en erklärt hatten.

Wahlergebnis und Wählerströme

Mit über 18 Prozent der Stimmen und sieben Mandaten schaffte die Liste FRITZ aus dem Stand den Sprung auf den zweiten Platz im Landtag. Daneben gehörten alle anderen Landtagsparteien außer der FPÖ zu den Verlierern 2008. Die ÖVP kam nur mehr auf 40,5 Prozent (minus 9,4 Prozentpunkte) und 16 Mandate. Die SPÖ verlor mit 15,5 Prozent über 10 Prozentpunkte und fast die Hälfte ihrer Mandate, die Grünen mit knapp über 10 Prozent ein Drittel ihrer Stimmen. Nur die FPÖ konnte mit einem Plus von über vier Prozentpunkten und vier statt bisher zwei Mandaten ihre Position stärken. Andere Parteien wie die KPÖ und die Christen scheiterten klar am Einzug in den Landtag.

Die Wählerstromanalyse (vgl. SORA 2008) zeigte, dass es nur relativ bedingt zu einem direkten Wechsel der Wähler/innen von der ÖVP zu Dinkhauser kam. Die Liste FRITZ gewann von den ungleich kleineren Parteien SPÖ (9000 Stimmen) und Grüne (8000 Stimmen) mehr als von der ÖVP (7000 Stimmen). Gut die Hälfte von Dinkhausers Stimmen (52 Prozent) kam aber von früheren Nichtwähler/inne/n.

Umgekehrt stellten sich auch die Verluste der anderen Parteien differenzierter dar. ÖVP, SPÖ und Grüne verloren die meisten Stimmen jeweils an die Nichtwähler/innen. Entsprechend gering waren ihre Behalteraten: Die ÖVP erreichte 68 Prozent, die SPÖ 50 Prozent und die Grünen gar nur 49 Prozent. Die FPÖ hingegen holte sich den Großteil der neuen Stimmen von ehemaligen Nichtwähler/inne/n, nämlich 11 000 gegenüber einem Verlust von 2000 an diese Gruppe. Die Gründe für die im Verhältnis zur Parteigröße besonders starken Verluste der SPÖ werden bei den Wählerströmen ebenfalls deutlich. Außer von der ÖVP konnte sie im Saldo des Stimmenaustauschs von niemandem dazugewinnen, sie verlor nach allen Seiten.

Die Koalitionsmöglichkeiten nach der Wahl gestalteten sich für die ÖVP als durchaus positiv. Sie konnte mit jeder Partei eine Regierung bilden, gegen sie wäre jedoch nur eine politisch unrealistische Viererkoalition, bestehend aus allen restlichen Landtagsparteien, mehrheitsfähig gewesen. Letztlich kam es nach einem Führungswechsel in der ÖVP –Innenminister Günther Platter löste Herwig van Staa als Landeshauptmann ab – zu einer Fortsetzung der Koalition zwischen ÖVP und SPÖ. Spekulationen über eine ÖVP-Wahlkampfstrategie, dass ein getrenntes Antreten mit dem später auch bei der Nationalratswahl antretenden Dinkhauser abgesprochen wäre, um anschließend gemeinsam mit sicherer Mehrheit zu regieren, bewahrheiteten sich somit nicht. Das Wahlergebnis hätte das allerdings sowohl juristisch mittels nachträglich gekoppelter Listen ermöglicht als auch von den Wählerströmen her als erfolgreiche Taktik ausgewiesen.

Tabelle 1: Landtagswahlergebnisse Tirol 2003 und 2008 im Vergleich

	Landtagswahl 2003			**Landtagswahl 2008**				
	Stimmen	**%**	**Mandate**	**Stimmen**	**%**	**Mandate**	**Behalte-rate in %**	**Größte Gewinne von / Verluste an**
ÖVP	144774	49,89	20	136401	40,50 (–9,39)	16 (–4)	68	SPÖ + 9000 / Nichtwähler/innen –23 000
SPÖ	75019	25,85	9	52066	15,46 (–10,39)	5 (–4)	50	ÖVP + 6000 / Nichtwähler/innen –15 000
Grüne	45239	15,59	5	36136	10,73 (–4,86)	4 (–1)	49	ÖVP/Nichtwähler/innen +4000 / Nichtwähler/innen –9000
FPÖ	23113	7,97	2	41788	12,41 (+4,44)	4 (+2)	65	Nichtwähler/innen +11 000 / Fritz –3000
KPÖ	2032	0,7	–	3896	1,16 (+0,46)	–	–	
FRITZ		–	–	61795	18,35 (+18,35)	7 (+7)	–	Nichtwähler/innen +30 000
DCP		–		4699	1,40 (+1,4)		–	
Summe	290177*	100**	36	336781*	100,01**	36		

Anmerkungen:
* Die Wahlbeteiligung betrug 60,9 (2003) bzw. 65,84 Prozent (2008).
** Abweichungen von 100 Prozent ergeben sich durch Rundungsfehler.
Quelle: Amt der Tiroler Landesregierung, verfügbar unter: http://wahlen.tirol.gv.at/WahlenTirolGvAtWeb/wahlen.do?cmd=wahlInfo&wahl_id=20&cid (5. 8. 2008). Die Behalterate sowie die Angaben zu den größten Gewinnen und Verlusten in den Wählerströmen beruhen auf Berechnungen von SORA (2008b), verfügbar unter: http://www.sora.at/de/start.asp?b=482 (5. 8. 2008).

Das Wahlverhalten nach soziodemographischen Faktoren

In Österreich lassen sich vor allem bei Nationalratswahlen (vgl. Filzmaier/Hajek 2007, 71ff; Plasser/Ulram/Seeber 2007, 161ff), aber auch bei Landtagswahlen 2004 (vgl. Filzmaier/Hajek 2005, 12ff) unterschiedliche Zusammenhänge zwischen soziodemographischen Faktoren wie Geschlecht, Alter und beruflicher Stellung und dem individuellen Wahlverhalten zeigen:

– So existiert seit den 1980er-Jahren (vgl. Plasser/Ulram/Seeber 2000, 90)

eine sogenannte Geschlechterkluft (*gender gap*), die sich zwischen Mitte-links- und Mitte-rechts-Parteien abzeichnet. Vereinfacht gesagt wählen Frauen überdurchschnittlich stark SPÖ und vor allem Grüne, Männer hingegen ÖVP und vor allem FPÖ (die bisherigen Ergebnisse für das BZÖ fielen zu gering aus, um diesen Trend auch eindeutig für diese Gruppierung bestätigen zu können, ein ähnliches Bild scheint aber plausibel).

- Eine weitere Unterscheidung ist aufgrund des Alters zu treffen (*generation gap*). Die Großparteien und insbesondere die SPÖ werden überdurchschnittlich stark von älteren Personen und Pensionist/inn/en gewählt, die Grünen und teilweise die FPÖ von jüngeren Wähler/inne/n.
- Ein dritter relevanter Faktor ist die Unterscheidung der Wähler/innen anhand des Berufs, speziell jene zwischen Arbeiter/inne/n und Selbstständigen. Erstere waren und sind eine überdurchschnittlich starke SPÖ-Schicht (die speziell in den 1990er-Jahren in großen Teilen auch für die

Grafik 1: Wahlverhalten nach Geschlecht

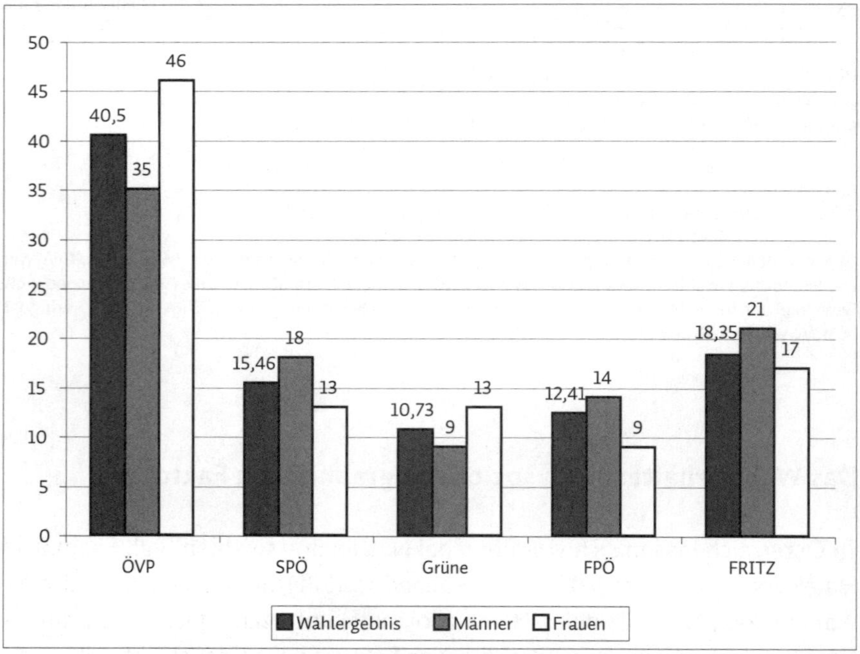

Angaben in Prozent, Abweichung von 100 Prozent Rundungsfehler.
Quelle: ORF-Wahltagsbefragung, durchgeführt von ISA/SORA (n = 1079, max. Schwankungsbreite +/—3 Prozent) bzw. Amt der Tiroler Landesregierung.

FPÖ aufgeschlossen waren), Letztere hingegen klassische ÖVP-Wähler/innen.

Die genannten Unterscheidungsmerkmale sind in ihrer Ausprägung einem Wandel unterworfen und nicht zuletzt auch vom jeweiligen Wahlkontext abhängig. Die Geschlechterkluft schwächte sich beispielsweise auf Bundesebene nach einer deutlichen Ausprägung 2002 bei der Nationalratswahl 2006 wieder ab. Bei der Landtagswahl in Tirol 2008 wurde sie insbesondere von der ÖVP durchbrochen, die deutlich mehr Stimmen von Frauen erhielt als von Männern.

Demgegenüber erhielt die SPÖ Tirol überdurchschnittlich viele Stimmen von Männern, Gleiches galt für die Liste von Fritz Dinkhauser. Bei den Grünen und der FPÖ hingegen bestätigte sich der *gender gap*, sie wurden überdurchschnittlich von Frauen bzw. Männern gewählt.

Wendet man sich dem Wahlverhalten nach Altersgruppen zu, so fällt das starke Ergebnis der Tiroler ÖVP bei den über 60-Jährigen auf. Sie erzielte dort fast zehn Prozentpunkte mehr an Stimmen als im Durchschnitt

Grafik 2: Wahlverhalten nach Altersgruppen

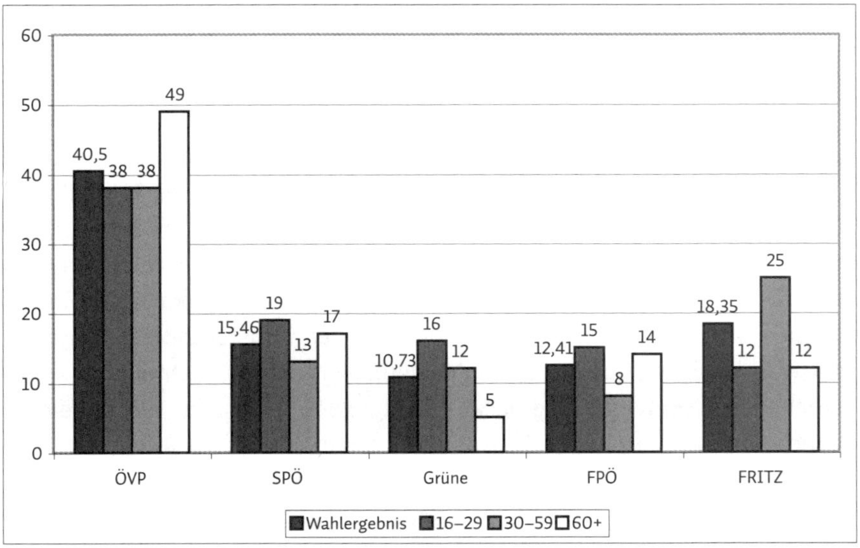

Angaben in Prozent, Abweichung von 100 Prozent Rundungsfehler.
Quelle: ORF-Wahltagsbefragung, durchgeführt von ISA/SORA (n = 1079, max. Schwankungsbreite +/—3 Prozent) bzw. Amt der Tiroler Landesregierung.

ihres Ergebnisses. Bei jüngeren Wähler/inne/n lag sie hingegen durchwegs schlechter. Gemeinsam mit der Altersverteilung zeigt sich damit, dass die ÖVP vor allem bei älteren Frauen punkten konnte und so den während des Wahlkampfs zwischenzeitlich kolportierten Verlust auf unter 40 Prozent verhinderte.

Die SPÖ konnte ebenfalls bei älteren Personen bessere Ergebnisse erzielen, allerdings im Vergleich zur ÖVP nur in geringem Ausmaß. Umgekehrt jedoch konnte die Partei Jungwähler/innen stärker für sich motivieren, was die Gruppe der bis 29-Jährigen zu ihrer relativ besten Wähler/innengruppe machte. Auch die Grünen erreichten bei jungen Personen die größte Zustimmung, was einem grundsätzlichen Profil der Grün-Wählerschaft entspricht. Sie übertrafen auch bei den 30- bis 59-Jährigen ihr Resultat noch leicht, hingegen waren sie bei Personen über 60 Jahren deutlich unterdurchschnittlich.

Die FPÖ konnte sowohl bei Jugendlichen und Wähler/inne/n bis 29 Jahren ein gutes Ergebnis einfahren als auch bei der Wähler/innengruppe über 60. Bei Personen in der dazwischen liegenden Altersschicht erreichte sie ihr Landesergebnis nicht. Hier schaffte es die neu gegründete Liste von Fritz Dinkhauser, die relativ meisten Stimmen zu gewinnen. Er verdankt damit seinen Erfolg insbesondere jenen Personen, die im Arbeitsprozess stehen, was sich zumindest thesenhaft auch mit seiner früheren Rolle als Arbeiterkammerpräsident verknüpfen lässt. Bei den anderen Altersgruppen hingegen war die Liste FRITZ unterdurchschnittlich vertreten, wobei seine Stimmanteile bei 12- bis 29-Jährigen und über 60-Jährigen teilweise an jene der anderen Parteien heranreichten.

Nach Berufsgruppen gegliedert fällt vor allem auf, dass es bei der Landtagswahl in Tirol vier annähernd gleich starke Arbeiterparteien gab. Die ÖVP, die Liste Dinkhauser, SPÖ und FPÖ erhielten, in dieser Reihenfolge, 26, 25, 23 und 21 Prozent unter Arbeiter/inne/n (wobei dies für alle Parteien mit Ausnahme der ÖVP ein stark überdurchschnittliches Ergebnis bedeutete). Die restlichen Berufe teilten sich entsprechend bekannter Muster auf die Parteien auf, so punktete die ÖVP bei Selbstständigen. Interessant war der Erfolg der Partei bei Pensionist/inn/en (der sich mit der angesprochenen Altersverteilung deckt). Demgegenüber lag die SPÖ bei dieser Gruppe unterdurchschnittlich, was ihrer sonstigen Stärke in diesem Segment widersprach und zu ihren Verlusten beitrug. Bei Angestellten konnte vor allem Fritz Dinkhauser Stimmen gewinnen und lag deutlich über seinem Gesamtergebnis. Gleiches galt für die Grünen, die wiederum bei Pensionist/inn/en schlecht lagen. Diese wählten – ebenso wie Arbeiter/innen – deutlich stärker die FPÖ.

Grafik 3: Wahlverhalten nach Berufsgruppen

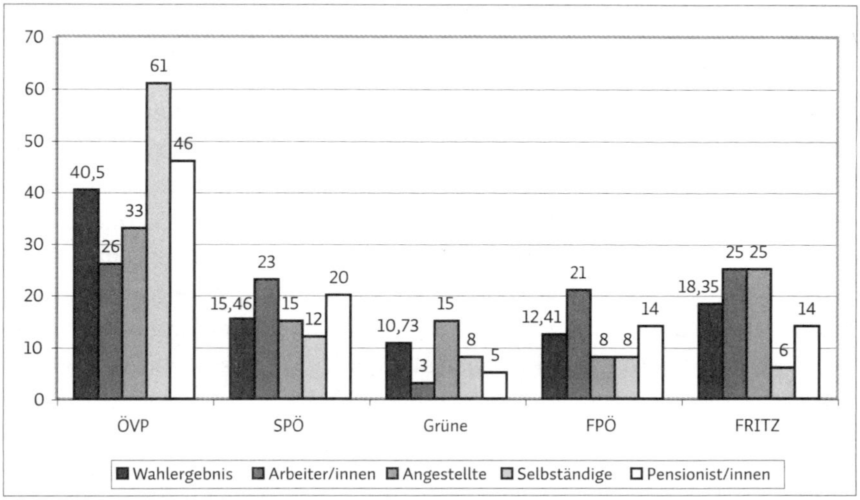

Angaben in Prozent, Abweichung von 100 Prozent Rundungsfehler.
Quelle: ORF-Wahltagsbefragung, durchgeführt von ISA/SORA (n = 1079, max. Schwankungsbreite +/—3 Prozent) bzw. Amt der Tiroler Landesregierung.

Wahlbeteiligung, Nichtwähler/innen und Zeitpunkt der Wahlentscheidung

Der große Einbruch bei der Wahlbeteiligung erfolgte in Tirol bereits 2003. Damals sank sie von zuvor 80,6 auf 60,9 Prozent. 2008 stieg die Wahlbeteiligung wieder leicht auf 65,8 Prozent an, allerdings ist diese Entwicklung nicht als genereller Trend zu deuten. Wie die Wählerströme gezeigt haben, konnte vor allem Fritz Dinkhauser (und mit einigem Abstand die FPÖ) zahlreiche ehemalige Nichtwähler/innen gewinnen. Die Steigerung lässt sich somit durch das singuläre Antreten einer neuen Liste erklären, und auch durch die im Wahlkampf von der ÖVP zur Mobilisierung verwendete Botschaft, man werde die absolute Mehrheit verlieren, drohe sogar unter 40 Prozent zu sinken und müsse den Gang in die Opposition abwehren.

Auch 2008 sind zahlreiche Personen zu den Nichtwähler/inne/n gewechselt, in Summe verloren die Parteien 49 000 Stimmen an dieses Lager. Das bedeutet, dass zwar bestimmte Entwicklungen und neue Parteien Personen wieder zur Wahl bewegen können, gleichzeitig jedoch die aktiven Wähler/innen nicht gegen eine Stimmenthaltung immun sind. Eine konstante Steigerung der Wahlbeteiligung erscheint daher unwahrscheinlich, realistischer ist ein Stagnieren derselben auf dem Niveau von 2008. Das hängt freilich auch mit der subjektiv wahrgenommenen Bedeutung von Landtagswahlen respektive Landtagen zusammen. Angesichts des wachsenden Gewichts der EU und ihres Einflusses auf die nationale Gesetzgebung findet hier ein Entwertungsprozess statt, der seinen Niederschlag in der öffentlichen Meinung findet. So war rund ein Monat vor der Wahl nur eine marginale Mehrheit von 43 Prozent der Ansicht, dass der Landtagswahl eine große Bedeutung zukäme. 42 Prozent verneinten diese Aussage (vgl. IMAS 2008).

Bei den Motiven der Nichtwähler/innen dominierte großteils die inhaltliche Unzufriedenheit mit dem Angebot an Kandidat/inn/en und Parteien (62 Prozent). Dahinter folgten angebliche Skandale in der Tiroler Politik, die Wahlverweigerung aus Protest sowie mangelndes Interesse und mangelnde Informationen. Persönliche Verhinderung war nur für knapp ein Drittel der Nichtwähler/innen ein entscheidendes Motiv. Ein angeblich schon feststehender Wahlausgang war 2008 kein Faktor in der Nichtwahlentscheidung: Das bedeutet, dass auch von Wähler/innenseite der Ausgang als unsicher angesehen wurde.

Tabelle 2: Nichtwahlmotive in Tirol

	LTW Tirol
Parteien/Kandidat/inn/en nicht attraktiv	62
Wegen der Skandale in der Tiroler Politik	46
Gehe aus Protest nicht wählen	33
Ich habe kein Interesse an der Landtagswahl	32
Zu wenig Information	31
Persönlich verhindert	30
Meine Stimme hat keinen Einfluss	27
Wahlausgang stand schon fest	25

Werte für „trifft sehr" und „etwas zu" wurden zusammengefasst.
Angaben in Prozent, Mehrfachnennungen möglich.
Quelle: ORF-Wahltagsbefragung, durchgeführt von ISA/SORA (n = 1079, maximale Schwankungsbreite +/–3 Prozent).

Die Wahl in Tirol hat den Trend einer immer späteren Wahlentscheidung fortgesetzt. 17 Prozent entschieden sich erst zwei bis drei Tage vor dem

Wahltermin, wem sie ihre Stimme geben, 15 Prozent trafen diese Festlegung in den letzten drei Wochen vor der Wahl. Demgegenüber waren sich nur zwei Drittel ihrer Entscheidung schon längerfristig sicher. Diese Werte decken sich mit der schwach ausgeprägten Einschätzung der Nichtwähler/innen, dass der Wahlausgang schon von vornherein feststand.

Nach Parteien aufgegliedert zeigt sich, dass die ÖVP die meisten Frühentschlossenen unter ihren Wähler/inne/n hatte, was darauf hindeutet, dass sie im Verlauf des Wahlkampfs keine wirkliche Mobilisierung mehr schaffen konnte. Die anderen Parteien, vor allem SPÖ und Grüne, schafften hingegen einen deutlichen Schub bei den Letztentschlossenen. Wenig überraschend fiel der entsprechende Wert bei Fritz Dinkhauser am höchsten aus, da er als neue Liste erst Zeit zur Positionierung brauchte.

***Grafik* 4:** Zeitpunkt der Wahlentscheidung bei der Landtagswahl 2008

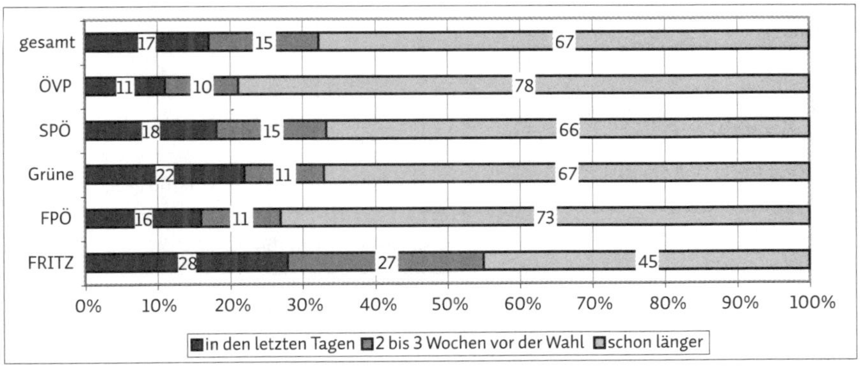

Angaben in Prozent.
Quelle: ORF-Wahltagsbefragung, durchgeführt von ISA/SORA (n = 1079, max. Schwankungsbreite +/–3 Prozent) bzw. Amt der Tiroler Landesregierung.

Wahlmotive bei der Landtagswahl

Die Wahlmotive in Tirol waren 2008 vor allem von inhaltlichen Fragen wie den propagierten Themen, der Interessensvertretung und der Frage nach der richtigen Zukunftsentwicklung von Tirol geprägt. Sie spielten bei allen etablierten Parteien eine wichtige Rolle. ÖVP und SPÖ wurden aus Stammwähler/innenmotiven und für ihre bisherige Arbeit gewählt, die Oppositionsparteien aus Protest respektive mit dem Anspruch, Missstände zu kontrollieren. Von der Liste FRITZ und der FPÖ erwarteten sich die Wähler/innen zusätzlich frischen Wind für die Tiroler Politik.

Angesichts der bereits angesprochenen Umstände der Wahlvorverlegung aufgrund einer befürchteten Neuwahl im Bund ist es interessant festzuhalten, dass der Protest gegen die Bundesregierung durch die Bank kein wesentliches Wahlmotiv darstellte. Zwar landete es bei FPÖ und Grünen im Mittelfeld der möglichen Gründe der Wahlentscheidung, lag aber in Zahlen deutlich hinter den wichtigsten Motiven. Die Landtagswahl in Tirol war damit nicht primär in einem bundespolitischen Kontext zu sehen.

Tabelle 3: Wahlmotive nach Parteiwähler/innen der Tiroler Landtagswahl

	ÖVP	SPÖ	Grüne	FPÖ	FRITZ
Partei vertritt meine Interessen am besten	92	85	87	85	88
Stammwähler/in	80	63	49	33	4
Partei kann Tirol in die richtige Richtung führen	94	84	87	80	86
Partei hat bisher gute Arbeit für Tirol geleistet	95	84	87	68	26
Partei setzt auf die wichtigen Themen	90	83	94	94	97
Spitzenkandidat	60	65	64	75	83
Partei bringt frischen Wind in die Tiroler Politik	47	79	83	97	97
Kontrolle von Missständen	50	59	80	84	84
Wahlwerbung	27	21	18	43	32
Protest gegen Bundesregierung	11	15	53	60	67

Angaben in Prozent, Werte für „trifft sehr zu" und „trifft etwas zu" wurden zusammengefasst.
Quelle: ORF-Wahltagsbefragung, durchgeführt von ISA/SORA (n = 1079, maximale Schwankungsbreite +/–3 Prozent).

Die Rolle der Spitzenkandidaten

Obwohl Landeshauptleute in Österreich nicht direkt gewählt werden, spielt die Person an der Spitze der Landesregierung eine große Rolle. Eine mediale Zuspitzung von Landtagswahlen zu Entscheidungen über den Regierungschef bzw. die Regierungschefin trifft hierbei immer wieder auf den Versuch der Politik, den Landeshauptmann bzw. die Landeshauptfrau als über den Parteien stehende/n Landesvater bzw. Landesmutter darzustellen. Entsprechend kann die Position im Sinne eines Amtsinhaberbonus verstanden werden, als Vorteil der Amtsinhaberpartei und auch als eine „der zentralen Determinanten des Wahlverhaltens bei Landtagswahlen […]" (Plasser 1980, 21f).

Dieser Amtsinhaberbonus hätte 2008 eigentlich der ÖVP mit Herwig van Staa zufallen müssen, doch das Gegenteil war eher zutreffend. Der APA/OGM-Vertrauensindex[3] zeigte im Mai 2008 ein neutrales Ergebnis für van Staa; das bedeutet, dass ihm ebenso viele Tiroler/innen vertrauten wie ihm misstrauten (vgl. APA/OGM, Mai 2008). Zum Vergleich: Der gleiche Vertrauensindex wies vor der ebenfalls 2008 stattfindenden Landtagswahl in Niederösterreich für den dort amtierenden ÖVP-Landeshauptmann Erwin Pröll einen Wert von plus 62 Prozent aus (vgl. APA/OGM, Jänner 2008). Am meisten vertrauten die Tiroler/innen der Landesrätin Elisabeth Zanon (ÖVP) mit plus 21 Prozent, am wenigsten Gerald Hauser (FPÖ) mit minus 25. Fritz Dinkhauser lag mit plus acht Prozent eindeutig vor dem amtierenden Landeshauptmann.

Diese Daten fanden sich in den Wahlmotiven wieder. Der amtierende Landeshauptmann war nur für 36 Prozent der ÖVP-Wähler/innen ein sehr wichtiges Wahlmotiv. An der Bedeutung dieses sehr niedrigen Wertes ändern auch die ebenso niedrigen bzw. noch niedrigeren Werte von Hannes Gschwentner (SPÖ) und Georg Willi (Grüne) nichts. Gerald Hauser (FPÖ) und vor allem Fritz Dinkhauser waren demgegenüber wesentlich stärkere Wahlmotive.

Erweitert man die Frage dahingehend, inwiefern die Listenführer der jeweiligen Parteien dem Idealbild eines Landeshauptmannes entsprechen, so zeigt sich, dass keiner der angetretenen Politiker mehr als 40 Prozent Zustimmung erhielt. Van Staa erreichte als höchsten Wert nur 38 Prozent und lag damit lediglich zwei Prozentpunkte vor Fritz Dinkhauser. Hannes Gschwentner (SPÖ) und Georg Willi (Grüne) entsprachen überhaupt nur für 27 bzw. 20 Prozent der Vorstellung der Wähler/innen von einem idealen Landeshauptmann (Gerald Hauser wurde nicht abgefragt).

Grafik 5: Wie gut entspricht der Kandidat dem idealen Landeshauptmann?

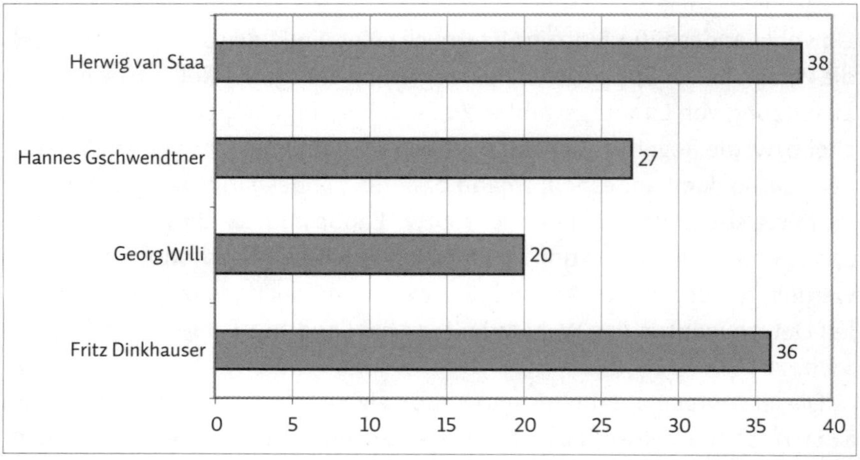

Angaben in Prozent, Werte für „sehr" und „ziemlich" wurden zusammengefasst.
Quelle: ORF-Wahltagsbefragung, durchgeführt von ISA/SORA (n = 1079, maximale Schwankungsbreite +/–3 Prozent).

Das Gesamtbild der Rolle der Spitzenkandidaten fällt somit insgesamt für den Amtsinhaber van Staa düster aus. Er konnte wenig zum Wahlergebnis seiner Partei beitragen – im Gegenteil, die These liegt nahe, dass die ÖVP trotz und nicht wegen van Staa gewählt wurde. Die schlechten Werte waren letzten Endes vermutlich auch für die Ablöse des Landeshauptmanns mitbestimmend.

Conclusio

Das Ergebnis der Tiroler Landtagswahl war weniger ob des Gesamtresultats, sondern mehr aufgrund einzelner Teilresultate überraschend. Der große Trend – Verluste für ÖVP und SPÖ, Einzug von FRITZ in den Landtag – war bereits absehbar. Dass das Bürgerforum Tirol jedoch auf Anhieb Platz zwei schaffen würde, kam unerwartet. Ein Stagnieren oder leichter Stimmenverlust der Grünen schien möglich, das Ausmaß der Niederlage war wohl ebenso unerwartet wie der Verbleib der ÖVP letztlich über der 40-Prozent-Marke. Aufgrund der geringeren Erwartungen im letzteren Fall wirkte dieses Resultat am Wahlabend beinahe als Erfolg.

Einmal mehr hat sich gezeigt, dass in Österreich Parteien neuen Typs durchaus gute Resultate erzielen können. Ihre Erfolgskriterien sind eine bekannte Persönlichkeit an der Spitze, eine Proteststimmung in der Bevölkerung und ein dazu passendes Thema. 2004 schaffte Hans-Peter Martin mit dieser Kombination 14 Prozent bei der Wahl zum Europäischen Parlament, 2008 Fritz Dinkhauser 18,3 Prozent bei der Landtagswahl in Tirol. Offen ist freilich die Frage, inwieweit diese Erfolge wiederholt oder sogar ausgeweitet werden können. Martin wagte sich 2006 auch an eine Kandidatur bei der Nationalratswahl und scheiterte deutlich, Fritz Dinkhauser ereilte dasselbe Schicksal im September 2008.

Die Wählerschaft wies bei der Tiroler Landtagswahl in ihrer Zusammensetzung auch neue Züge auf. Vor allem Personen mittleren Alters sind in ihrem Stimmverhalten zusehends unberechenbarer. Die Erfolge der ÖVP bei älteren Frauen und Pensionistinnen lassen sich in Ansätzen mit dem Kontext der Wahl erklären, dennoch zeigte auch die Nationalratswahl ähnliche Tendenzen einer stärkeren Orientierung von Frauen in Richtung ÖVP (vgl. Filzmaier/Perlot 2008). Die nächsten Wahlen werden zeigen, ob sich eine grundlegende Verlagerung der Parteipräferenz dieser erheblichen Wählerinnengruppe vollzieht.

Koalitionär hat die Landtagswahl in Tirol trotz der erheblichen Stimmverschiebungen nichts geändert, das Land wird erneut von einer Regierung von ÖVP und SPÖ regiert. Fritz Dinkhauser konnte sich über sein Ergebnis freuen, musste aber dennoch mit der Oppositionsrolle vorliebnehmen. Diese Funktion teilt er mit den Grünen, die auf ein österreichweit vergleichbares Niveau zurücksanken, und der FPÖ, die ebenfalls einem bundesweiten Trend folgend von der sehr niedrigen Ausgangslage von 2003 wieder zulegen konnte. Es bleibt zu beobachten, wie sich die Parteien in den kommenden Jahren zu positionieren versuchen, um bei der nächsten Landtagswahl nicht mit Rückgewinnen der Regierungsparteien konfrontiert zu werden.

Anmerkungen

1 Die im Folgenden zitierten Umfragedaten stammen aus unveröffentlichten telefonischen Befragungen des IMAS-Instituts.

2 Unter „Agrargemeinschaften" ist der Grundbesitz von Bauerngemeinschaften gemeint, die diesen zumeist zur Bewirtschaftung von der öffentlichen Hand erhielten. Teilweise wurde aus diesen Gründen mittlerweile wertvolles Bauland, das aber nach wie vor unter der Kontrolle der Agrargemeinschaften steht.

3 Der APA/OGM-Vertrauensindex erfasst per Befragung, ob die Bevölkerung Vertrauen oder kein Vertrauen zu einem Politiker bzw. einer Politikerin hat. Beide Werte werden summiert, ein positives Ergebnis bedeutet, dass die Mehrheit der Befragten dem Politiker/der Politikerin vertraut, ein negativer Wert bedeutet mehrheitliches Misstrauen.

Literatur und Quellen

Donau-Universität Krems (DUK) (2008). Unveröffentlichte ExpertInneninterviews im Rahmen des Wahlschwerpunkts 2007/2008.

Filzmaier, Peter/Perlot, Flooh (2008). Die Nationalratswahl 2008, in: Filzmaier, Peter/Plaikner, Peter/Duffek, Karl A. (Hg.): Stichwort Wählen, Wien (im Erscheinen).

Filzmaier, Peter/Hajek, Peter (2005). Das österreichische Wahljahr 2004, in: SWS-Rundschau, Nr. 1, Wien, 6–36.

Filzmaier, Peter/Hajek, Peter (2007). Die Nationalratswahl 2006: Ergebnisse und Wahlverhalten, in: Filzmaier, Peter/Plaikner, Peter/Duffek, Karl A. (Hg.): Mediendemokratie Österreich, Wien, 63–90.

IMAS (2008). Unveröffentlichte Umfrage zur Tiroler Landtagswahl, Linz.

Institut für Strategieanalysen (ISA)/Institute for Social Research and Analysis (SORA) (2008). ORF-Wahltagsbefragung zur Tiroler Landtagswahl 2008, Wien.

Plasser, Fritz/Ulram, Peter A./Seeber, Gilg (2007). Was Wähler(innen) bewegt: Parteien-, Themen- und Kandidatenorientierungen 2006, in: Plasser, Fritz/Ulram, Peter A. (Hg.): Wechselwahlen. Analysen zur Nationalratswahl 2006, Wien, 155–194.

Plasser, Fritz/Ulram, Peter A./Seeber, Gilg (2000). Breaking the Mold: Politische Wettbewerbsräume und Wahlverhalten, in: Plasser, Fritz/Ulram, Peter A./Sommer, Franz (Hg.): Das österreichische Wahlverhalten, Wien, 55–115.

SORA (2008b) Wählerstromanalyse der Tiroler Landtagswahl, verfügbar unter www.sora.at (5. 9. 2008).

Christian Naderer

Das Edelweiß wiegt sich weiter …

Die Landtagswahl in Südtirol

Das Edelweiß, Symbol der Südtiroler Volkspartei, scheint 2008 an einigen Stellen einzuknicken. Der ethnische Zusammenhalt und die Position zwischen Nord und Süd, die ideologische Ausrichtung nach links oder rechts, die territoriale Fokussierung auf Land und Gemeinden, die Spannungen zwischen Basis und Obrigkeit sowie die Besetzung von Parteiobmann und Landeshauptmann stehen als offene Fragen im Raum. Sie haben vor und nach der Landtagswahl zahlreiche Turbulenzen verursacht.

Montag, 27. Oktober, gegen 10 Uhr: Hochspannung vor der ersten ausgezählten Gemeinde. Dann die erste Zahl: minus 13 Prozent für die Südtiroler Volkspartei (SVP). Natürlich, in manchen winzigen Berggemeinden hatte die Edelweiß-Partei in der Vergangenheit astronomisch hohe Ergebnisse, wenn da eine Oppositionspartei Anhänger findet, schaut das nach Debakel aus, selbst wenn nur ein paar Dutzend Stimmen verloren worden sind. Bis zum späten Nachmittag wird die Auszählung der Stimmen dauern, die Nerven liegen blank.

Der RAI-Sender Bozen fängt ein paar verschreckte Stimmen ein, auch vom Parteiobmann der SVP. Dann verlässt dieser die Parteizentrale in der Brennerstraße und zieht sich zurück. Ist die Idee der Sammelpartei zum Tode verurteilt? Wie schlimm wird die Erosion am Ende sein? Was haben wir im Wahlkampf falsch gemacht? Was passiert, wenn das so weitergeht? Ist das Edelweiß geknickt? – Der Macchiato schmeckt nach Spülwasser.

Stunde für Stunde werden die Zahlen besser, die Städte stabilisieren das Ergebnis, der Beitrag der Italiener wird zwar nicht direkt messbar, aber spürbar. Als Parteiobmann und Landeshauptmann am Nachmittag vor die Presse treten, fallen Formeln wie „Mehrheit verteidigt", „gut ausgegangen", „rasch Regierung bilden". Und viel wird über die erforderlichen tiefschürfenden Analysen geredet, die in den nächsten Wochen zu machen seien.

So geschehen nach der Landtagswahl 2003. Der Tag nach der Landtagswahl 2008 ist wieder ein 27. Oktober, geht ähnlich los, nur taucht der Parteiobmann (PO) gleich gar nicht in der Zentrale auf und enthält sich hartnäckig jedweden voreiligen Kommentars. Die bangen Fragen knüpfen bei den neuen bayerischen und österreichischen Verhältnissen an. Die ersten eintreffenden Ergebnisse liegen um etwa sieben bis acht Prozent unter den ersten Zahlen vom 27. Oktober 2003. Am Nachmittag heißt es dann „Mehrheit an Mandaten im Landtag verteidigt", „mit einem blauen Auge davongekommen", „rasch Regierung bilden" – und „Südtirol ist anders".

… im Gewitter um Parteiobmann und Posten

Wahlkampfstrategie oder -taktik bilden am Tag danach kein ausführliches Diskussionsthema. Die dramatischen Stimmenverluste an die rechte deutschsprachige Opposition werden erschüttert zur Kenntnis genommen. Bis spät in die Nacht bereiten Landessekretär und Marktforscher eine umfassende Analyse für die Parteileitung am nächsten Morgen vor. Einige Teilnehmer haben aber schon vor Sitzungsbeginn ihre Schlussfolgerung gezogen: Schluss mit Elmar Pichler Rolle als PO.

Nicht dass er wirklich für schuldig erklärt würde, nein, Spitzenkandidat war ganz klar Landeshauptmann (LH) Luis Durnwalder. Und anders als 2003 war nicht der PO, sondern der LH selbst Wahlkampfleiter und Chef des Wahlkomitees. In der emotionalen Diskussion geht es um die Fehler des PO. Eigentlich nur um den einen Fehler in den letzten Monaten: einen Wahlaufruf, den der PO als Hilfe für eine traditionell befreundete Partei in der Nachbarprovinz geschrieben hat.

Keine Massensendung an hunderttausende Wähler, sondern an dreitausend Mitglieder des Partito Autonomista Trentino Tirolese (PATT), der Trentiner Autonomisten-Partei. Der kleine Nachbar mit zwei Edelweißen im Parteizeichen hat bis zuletzt gut mit der SVP zusammengearbeitet.

Ihren Artikel in der führenden Tageszeitung „Dolomiten" vom 29. Oktober 2008 beginnt Barbara Varesco (bv) dramatisch:

„In der Parteileitung ließ Karl Zeller die Bombe platzen: Trotz Parteibeschluss, sich aus dem Trentiner Wahlkampf herauszuhalten, gibt es eine schriftliche Wahlempfehlung von Obmann Elmar Pichler Rolle für den PATT, der an Lorenzo Dellais Seite kämpft. Darüber ist die Lega bis nach Rom verschnupft."

Varesco schließt mit der Verknüpfung zu einem früheren Konflikt:

„Von einer ‚Katastrophe' spricht auch Senatorin Helga Thaler Außerhofer. ‚Die Parteileitung fasst einen Beschluss und der Obmann hält sich nicht daran'. Sie möchte keine alten Geschichten aufwärmen. ‚In der causa blockfrei und dann doch gegen die Regierung in Rom lief es aber gleich ab.'"

Diese „alte Geschichte" bezieht sich auf eine Parteisitzung im Frühjahr 2008. Während die SVP einschließlich Durnwalder, Zeller oder Thaler Außerhofer noch 2006 Romano Prodi und das Mitte-links-Lager unterstützt hatte, erklärte sie sich vor der Parlamentswahl 2008 mit Parteibeschluss für „blockfrei". Nach der Wahl erbrachte eine turbulente Sitzungsdynamik den Beschluss, diese Neutralität aufzugeben und Berlusconis Regierung das Vertrauen im Parlament zu verweigern. Sechs stimmberechtigte Sitzungsteilnehmer waren für „Nein zu Berlusconi", darunter der PO, nur vier für „neutral", darunter der LH.

Nun gehören einerseits die Vertreter der SVP in Rom mit einer Ausnahme dem Unternehmer-Spektrum in der SVP an und kommen mit einigen inhaltlichen Positionen des Mitte-rechts-Lagers gut zurecht. Der frühere PO Siegfried Brugger und sein Meraner Anwaltskollege und Bezirksobmann Karl Zeller wären nördlich des Brenners ebenso im bürgerlichen Lager wie die Unternehmer und Senatoren Manfred Pinzger und Helga Thaler Außerhofer, Letztere auch Bezirksobfrau im Pustertal. In Rom gingen sie dem ungeliebten Parteibeschluss dann mehr oder weniger diskret aus dem Weg, nur der Senator und Unterlandler Bezirksobmann Oskar Peterlini vertrat den Beschluss mit Vehemenz.

Andererseits schickte der PO seinem Freundeskreis eine SMS zum Parteibeschluss. Durnwalder, Brugger & Co hätten über ihn drüberfahren wollen, die Ausgeglichenheit und die Würde des Obmannes sei ihnen egal gewesen, hieß es in der SMS. Durnwalder sei schon bei der Kindergartenfrage allen ins Kreuz gesprungen, „rein opportunistisch". Daher das Nein zum Vertrauen für die Regierung. „Es war richtig und wichtig. It's time to change für die SVP. Wir müssen uns selbst befreien", so Pichler Rolle abschließend in der SMS, für die er sich in einer Aussprache beim LH entschuldigte.

Die Nachricht fand sich über verschlungene Wege Wochen später in den Medien wieder, tituliert als „SMS-Affäre". In den Wochen davor hatten sich die europäischen Medien über die „SMS-Affäre" des finnischen Außenministers Ilkka Kanerva hergemacht, der über 200 SMS an eine Stripperin geschickt hatte und daraufhin zurücktrat.

Elmar Pichler Rolle wird nach heftigem Streit in der Parteileitung am 28. Oktober zum Rücktrittsangebot genötigt. Im Parteiausschuss – dem zweithöchsten SVP-Gremium – am 3. November kündigt er einen Reformparteitag im März 2009 und seinen Rücktritt für Herbst 2009 an. Mit seinem Verbleib als PO verzichtet er automatisch auf einen Sitz in der Landesregierung, den er mit dem drittbesten Vorzugsstimmenergebnis zumindest fordern hätte können, der aber mit der Obmann-Funktion laut SVP-Statut unvereinbar ist. Das Karussell um Regierungssitze und EU-Mandat dreht sich ungeniert weiter.

Erst zwei Wochen später wird die Einmischung des LH in den Trentiner Wahlkampf diskutiert. Die „Neue Südtiroler Tageszeitung" bringt am 12. November 2008 einen Bericht von Christoph Franceschini, der so beginnt:

„Es ist eine ungerechte Welt. Da schreibt der SVP-Obmann Elmar Pichler Rolle einen Brief für den Trentiner PATT-Sekretär Ugo Rossi, und die SVP-Granden machen ihrem Obmann deshalb öffentlich den Prozess. Da trifft sich Landeshauptmann Luis Durnwalder äußerst freundschaftlich zwei Tage vor den Trentiner Landtagswahlen mit Lega-Chef Umberto Bossi. Die Partei schweigt und sagt nichts. Doch damit nicht genug. Claudio Eccher, Spitzenkandidat der Lista civica per Divina bei den Trentiner Landtagswahlen hat ein privates Foto, das ihn und Durnwalder Arm in Arm zeigt, in einen Fernsehspot eingebaut, der im Wahlkampf einen Monat lang 19 Mal am Tag auf zwei Trentiner Fernsehsendern lief. Da war kein Meraner Anwalt, der öffentlich Rechenschaft forderte."

Claudio Eccher ist der Schwiegervater von Sergio Divina, dem Senator und LH-Kandidat der Lega Nord im Trentino. Eccher zieht erfolgreich in den Landtag ein, Divina unterliegt in der Direktwahl dem Amtsinhaber LH Lorenzo Dellai.

... zwischen den Windböen von links und von rechts

Eigentlicher Hintergrund bei PATT-Brief wie bei „SMS-Affäre" ist die Frage: Mit welchem italienischen Lager soll die SVP zusammenarbeiten? Wie bisher mit den autonomiefreundlichen Mitte-links-Kräften oder mit dem Mitte-rechts-Block? Die Antwort fällt auf verschiedenen Ebenen derzeit unterschiedlich aus. Der im italienischen Verständnis besonders breite Begriff der „politischen Mitte" macht es möglich. Mit Mitte-links arbeitet Elmar Pichler Rolle als Vizebürgermeister in der Bozner Stadtregierung; ähnlich viele kleinere Gemeindeverwaltungen. Auch Luis Durnwalder als LH hält es so in der Südtiroler Landesregierung (zumindest bis Redaktionsschluss). Gleiches gilt für die Zusammenarbeit mit dem Nachbarland im Rahmen der Region Trentino-Südtirol, da bei der Trientner Landtagswahl am 9. November 2008 die bisherige Mitte-links-Regierung sogar mit absoluter Stimmenmehrheit bestätigt wurde.

Der Kurs in Rom ist wie geschildert durchaus wechselhaft. In Brüssel schließlich gehört SVP-EU-Parlamentarier Michl Ebner der Fraktion der Europäischen Volkspartei an. Er war einst mit Romano Prodi joggen, gilt heute aber eher als Sympathisant für Mitte-rechts.

Lega-Vertreter vom Gründer Umberto Bossi abwärts haben Bozen und das Trentino für sich entdeckt. Trotz massiver Unterstützung hat ihr Kandidat Sergio Divina den amtierenden Trentiner Regierungschef Lorenzo Dellai bei der Landeshauptmann-Direktwahl nicht besiegen können. Dies mag Einfluss auf Luis Durnwalder bei seiner Regierungsbildung gehabt haben, nicht aber auf den ideologischen Richtungsstreit der SVP im Verhältnis zu den italienischen Lagern.

Spannend wird in diesem Zusammenhang auch das Auftreten von Mitte-rechts zur Bürgermeister- und Gemeinderatswahl 2010 in Bozen werden. Das Oppositionslager innerhalb der deutschen und ladinischen Sprachgruppe ist 2008 so vielseitig und zersplittert und am Ende so stark wie noch nie. Waren 1998 noch Formeln wie „Was stört es den Mond, wenn ihn der Hund anbellt" in Umlauf, so hat sich das Verhältnis 2008 deutlich gewandelt. Vor allem die Freiheitlichen liefern sich erbitterte Auseinandersetzungen mit der SVP bis hin zu Klagsandrohungen nach dem inserierten SVP-Vorwurf, Freiheitliche und Union würden mit rechtsradikalen Jugendlichen liebäugeln.

Die Konsultationen des Landeshauptmanns mit allen Parteien, auch mit den von zwei auf fünf Sitze erstarkten Freiheitlichen, bleiben nach der Wahl aber im üblichen Rahmen. Neu ist lediglich der öffentlich ausgetragene Richtungsstreit innerhalb der Freiheitlichen zwischen rechtem Strache-Populismus und themenorientiertem Denkzettel-Populismus. Dass die Freiheitlichen zuletzt gern das Etikett „Sammelpartei" für sich verwendet haben, mag eine Ironie des Schicksals sein.

... zwischen warmem Nord- und eisigem Südwind

Mit dem für 2009 angekündigten Rücktritt des PO wird zwar der Weg frei für einen anderen Lotsen, aber nicht einfacher für die Sammelpartei und letztendlich für Südtirol. Die personelle und die ideologische Frage sind nicht die einzigen Zerreißproben für die SVP. Weitaus mehr wird seit Jahren über das innerste Wesen der „Sammelpartei" diskutiert. Ihre Gründerväter haben sie nach dem Krieg als Vertretung der deutschen und ladinischen Volksgruppe aus der Taufe gehoben, quasi als eine christlich fundierte politische Notwehrgemeinschaft ohne sonstige ideologische Einschränkung. Der schon zu Lebzeiten legendäre Landeshauptmann und Parteiobmann Silvius Magnago hat den umfassenden Kampf um die Südtirol-Autonomie stets den Grabenkämpfen um Umfahrungsstraßen oder Fördergelder vorgezogen.

Die Wahlforschung zeigt heute: Mit der erreichten Autonomie sind Deutsche und Ladiner sehr zufrieden. Der Kampf gegen „die Italiener" oder für eine Selbstbestimmung Südtirols schlägt zwar immer wieder mediale Wellen, ist aber nur für einen geringen Prozentsatz ein Wahlmotiv. Kurz vor der Landtagswahl 2003 gab es noch einzelne SVP-Inserate gegen nationalistische Auswüchse im rechten italienischen Lager. Zur Landtagswahl 2008 hatte dieser Schlagabtausch für beide Seiten eher Trainings-Charakter, während die Kämpfe innerhalb jeder der drei Sprachgruppen härter und aufwändiger geführt wurden.

Nur in der Nachkriegsgeneration, bei den treuen SVP-Stammwählern, spielen Appelle an die Geschlossenheit der Sprachgruppe nach wie vor eine entscheidende Rolle. Ideologischer Streit wird vermieden, Zusammenhalten gegen „die Walschen" lautet die Parole. Da werden der SVP auch Fehler verziehen – denn wer soll sonst für Südtirol sprechen, wenn nicht Luis Durnwalder & Co?

Außerhalb der Wahlzeiten finden sich heute und morgen weiterhin zahlreiche Themen, um die Südtiroler Autonomie auszubauen. Wahlgesetz, Steuerreform bzw. -autonomie, Alpenkonvention, Madrider Abkommen, Sechserkommission, Brennerbasistunnel und neue Landes-Zuständigkeiten wie Polizei oder Post sind nur einige der Baustellen, die LH Luis Durnwalder mit Lega-Boss und Minister Umberto Bossi kurz nach der Landtagswahl in Bozen erörtert (bzw. kurz vor der Trentiner Wahl). Mit Berlusconi könne er die Dinge nicht besprechen, so der Südtiroler Regierungschef, dort warte er seit Monaten auf einen Termin.

… zwischen Basis und Wolken

Bei den wichtigen Themen liegt die Autonomie selbst heute im Mittelfeld. Vor allem bei den Jüngeren bröckelt der „ethnische Kitt". Der Stellenwert der „Schutzmacht Österreich" hat nachgelassen. Auch im Wahlkampf 2008 wird dies deutlich: Der gebürtige Südtiroler Andreas Khol kommt zu den SVP-Senioren, Oppositionsparteien der deutschen Sprachgruppe besuchen ihre Freunde in Österreich. Die Wahlhilfe großer „Kaliber" wird aber hauptsächlich auf italienischer Seite in die Schlacht geworfen.

Während wenige Wochen vor der Landtagswahl 1998 vier österreichische Landeshauptleute ihrem Südtiroler Freund Luis in Meran zu Hilfe gekommen waren, düst Durnwalder zwölf Tage vor der Landtagswahl 2008 zur deutschen Bundeskanzlerin Angela Merkel. Gemeinsames Bild und Bericht unterstreichen seine Positionierung als erfahrener Staatsmann in bewegten Zeiten. Das trotz Verlusten beeindruckende Vorzugsstimmenergebnis gibt der sicherlich aufwändigsten Durnwalder-Kampagne aller Zeiten recht.

Parallel zu klaren SVP-Mehrheiten in Land und Gemeinden beobachtet die Marktforschung seit über zehn Jahren jedoch eine wachsende Kritik an der Südtiroler Politik. Der Wunsch nach „frischem Wind" hat 1997 und 2002 etwa ein Drittel der Befragten bewegt, 22 Prozent waren 1997 bereit, der SVP „einen Denkzettel zu verpassen" – Tendenz in den letzten Jahren steigend. Als Begründung werden teilweise Sachthemen angeführt, insbesondere für die Befragten unnötige Großprojekte, wie Brennerbasistunnel oder Flughafenausbau, Therme Meran oder Fahrsicherheitszentrum Pfatten.

Am meisten kritisiert wird schließlich die „Art und Weise der Politik", wie „die da oben" arbeiten, dass zu wenig aufs Volk gehört würde, dass die Bürger zu wenig Mitsprache hätten. Die SVP hält ihre kapillare Struktur dagegen, der LH seine morgendlichen Sprechstunden – beide und weitere Argumente sind überzeugend und haben auch zum Wahlergebnis beigetragen. Die Frage der Werte klingt gelegentlich in Veranstaltungen an, doch das Echo in Gremien wie in der Öffentlichkeit ist bescheiden und die verbindende Wirkung unterm Edelweiß gering.

Verräterisch ist, wie die SVP selbst ihr Politikverständnis in Worte fasst. Zwischen dem SVP-Grundsatzprogramm aus dem Jahr 1993 und dem SVP-Statut aus 2002 haben sich auf den ersten Blick identische zentrale Aussagen doch deutlich verändert.

Aus dem SVP-Grundsatzprogramm 1993 (S. 3–5):
„1. GRUNDWERTE
Politik ist der gewollte ideelle und konkrete Beitrag der Bürgerinnen und Bürger zur Gestaltung des eigenen Lebensraumes und der Gesellschaft.

Die Aufgabe der Südtiroler Volkspartei als demokratischer Ausdruck der Gesellschaft liegt darin, zwischen den Bürgern und den institutionellen Einrichtungen (Staat, Land, Gemeinde) zu vermitteln. Sie ist Ausdruck des Strebens der Gesellschaft nach geistig-kulturellem, wirtschaftlichem und sozialem Fortschritt. [...]

2. DIE SÜDTIROLER VOLKSPARTEI ALS SAMMELPARTEI
Die Südtiroler Volkspartei ist die Sammelpartei der deutschen und ladinischen Südtiroler aller sozialen Schichten, die sich in demokratischem Verantwortungsbewusstsein zur Freiheit, zum Volk und zur Heimat bekennen. Ihre politische Zielsetzung ist die Sicherung und Förderung der deutschen und ladinischen Volksgruppe sowie deren Festigung als Mehrheit in ihrer angestammten Heimat."

Aus dem SVP-Statut 2002 (S. 1):
„I. GRUNDSÄTZE
§ 1 Wesen der Südtiroler Volkspartei
1. Die Südtiroler Volkspartei (SVP) ist die Sammelpartei der deutschen und ladinischen Südtiroler/innen aller sozialen Schichten.
2. Sie ist die verbindende Kraft und das geistig politische Dach, die den Ausgleich der Interessen leistet.
3. Sie hat den Zweck, die allgemeinen und besonderen Interessen der Südtiroler/innen mit allen gesetzlichen Mitteln zu vertreten, gemäß dem nach christlichen Grundsätzen ausgerichteten Programm.
4. In demokratischer Form bestimmt sie die Ausrichtung der Politik der Südtiroler/innen."

1993 steht die Partizipation, der „gewollte ideelle und konkrete Beitrag der Bürgerinnen und Bürger zur Gestaltung", an der Spitze des Wertekanons – wenn man so will: die zuletzt wieder viel geforderte Mitsprache der Basis. 2002 wahrt die SVP zwar die „demokratische Form", doch „bestimmt sie die Ausrichtung der Politik der Südtiroler/innen".

1993 hat die SVP eine „Aufgabe", nämlich „zwischen den Bürgern und den institutionellen Einrichtungen [...] zu vermitteln", und zwar als „ Ausdruck des Strebens der Gesellschaft nach geistig-kulturellem, wirtschaftlichem und sozialem Fortschritt". Also zwei gesellschaftspolitische Vorgaben. 2002 bildet die SVP ein „geistig politisches Dach" zum „Ausgleich der Interessen" und hat einen „Zweck, die allgemeinen und besonderen Interessen der Südtiroler/innen mit allen gesetzlichen Mitteln zu vertreten". Also nach innen Ausgleich, nach außen Interessenvertretung. Wie ein Wirtschaftsverband.

Die SVP-Statutenkommission unter Führung der Frauenvorsitzenden Martha Stocker hat 2007–2008 zahlreiche Vorschläge erarbeitet und diskutiert. Der PO rückt nach der Landtagswahl sieben Punkte in den Mittelpunkt des Reformparteitags 2009, vor allem zu Personalfragen und zur Mitsprache der Basis: Unvereinbarkeit von Mandaten und Parteiämtern, Umorganisation der Parteizentrale, Umsetzung der Mandatsbeschränkung, die Nominierung etwa des EU-Parlamentariers oder der Parteileitung durch die Parteibasis, die regelmäßige Mitsprache der Basis bei Sachthemen sowie die Pflichten und (stärkeren) Rechte des Parteiobmanns.

… zwischen Ferne und Nähe

Die Reform könnte zur entscheidenden Weichenstellung für die Zukunft werden. Der bekannte Zukunftsforscher Matthias Horx hat sich auch mit Südtirol beschäftigt. Wenn die Politik seiner These folgt, wonach die Peripherie das Zentrum der Zukunft sei, dann wird der Erfolg der SVP morgen nicht an der Vertretung eines halben Prozents der Staatsbevölkerung in Rom oder eines halben Promilles der EU-Bevölkerung in Brüssel gemessen.

Vielmehr werden die handelnden Personen und die Qualität ihrer politischen Arbeit und Kommunikation im Land Südtirol und in seinen 116 Gemeinden über den Fortbestand der Sammelpartei entscheiden. Der bröckelnde ethnische Alleinvertretungsanspruch, die umstrittene ideologische Richtungsentscheidung sowie die empfindliche Verbindungsfunktion zwischen Norden und Süden würden in den Hintergrund treten zugunsten einer territorial bzw. lokal orientierten Bewegung.

Der Begriff einer Territorialpartei klingt in manchen Südtiroler Medien gelegentlich an als interethnische Organisationsform, also für alle drei Sprachgruppen, zur Vertretung Südtirols nach außen. Sollte sich die SVP tatsächlich auf diesen Weg machen wollen, so wäre er noch weit angesichts der großen Auffassungsunterschiede zwischen den politischen Eliten der

Sprachgruppen vor allem im Verhältnis zu Rom. Realistischer ist die Betrachtung einer Ebene „näher am Bürger“: der Gemeinden. Hier tritt die SVP schon heute in vielfältiger Gestalt auf und begründet ihren Erfolg im unmittelbaren Engagement für und mit der Basis. Auch die Vertretung im Land wird erwartet und zugetraut: Vier der sechs neu in den Landtag gewählten SVP-Mandatare sind amtierende Bürgermeister. Weder 2003 noch 1998 zog ein Bürgermeister in den Landtag ein.

Aus Magnagos erfolgreicher Sammelpartei und Durnwalders ebenso erfolgreicher Wohlstands- und Interessenvertretung könnte eine Art Freie Wählergemeinschaft für Heimat und Zukunft werden. Die SVP-Vertreter und -Wähler wären weiterhin aus unterschiedlichsten Milieus, mal Unternehmer, mal Bauer, mal Arbeitnehmer, reich oder arm, jung oder alt, Frau oder Mann – und Kommunal- und Landespolitik blieben im selben Boot. Im Andreas-Hofer-Gedenkjahr 2009 wird sich zeigen, wer den Haufen nach 50 Jahren Magnago plus Durnwalder zusammenhalten soll.

Kathrin Hämmerle

Fritz Dinkhauser – zwischen Triumph und Niederlage

Ein regionales Phänomen oder Vorbote unserer Parteientwicklung?

So nahe liegen Sieg und Niederlage zusammen: Bei Fritz Dinkhauser waren es exakt 112 Tage zwischen seinem historischen Triumph bei der Landtagswahl am 8. Juni und dem klar verpassten Einzug ins Parlament bei der Nationalratswahl am 28. September 2008. In diesen 112 Tagen zeigte sich, dass die regionale Bekanntheit des lautstarken AK-Präsidenten doch eine begrenzte ist. Es zeigte sich aber auch, dass ein erfolgreicher bundesweiter Wahlkampf eine organisatorische Mindeststruktur verlangt.

„Ich will, ich muss Tirol befreien"[1]

Im März 2008 wurde die Vorverlegung der Tiroler Landtagswahl von Herbst auf Juni bekanntgegeben. Die Gründe dafür waren einerseits eine im Herbst drohende Neuwahl auf Bundesebene aufgrund der „Osterkrise" in der Großen Koalition, andererseits auf Landesebene die Hoffnung der Tiroler VP, den Arbeiterkammer-Präsidenten und VP-Rebellen Fritz Dinkhauser nach seiner Ankündigung, mit einer eigenen Liste für den Landtag kandidieren zu wollen, doch noch auf dem falschen Fuß zu erwischen.

Dinkhauser blieb dennoch bei seiner Entscheidung: „Eine Wiedererneuerung im Land und eine Aufbruchstimmung, das ist mein Ziel", meinte er. Aus einem „Bauernland" müsse wieder ein „Bürgerland" werden. Als Hauptgegner erkor Dinkhauser Landeshauptmann Herwig van Staa und Bauernbundobmann Toni Steixner. Handlungsbedarf sah der AK-Präsident unter anderem bei den Themen Transit, Abfall, Einkommen oder Grund und Boden. Insgesamt fehle in der Landesregierung der Mut zur Erneuerung. Entscheidender Auslöser für sein Antreten sei aber „die völlig unzureichende Lösung bei den Agrargemeinschaften gewesen". Diesen Grundsätzen entsprechend hieß sein Wahlprogramm „Für ein gerechtes Tirol" und die dort deklarierten zentralen Themen waren die gerechte Verteilung, das Beenden der Seilschaften und eine Politik, die den Menschen in den Mittelpunkt stellt und nicht die Mächtigen. Diese Inhalte, die Fritz Dinkhauser im Wahlkampf ansprach, waren bereits „seine" Themen in all seinen Jahren als AK-Präsident. Es sind klassische Themen eines Arbeitnehmervertreters wie Bildung, Wahrung der Sonn- und Feiertagsruhe und der Verzicht auf Selbstbehalte im Gesundheitswesen.[2]

Mit diesen Slogans schaffte es die Liste „Fritz Dinkhauser – Bürgerforum Tirol" bei den Tiroler Landtagswahlen aus dem Stand auf 18,35 Prozent und erreichte damit den zweiten Platz hinter der ÖVP, die die absolute Mehrheit nicht nur in Stimmen, sondern auch in Mandaten abgeben musste. Erstmals zogen fünf Parteien in das Landhaus in Innsbruck ein.

„Wählt's Fritz"[3]

Die einzelnen Bezirksergebnisse der Liste FRITZ weichen nicht überproportional vom Gesamtergebnis ab: Überdurchschnittlich waren die beiden Wahlkreise, wo das Grundmandat gelang, sowie der Bezirk Schwaz mit 20,53 Prozent und Kitzbühel mit 19,03 Prozent. Unterdurchschnittlich war das Abschneiden Dinkhausers in den Bezirken Reutte mit 17,01 Prozent, Kufstein mit 16,97 Prozent, Imst mit 14,35 Prozent, Lienz mit 13,05 und Landeck mit 12,70 Prozent.

Dementsprechend waren auch die regionalen Hochburgen quer übers Land verteilt: Spitzengemeinden für die Bürgerliste waren Mieders und Ehrwald mit über 36 Prozent Wählerstimmen, über 30 Prozent der Wähler/innen gaben ihre Stimme der Liste FRITZ in Kitzbühel, Schönberg im Stubaital, Fulpmes und Neustift im Stubaital. Absolut am meisten Stimmen erhielt Dinkhauser in Innsbruck mit 9393 (20,30 Prozent), in Schwaz mit 1324 (23,79 Prozent), in Kufstein mit 1298 (19,56 Prozent) und bei den Wahlkarten im Bezirk Innsbruck-Land mit 1117 (21,77 Prozent).[4]

In den Wahlbezirken Innsbruck-Stadt mit 20,18 Prozent der Stimmen und Innsbruck-Land mit 21,77 Prozent errang die Bürgerliste je ein Grundmandat. Im Vergleich dazu erreichten auch die Grünen zwei Grundmandate, FPÖ und SPÖ hingegen jeweils nur eines. Insgesamt zogen sieben Abgeordnete aufgrund dieses Wahlergebnisses in den Landtag ein und die Liste FRITZ durfte einen Sitz im Bundesrat besetzen.

Prominente Mitstreiter von Fritz Dinkhauser waren Fritz Gurgiser, bekannt durch seine Aktivitäten im Transitforum und schon 2000 Kandidat auf der AAB-Liste Dinkhausers für die AK-Wahlen, sowie Bernhard Ernst, bereits 1994 bis 1999 Abgeordneter zum Tiroler Landtag, damals für die Grünen. Die Prominenz der Kandidaten, vor allem aber die des Spitzenkandidaten, zeigte sich bei den Vorzugsstimmen: Der amtierende Landeshauptmann Herwig van Staa bekam 4760 Vorzugsstimmen und wurde somit bereits in der eigenen Partei von den meisten Spitzenkandidaten der Wahlkreise geschlagen – wie Toni Steixner (5684), Erwin Koler (5454), Jakob Wolf (5123) und Andreas Köll (4869). Fritz Dinkhauser erreichte Platz acht auf der Bestenliste aller Parteien mit 4312 Vorzugsstimmen. Fritz Gurgiser erhielt immerhin noch 1557 persönliche Stimmen.

„Wir stehen für alle Wähler offen …"[5]

Laut einer Wählerstromanalyse von Erich Neuwirth[6] erzielte die Liste Fritz Dinkhauser ihren Erfolg auf Kosten der anderen vier Parteien ÖVP, SPÖ, Grüne und FPÖ. In ungefähr gleicher Größenordnung kamen jeweils zwischen 8000 und 10 000 Stimmen von diesen Parteien und machten etwa zwei Drittel der Stimmen aus. Ein Drittel der Stimmen kam von früheren Nichtwähler/inne/n. Von allen Parteien verzeichnete die ÖVP die stärksten Verluste an die Liste Fritz Dinkhauser, nur etwas geringer waren die Verluste der Grünen mit rund einem Drittel ihrer Stimmen. Die FPÖ verlor ebenfalls ein Drittel ihrer Stimmen an die Liste Dinkhauser, konnte aber deutlich höhere Gewinne von den Nichtwähler/inne/n, kräftige Gewinne von der SPÖ und merkbare Gewinne von der ÖVP erzielen. Die SPÖ verzeichnete auch deutliche Verluste an die Liste Dinkhauser, verlor allerdings die meisten Wähler/innen an die Nichtwähler/innen.

Laut Wählerstromanalyse des Instituts SORA[7] gewann die Liste Dinkhauser die meisten Stimmen von ehemaligen Nichtwähler/inne/n (30 000 Stimmen). 9000 Stimmen kamen von der SPÖ, 7000 von ÖVP und weitere 8000 von den Grünen. 3000 Stimmen gewann Dinkhauser von der FPÖ. Anders gesagt: 52 Prozent der Dinkhauser-Wähler/innen haben 2003 nicht gewählt, 16 Prozent haben die SPÖ gewählt, 14 Prozent die Grünen und 13 Prozent die ÖVP. Die restlichen sechs Prozent kamen von der FPÖ.

Laut der Wahltagsbefragung des Instituts SORA wurde das Wahlverhalten der Tiroler/innen bei der Landtagswahl 2008 hauptsächlich durch die große Unzufriedenheit mit der Bundesregierung beeinflusst, was zu starken Verlusten bei ÖVP und SPÖ führte. Dinkhauser konnte diese Stimmung für sich nutzen und ging als strahlender Sieger aus der Landtagswahl hervor.[8]

Nach Altersgruppen hat sich vor allem das „Mittelalter" für Dinkhauser entschieden: Überdurchschnittlich viele Wähler/innen waren zwischen 30 und 59 Jahre alt, also im aktiven Erwerbsleben stehend. Beinahe ein Drittel aller öffentlich Bediensteten gab Dinkhauser die Stimme. Somit hat er es bei dieser Gruppe vor der ÖVP auf Platz eins geschafft. Er punktete dabei von seiner Bekanntheit und Rolle als Präsident der Kammer für Arbeiter und Angestellte, indem er glaubhaft vermitteln konnte, deren Interessen am besten vertreten zu können. Gleichzeitig gelang es Dinkhauser aber auch, sich als „Feind der Mächtigen" zu positionieren, der nicht Teil des herrschenden Systems ist. Dies zeigt sich deutlich bei den Wahlmotiven: Für die Wähler/innen der Bürgerliste stehen neben dem Spitzenkandidaten (73 Prozent) klassische Oppositionsthemen wie „Die Partei bringt frischen Wind in die Regierung" (76 Prozent) und „Kontrolle von Missständen" (66 Prozent) an der Spitze.[9]

„Den Dinkhauser mögen sie im Volk, aber weniger bei der Partei"[10]

In Tirol war Dinkhauser allerdings bereits ein Altbekannter in der politischen Landschaft. Immer wieder zog er die mediale Aufmerksamkeit mit markigen Sprüchen auf sich. Bereits als AK-Präsident pflegte er sein Rebellenimage, etwa bei regelmäßigen Presseempfängen auf der Hungerburg, wo er in Wallnöfer-Pose mit Pfeife in der Hand das politische Geschehen des Landes kommentierte. Dinkhauser spricht dabei immer wieder von „unserer Gesinnungsgemeinschaft", von „der Besinnung auf die ursprünglichen Werte, die Grundwerte einer christlich-sozialen Politik" und von „einer Politik mit Herz". Er empfiehlt mehr „Feuer unterm Hintern, Feuer im Herzen" und rät zum „Gas geben". „Wir müssen zurück zu den kleinen Leuten finden", meint er vor allem in Richtung ÖVP.

In dieser Funktion erlangt Dinkhauser österreichweite Bekanntschaft, vor allem durch seine Attacken gegen seine eigenen Parteifreunde von der ÖVP. So rief er beispielsweise kurz vor dem Beitritt Österreichs zur EU angesichts des Sparpakets der SP/VP-Bundesregierung zu „nationalem Ungehorsam" auf und wurde dafür von seinen Tiroler Sozialpartnern Arthur Thöni und Hansjörg Jäger heftig kritisiert. Auch nach der Bildung der Wenderegierung zu Beginn des Jahrtausends rief Dinkhauser gegen die eigene Partei wörtlich zu „nationalem Widerstand" auf.

Beinahe zu einem Parteiausschluss führte seine Kritik am damaligen Landeshauptmann Wendelin Weingartner, dem er 1999 vorwarf, ihm fehle „das Herz für dieses Land". Weingartner sei „ein hochintellektueller Beamter mit Bankenanstrich." Die ÖVP kritisierte Dinkhauser im damaligen Landtagswahlkampf wegen deren angeblichen „Musikantenstadlauftritten" und deren falscher Themenwahl. Erinnert sei auch an die von Dinkhauser so bezeichnete „Schrebergartenreform von politischen Gartenzwergen" zu den Pensionsreformmaßnahmen 1997. Die Steuerreform ein Jahr später bezeichnete er als „Taschenspielerreform".

Bundeskanzler Schüssel richtete er via Medien aus, er solle „vom hohen Ross runter" und nicht nur „auf die Botschaft aus dem Bärental hören". Minister Bartenstein bezeichnete er im Zusammenhang mit der Pensionsdebatte 2004 als „Sargnagel der Regierung". 2005 schließlich holte Dinkhauser zum Rundumschlag aus: Arbeiter aus Deutschland bezeichnete er als „Feinde" des heimischen Arbeitsmarktes, die Arbeitsgebiete Tourismus und Bau als „gewaltige Schmarotzerbranchen."

Aber auch sein Rebellenimage erhielt im Laufe dieser Auseinandersetzungen Kratzer: Im Sommer 1996 übte er heftige Kritik am damaligen ÖAAB-Obmann Josef Höchtl und forderte dessen Rücktritt, nachdem bekannt wurde, dass dieser als dienstfrei gestellter Universitätslehrer 20 Jahre lang ein sogenanntes „arbeitsloses Einkommen" bezogen hat. Der „Fall Höchtl" wurde zum Auslöser für die Bezügereform aller Politikereinkommen. Aber nur kurz darauf geriet auch Dinkhauser selbst ins Kreuzfeuer der Kritik mit seinen Bezügen. Es wurde bekannt, dass er neben seinem Gehalt als AK-Präsident eine Gage aus einem Dienstverhältnis mit dem ÖAAB erhielt. Nach langen Erklärungsversuchen geriet Dinkhauser als lautstarker Mahner so unter Druck, dass er auf dieses Zusatzeinkommen verzichtete. Seine immer wiederkehrenden Vorwürfe gegenüber Kammerfunktionären mit Doppelbezügen wurden ihm dabei zum Verhängnis.

Tabelle 1: Ergebnis AK-Wahlen seit 1949

Jahr	AAB-FCG	FSG-SPÖ	Grüne	PFL-SOLI	FA-FPÖ	GLB	Wahl-beteiligung	Präsident
1949	25,3 (18)	54,2 (38)	–	–	17,2 (11)	3,3 (1)	70,3	Ab 1949: Josef Gänsinger (FSG)
1954	26,7 (19)	55,9 (42)	–	10,1 (6)	3,5 (2)	3,7 (1)	61,0	
1959	32,9 (24)	52,9 (39)	–	6,4 (4)	4,0 (2)	3,6 (1)	52,7	
1964	32,6 (24)	56,1 (42)	–	4,3 (2)	4,4 (2)	2,6 (0)	53,9	Ab 1964: Hermann Schmidberger (FSG)
1969	32,7 (23)	57,4 (42)	–	3,0 (2)	5,9 (3)	1,0 (0)	47,9	
1974	45,0 (32)	49,1 (36)	–	–	4,8 (2)	1,0 (0)	55,2	Ab 1974: Karl Gruber (FSG)
1979	48,2 (33)	48,7 (36)	–	–	2,8 (1)	0,3 (0)	59,2	
1984	52,8 (37)	45,3 (33)	–	–	1,6 (0)	0,2 (0)	69,2	Ab 1984: Ekkehard Abendstein (AAB-FCG) Ab 1985: Josef Kern (AAB-FCG)
1989	47,7 (34)	41,8 (30)	1,3 (0)	–	8,1 (6)	1,1 (0)	43,9	Ab 1991: Fritz Dinkhauser (AAB-FCG)
1994	45,6 (33)	35,6 (25)	5,3 (3)	–	13,2(9)	0,3 (0)	26,7	
2000	64,4 (46)	18,5 (13)	5,4 (3)	2,9 (2)	8,6 (6)	0,4 (0)	59,7	
2004	61,3 (44)	24,3 (17)	6,9 (5)	3,7 (2)	3,1 (2)	0,7 (0)	55,1	Ab 2008: Erwin Zangerl (AAB-FCG)

Angaben in Prozent, in Klammer die Mandate.
Quelle: http://www.ak-tirol.com/www-398-IP-11925.html (15. 10. 2008).

„Ich bin's, euer Präsident"[11]

Seine politische Laufbahn begann der im Jahr 1940 geborene Fritz Dinkhauser bereits 1964 als Landessekretär der jungen Generation der ÖVP Tirol. 1971 wurde er Landessekretär des AAB Tirol. Von 1984 bis 1993 war Dinkhauser als Obmann der Tiroler Gebietskrankenkasse tätig. Seit 1979 war er Kammerrat in der Arbeiterkammer für Tirol, wo er 1985 zum Vizepräsidenten und 1991 zum Präsidenten ernannt wurde. 1993 erlangte Dinkhauser den Posten des Vizepräsidenten der Bundesarbeitskammer und wurde 1994 Fraktionsvorsitzender des ÖAAB. Von 2005 bis 2008 war er zweiter stellvertretender

Vorstandsvorsitzender des Hauptverbandes der österreichischen Sozialversicherungsträger. Sein Dienstverhältnis zum ÖAAB bestand also im Jahr 1996 bereits seit 25 Jahren.

Fritz Dinkhauser hat während seiner Tätigkeit in der AK den Aufstieg der ÖVP mitverfolgt und später auch maßgeblich mitgetragen. Denn in ganz Österreich liegt die Vertretung der Interessen der Arbeiter und Angestellten fest in Hand der SPÖ – außer in Tirol und Vorarlberg, wo es bereits seit 1974 einen schwarzen Kammerpräsidenten gibt. Tirol folgte diesem Beispiel zehn Jahre später (siehe Tabelle 1).

Fritz Dinkhauser als gefeierten Wahlsieger, dieses Bild gab es in Tirol bereits im März 2000. Er katapultierte seine AAB-FCG-Liste von 45 auf 64 Prozent und zu einer Zweidrittelmehrheit an Mandaten. Die Wahlbeteiligung war außerdem von 27 auf 60 Prozent hochgeschnellt, was allerdings hauptsächlich auf die Einführung der Briefwahl zurückzuführen ist.

Obwohl Dinkhauser bei der AK-Wahl 2004 leicht an Stimmen verlor, galt er ab den 1990er-Jahren als einer der beliebtesten Politiker Tirols. Auf die Frage „Wer in Zukunft eine wichtigere Rolle in der Landespolitik spielen sollte?" befürworteten 1997 bereits 30 Prozent dies für Dinkhauser. Ende Mai 2008 – also kurz vor der Landtagswahl – überholte Dinkhauser im APA-OGM-Vertrauensindex den amtierenden Landeshauptmann van Staa, der bei dieser Umfrage den schlechtesten Vertrauenswert aller Landeshauptleute erhielt (vgl. Filzmaier/Perlot in diesem Band). Dinkhauser selbst verlässt sich statt auf Meinungsumfragen von Instituten lieber auf seine eigenen „Bierhaus-Umfragen", wo ihm nach seinen Worten die Sorgen und Ängste der Bevölkerung begegnen.

„Nichts Neues im Westen, wir haben reine Westen"[12]

Regelmäßig fanden sich aber auch Kritiker seiner Amtsführung in der Kammer, vor allem an seiner Selbstdarstellung als Präsident, die mit den Pflichtbeiträgen der Arbeitnehmer/innen bezahlt würden. Beispiele finden sich etwa im Rechnungshofbericht aus dem Jahr 1999, in dem Privatfahrten mit dem Dienstauto sowie seine Doppelbezüge gerügt wurden und dass er nach Vorbild anderer AK-Vorstände auf zehn Prozent seines AK-Bezuges hätte verzichten sollen. Weiters äußerte sich der Rechnungshof kritisch zu Punkten wie „interner Kommunikation", „Subventionsvergabe" und „Sitzungsprotokollen".

Dazu kamen Unstimmigkeiten bei Beraterhonoraren für den ehemaligen Landesrat Konrad Streiter und den pensionierten AK-Vizedirektor Jürgen Berger. Zu angeblichen „Millionengräbern" wurden nach Ansicht der Kritiker Dinkhausers vor allem die beiden Projekte Umbau der AK-Zentrale in Innsbruck und das Zukunftszentrum, an dessen Spitze glücklose Geschäftsführer ausgetauscht wurden. Aus diesen Gründen und wegen der hohen Werbungskosten verweigerten erstmals auch die Mandatarinnen und Mandatare der FSG ihre Zustimmung zum AK-Budget im Jahr 2002. Zu diesem Zeitpunkt erhielt Dinkhauser noch Schützenhilfe von AK-Direktor Martin Hirner.

Vier Jahre später sollte zwischen diesen beiden ein jahrelanger Konflikt ausbrechen, der schließlich bis vor den Verwaltungsgerichtshof führte. Ausgelöst wurde der Rechtsstreit durch eine Klage Hirners beim Innsbrucker Landesgericht auf eine Nachzahlung von 21400 Euro wegen jahrelanger falscher Berechnung seiner Bezüge. Vorangegangen waren ein Disziplinarverfahren gegen den AK-Direktor, ein Amtsenthebungsverfahren und eine fristlose Entlassung.

Während des Landtagswahlkampfes wurde der Ton ebenfalls rauer und ein anderer ehemaliger Weggefährte aus der AK, Franz Fuchs, zeigte Dinkhauser wegen angeblicher Unregelmäßigkeiten bei der Innsbrucker Staatsanwaltschaft an, die von Abgabenhinterziehung über Untreue bis zu Betrug reichten. Die Untersuchungen wurden von der Staatsanwaltschaft noch während des Wahlkampfs eingestellt.

„Aussa aus die Staudn"[13]

Fritz Dinkhauser war aufgrund seiner beruflichen Karriere bereits lange Teil des Systems, das er immer wieder so heftig anprangerte, und auch langjähriges Mitglied jener Partei, die er so heftig kritisierte. Als hochrangiger Vertreter der Arbeiterkammer, die eine gesetzliche Interessensvertretung darstellt, ist er eindeutig zur politischen Elite[14] des Landes zu zählen, die Einfluss auf Entscheidungen nimmt. Der Unterschied zwischen Verbänden wie der AK und Parteien wie der ÖVP ist ein hauchdünner. Denn beide haben zur Aufgabe, Interessen in einer Gesellschaft zu bündeln, zu artikulieren und zu vertreten. Beides sind Zusammenschlüsse von Menschen mit ähnlicher Gesinnung und ähnlichen Interessen, die sie in die öffentliche Meinungsbildung einbringen wollen. Entscheidender Unterschied zwischen Verbänden und Parteien ist die Rekrutierung von politischem Personal: Kandidiert ein Verband zu einer Wahl, so wird er unweigerlich zur Partei.

Als mächtiger Arbeiterkammerchef unterschieden sich Dinkhausers Aufgaben also nicht wesentlich von jenen eines Politikers. Der einzige Unterschied war der Schritt zur Kandidatur.

„Das ist wie beim Heiraten …“[15]

Politische Parteien erfüllen zentrale Funktionen in einem demokratischen Politiksystem und sind das wichtigste Bindeglied zwischen Bürger/inne/n und Staat. Im gegenseitigen Wettbewerb versuchen sie erstens die Stimmen möglichst vieler Wähler/innen zu gewinnen und Einfluss auf die Machtverteilung und die Entscheidungen der Politik im Sinne ihrer Anhänger/innen zu nehmen. Der offene Parteienwettbewerb ist eine Grundvoraussetzung politischer Demokratie, denn er ermöglicht Machtbegrenzung und -kontrolle.

Zweitens repräsentieren politische Parteien die Werte und Interessen ihrer Anhängerschaft dauernd und in allen politischen Belangen. Sie erfüllen dabei drittens die Funktion der Artikulation und Aggregation (Bündelung) politischer Probleme und Interessen. Viertens mobilisieren politische Parteien Wähler/innen über ideologische Vorstellungen und gesellschaftspolitische Programme, über konkrete Forderungen und Vorschläge und über ihre Parolen in der Abstimmungspropaganda. Fünftens rekrutieren sie das politische Personal auf allen Stufen, vermitteln also den einzelnen Bürger/inne/n die Chance zur Karriere als Politikerin oder Politiker, und organisieren über die Auslese ihrer Kandidat/inn/en den Wettbewerb der politischen Wahl mit (vgl. Linder 2005, 82).

Historisch betrachtet entstanden Parteien entlang von Konfliktlinien, genannt *cleavages*, in Gesellschaften. Rokkan identifizierte hier beispielsweise für die Parteienentwicklung in Europa die Spaltung von Zentrum und Peripherie, zwischen Land und Stadt, zwischen Staat und Kirche sowie zwischen Arbeitnehmer und Arbeitgeber (vgl. Rokkan 2001). Hinzufügen müsste man heute jedenfalls die Spaltungslinien Ökonomie versus Ökologie oder Inklusion versus Exklusion, die die Einstellung der Bevölkerung zur Migration widerspiegelt.

Parteien stehen heute in europäischen Ländern vor ähnlichen Problemen: Die Parteiidentifikation in der Bevölkerung nimmt aufgrund steigender sozialer, räumlicher und ideologischer Mobilität ab. Die agile Positionierung der Parteien in den bewegenden Sachthemen und die Personalisierung ihrer Politik sind daher wichtiger geworden als Parteiprogramme. Es gilt, Bürger/innen im massenmedialen Zeitalter zu erreichen. Auf der anderen Seite droht Konkurrenz durch soziale Bewegungen, die spontan und issueorientiert mobilisieren und damit kurzfristig punkten können, ohne längerfristige Ziele zu verfolgen oder ein gesamtstaatliches Gleichgewicht beachten zu müssen.

Die ursprünglich milieuorientierten Massenparteien wandeln sich daher immer mehr zu professionell geleiteten Wählerparteien (vgl. Katz/Mair 1993, 600), deren Aufgabe hauptsächlich darin besteht, um die politische Macht zu konkurrieren (vgl. auch von Beyme 2000). Parteien werden zu bloßen Wahlmaschinen einer Elite oder von einer Person. Vorboten dieser Entwicklung sind zum Beispiel Silvio Berlusconis „Forza Italia" oder Jörg Haiders BZÖ.

Parteien bündeln aber immer noch die Wünsche und Anliegen eines Teils der Bevölkerung, sie artikulieren diese und bringen sie in den politischen Entscheidungsprozess ein. Nehmen etablierte Parteien diese Funktion nur unzureichend wahr, so entsteht eine Distanz zwischen den Eliten und der Bevölkerung, und in diese Lücke können Kleinparteien – bei entsprechender Themenwahl – vorstoßen. Bei der Landtagswahl gelang dies Dinkhauser zweifellos.

Der Erfolg auf Landesebene der Liste FRITZ ist bisher in diesem Ausmaß noch keiner Dissidentenliste in Österreich gelungen. Sogar Hans-Peter Martins Überraschungserfolg bei der EU-Wahl 2004 fiel mit knapp 14 Prozent geringer aus. Landtagsmandate eroberten bisher nur der FPÖ-Ableger LIF[16] sowie der von der SPÖ ausgeschlossene Franz Olah mit seiner „Demokratischen Fortschrittlichen Partei".[17] Gescheitert hingegen ist der abtrünnige ÖVP-Politiker Gerhard Hirschmann in der Steiermark mit nur zwei Prozent. Ein erfolgreiches Beispiel – allerdings auf kommunaler Ebene – war Dinkhausers Kontrahent Herwig van Staa. Mit der Liste „Für Innsbruck" gelang es ihm 1994 der offiziellen Parteiliste der ÖVP den Bürgermeistersessel in Innsbruck abzunehmen.

Wochen später wurden aber Dinkhauser die Grenzen für ein derartiges Politexperiment aufgezeigt. Österreichweit konnte der herbe Tiroler Charme nur mehr 86 194 oder 1,76 Prozent der Wähler/innen[18] überzeugen. Worin lagen die Unterschiede zwischen diesen beiden Wahlgängen, zwischen Erfolg und Misserfolg?

„Ich bin ein Wiener"[19]

Bereits kurz nach seinem Wahlerfolg in Tirol begann Dinkhauser mit der „Brautschau" für mögliche Kandidat/inn/en für die Nationalratswahl. Gespräche führt er etwa mit dem oberösterreichischen Bauernrebellen Leo Steinbichler, mit dem EU-Abgeordneten Hans-Peter Martin oder mit Vertretern von „Rettet Österreich", das sich schließlich für eine eigene Kandidatur entscheidet. Auch mit Hans-Peter Martin ergibt sich keine Zusammenarbeit, dafür findet sich als prominenter Name die ehemalige TV-Moderatorin Theresia Zierler auf der Liste Dinkhausers.

Dinkhauser gelang es durch seine zelebrierte, demonstrative Unentschlossenheit zu einer bundesweiten Kandidatur tagelang in der Öffentlichkeit medial präsent zu sein. Zunächst profitierte Dinkhauser von seiner relativen Unbekanntheit, denn er genoss noch Neuigkeitswert bei den überregionalen Medien. Als Dinkhauser sich dann Ende Juli offiziell dafür entscheidet, gibt er als Wahlziel für seine „Liste Fritz Dinkhauser – Bürgerforum Österreich" sechs bis sieben Prozent an. Durch die Unsicherheit bei der Sammlung der für die Kandidatur benötigten 2600 Unterschriften kann er in Folge den Spannungsbogen noch weiter halten.

Anfang Juli haben noch alle kandidierenden Kleinparteien Aufwind in den Umfragen. Die Hälfte der Österreicher/innen konnte sich zu diesem Zeitpunkt vorstellen, eine der kleinen Parteien zu wählen. LIF und Dinkhauser wurden gute Chancen für den Einzug gegeben. Laut IMAS sprach Dinkhauser Ende August 14 Prozent der FPÖ/BZÖ-Wähler/innen an, elf Prozent der ÖVP-Wähler/innen, neun Prozent der grünen und sechs Prozent der SPÖ-Anhänger/innen (vgl. Die Presse vom 31. 8. 2008, 1).

Seine Themen lauteten ähnlich wie im Landtagswahlkampf. Die Macht müsse vom Bürger ausgehen, die Demokratie wieder zu leben beginnen. Dinkhauser sieht die Bildung als Schlüsselfrage der Gesellschaft und fordert einen kostenlosen Zugang. Weitere Themen waren die Pflegeversicherung, eine automatische Inflationsabgeltung, die Bekämpfung der Teuerung und gerechte Einkommen für Landwirte. Das auf seine Zielgruppe zugeschnittene, zündende Thema, wie die Agrargemeinschaften in Tirol, fand Dinkhauser allerdings in diesem Wahlkampf nicht.

Zu Beginn des Wahlkampfs wurde Dinkhauser von der Bevölkerung noch hohe Kompetenz zugerechnet, die er bis zum Wahltag augenscheinlich einbüßte. Ursachen dafür sind wahrscheinlich die härteren Auseinandersetzungen im Finale des Wahlkampfs und die zunehmende Lagerbildung hinter den Parteien und ihren Kandidat/inn/en. Dies verringert die medialen

Präsentationschancen einerseits und verstärkt die Ablehnung der Mitbewerber/innen in der Wählerschaft.

Gegenüber der Landtagswahl hat Fritz Dinkhauser in seinem Kernland Tirol deutlich eingebüßt. Seine Wählerschaft halbierte sich beinahe in allen Bezirken. Besonders deutlich war die Differenz in der Transitgemeinde Vomp, der Heimatgemeinde von Fritz Gurgiser, der sich mehrfach kritisch zum Antreten Dinkhausers bei der Nationalratswahl geäußert hatte. Statt 23,81 Prozent im Juni stimmten nur mehr 9,99 Prozent für Dinkhauser. Aber auch in der Transitgemeinde Schönberg sank die Zustimmung von 31,63 auf 11,38 Prozent und in der Hochburg Mieders im Stubaital von 36,91 auf 15,45 Prozent.

Tabelle 2: Ergebnisse der Liste FRITZ bei der Tiroler Landtagswahl und der Nationalratswahl

	LTW (in Prozent)	**NRW (in Prozent)**	**Differenz (in Prozentpunkten)**
Tirol	18,35	8,68	–9,67
Innsbruck-Stadt	20,18	8,61	–11,57
Innsbruck-Land	21,59	9,83	–11,76
Imst	14,35	8,43	–5,92
Kitzbühel	19,03	8,47	–10,56
Kufstein	16,97	7,80	–9,17
Landeck	12,70	6,64	–6,06
Lienz	13,05	7,34	–5,71
Reutte	17,01	10,54	–6,47
Schwaz	20,53	9,23	–11,30

„Das einzige Rezept, das ich liefern kann, bin ich selber“[20]

Kleinparteien haben eine Chance, wenn es ihnen gelingt, getragen von einer allgemeinen Proteststimmung, vernachlässigte Themen anzusprechen und diese durch geeignete Personen auch zu symbolisieren (vgl. auch Filzmaier/Perlot in diesem Band). Bei der Tiroler Landtagswahl führte die große Unzufriedenheit mit der Regierungsarbeit zu den Verlusten von ÖVP und SPÖ. Viele dieser Proteststimmen konnte Dinkhauser als „Vertreter des kleinen Mannes" einsammeln und übersprang somit sein selbstgestecktes Wahlziel von zehn Prozent locker. Ein anderes Wahlziel erreichte Dinkhauser allerdings nicht: die Verhinderung der ÖVP an der Macht. Auf Bundesebene war die Situation von der Stimmung in der Bevölkerung zwar vergleichbar, allerdings gelang es hier besser der FPÖ und dem BZÖ, den Protest zu kanalisieren. Nicht punkten konnten in beiden Wahlgängen hingegen die Grünen.

Dinkhauser fehlten für eine erfolgreiche österreichweite Kandidatur die organisatorischen Voraussetzungen in den einzelnen Bundesländern, aber auch die medialen Auftrittschancen in überregionalen Medien. Die öffentliche Aufmerksamkeit ließ nach der Spannung um die Kandidatur und die dafür notwendigen Unterschriften merklich nach und so rutschte die Liste FRITZ in den Meinungsumfragen immer weiter ab, je näher der Wahltag kam. Diese Entwicklung hätte einzig durch die Besetzung eines Nischenthemas gestoppt werden können, was Dinkhauser aber im Gegensatz zum Tiroler Wahlkampf nicht gelang. Entscheidend schadete ihm als Kleinpartei auch das knappe Duell um den Kanzler. Viele Wähler/innen hatten Angst, ihre Stimme für eine Kleinpartei zu einer verlorenen Stimme zu machen. Ein ähnliches Rennen um den Landeshauptmann fand in Tirol nicht statt. Das Ergebnis zeigte es dann: Das Rezept Dinkhausers genügte nur für eine zu dünne Suppe.

Anmerkungen

1 Fritz Dinkhauser gibt seine Kandidatur zur Landtagswahl bekannt, vgl. APA 210 vom 27. Juli 2007.

2 Gleichzeitig vernachlässigte die Tiroler SP diese Interessen, vgl. Niederwieser in diesem Band.

3 Wahlkampfslogan der Liste FRITZ.

4 Abrufbar unter: http://wahlen.tirol.gv.at/WahlenTirolGvAtWeb/wahlenWerberStatsAnteil.do?cmd=wahlInfoWerberStatistikAnteil&wahl_id=20&listnr=7&cid=1 (12. 10. 2008).

5 Auszug aus dem Wahlprogramm, abrufbar unter: http://www.fritz-dinkhauser.at/index.php?id=3000 (26. 10. 2008).

6 Abrufbar unter: http://sunsite.univie.ac.at/Austria/elections/ltwtirol/Waehlerstromanalyse_Landtagswahl_Tirol_2008.pdf (25. 10. 2008).

7 Abrufbar unter: http://www.sora.at/de/start.asp?b=482 (26. 10. 2008).

8 Abrufbar unter: http://www.sora.at/images/doku/ltw_tirol_2008_isak_sora.pdf (26. 10. 2008).

9 Vgl. ebd. und auch Filzmaier/Perlot in diesem Band.
10 Erklärte Dinkhauser selbst am Rande einer Pressekonferenz Anfang September 2001.
11 Kein belegbares Zitat Dinkhausers, aber wohl wichtiger Bestandteil seines Wahlerfolges.
12 Sagte Dinkhauser anlässlich der Präsentation des Rechnungshofberichtes 1999.
13 Die wohl meistzitierte und meistwiederholte Aussage Dinkhausers.
14 Eingeführt haben den Begriff „politische Klasse" und „politische Elite" Mosca (1950) und Pareto (1955). Zur Bedeutung vgl. auch von Beyme (1993).
15 Meint Dinkhauser bei der Kandidatensuche für die Nationalratswahl, vgl. APA 260 vom 11. Juli 2008.
16 1993 in Niederösterreich, 1995 in der Steiermark und 1996 in Wien.
17 1969 in Wien.
18 Offizielles Endergebnis abrufbar unter: http://www.bmi.gv.at/wahl08/ (26.10.2008).
19 Dinkhauser beim Sammeln von Unterstützungserklärungen, vgl. APA 259 vom 22. August 2008.
20 Sagt Dinkhauser bei der Bekanntgabe seiner bundesweiten Kandidatur, vgl. APA 268 vom 29. Juli 2008.

Literatur

Katz, Richard S./Mair, Peter (1993). The Evolution of Party Organizations in Europe, in: American Review of Politics, Bd. 14, 593–617.

Linder, Wolf (2005). Schweizerische Demokratie. Institutionen – Prozesse – Perspektiven, Bern: Haupt-Verlag.

Mosca, Gaetano (1950). Die herrschende Klasse, Bern: Francke.

Pareto, Vilfredo (1955). Allgemeine Soziologie, Tübingen: Mohr.

Pelinka, Anton (2005). Vom Glanz und Elend der Parteien. Struktur- und Funktionswandel des österreichischen Parteiensystems, Innsbruck.

Rokkan, Stein (2000). Staat, Nation und Demokratie in Europa, Frankfurt/Main: Suhrkamp.

Von Beyme, Klaus (1993). Die politische Klasse im Parteienstaat, Frankfurt/Main: Suhrkamp.

Von Beyme, Klaus (2000). Parteien im Wandel. Von den Volksparteien zu den professionalisierten Wählerparteien, Wiesbaden: Westdeutscher Verlag.

Peter Plaikner

Von Friedl mit der leeren Tasche bis Junker Jörgs Glück und Ende

Die Glokalisierung der Politik oder: Das Tiroler Wahljahr im Wechselspiel von Hope und Change, von „Yes we Can!" und „Es reicht!"

Politisch bin ich vielleicht ein Trottel,
aber privat kenn' ich mich aus.
Otto Grünmandl

Prolog

Wie 1968 oder 1989 wird 2008 als ein herausragendes Jahr in die Geschichte eingehen. Das gilt regional, national und global, negativ wie positiv. Von der Tiroler Landtagswahl bis zur Weltwirtschaftskrise, von der Großen Koalition in Österreich bis zum ersten Afroamerikaner an der Spitze der USA. Im Jahr der Olympischen Spiele in Peking, zwischen französischer Präsidenten-[1] und deutscher Bundestagswahl[2] kulminieren die Folgen der Digitalisierung aller Lebensbereiche. Statt Sorge um das Globalisieren Furcht vor dem Kollabieren – der Märkte und der Gesellschaften. Die Politik balanciert zwischen Hilflosigkeit und Remanzipation gegenüber der Wirtschaft.

Zeitenwende. Es geht zumindest nicht mehr aufwärts.

Zukunftsangst dominiert das Wahljahr in Tirol, Österreich, der Welt. Das Bangen entzieht sich in vielen Facetten einer sachlichen Analyse. Es geht um dumpfe Gefühle, um verschwommene Assoziationen. Der folgende Text ist der Versuch, der Vielzahl an Einflüssen durch eine von wissenschaftlichen Überlegungen ungehemmte gedankliche Verknüpfung zu entsprechen. Eine irrlichternde Suche nach dem, was es denn ausmachen könnte, dieses Jahr der Politik aus Tiroler Sicht – falls es diesen besonderen Blickwinkel überhaupt noch geben sollte.

Die Sprücheklopfer und Charismatiker

Wenn alles mit allem zu tun hat, ist nicht nur das Politische privat und das Private politisch. Die globale Finanzkrise sorgt für lokale Handelsflauten. Regionale Phänomene beeinflussen nationale Wahlgänge. Und das alles auch jeweils umgekehrt.

Dann hat Bush mit Gusenbauer und Dinkhauser zu tun oder Haider mit Molterer und Obama. Denn der Fremdwährungskredit des Häuslbauers im Außerfern gilt als kleiner Neffe des Cross-Border-Leasings der Tiroler Wasserkraft AG[3] und das amerikanische Immobiliendesaster als großer Onkel des österreichischen Bankenhilfspakets.

Wirtschaftslage ist Stimmungsfrage, predigen die Windmacher der Aktienkurse dem unbedarften Anleger das kleine Börsen-Einmaleins. Dann aber unterliegt noch mehr die Politik eher dem Gefühl als dem Verstand ihrer Wähler, sind ihre Parteien und Personen auf allen Entscheidungsebenen der emotionalen Großwetterlage ebenso ausgesetzt wie der lokalen Gemütsbewegung.

Für Tirol 2008 bedeutet dies ein Wechselbad vom hinterwäldlerischen *Außer aus die Stauden!*[4] bis zum weltläufigen *Change*, vom vermeintlich klaren *Es reicht!*[5] daheim bis zur angeblichen *Hope*[6] für die Welt. Wenn aber der regionale Politklimawandel – falls er wirklich geschieht – nicht nur einerseits die Hofübergabe von van Staa zu Platter bewirkt, sondern andererseits auch den Personalwechseln von Molterer zu Pröll, von Gusenbauer zu Faymann, von Bush zu Obama unterliegt, dann ist auch ein benachbarter Schauplatz zu beachten, der 2008 ebenso wie Tirol ungewohnt stark auf die Bundespolitik ausstrahlt: Haiders Kärnten.

40 Jahre nach dem Aufbruch von 1968 sind *Hope* und *Change* zwar die Kürzel für Wahlsiege, doch Charisma ist das Erfolgsrezept der Proponenten. So sie denn wirklich gewählt werden – also weit mehr Zustimmung finden als ihre eigentlich zur Wahl stehende Liste – und nicht nur eingesetzt sind oder bloß als Stellvertreter der Parteien stehen. Das gilt bzw. galt in den USA für Obama, in Österreich für Haider, in Tirol für Dinkhauser – und in Südtirol für Durnwalder.

Schon die gewagte Mixtur der Genannten ist eine Hochschaubahn der Vergänglichkeit. Allesamt Triumphatoren von 2008 – bedroht, tot,[7] zurechtgestutzt, mitten im Erbfolgezwist. Doch gnadenloser noch als der Wechsel vom Sieger zum Besiegten wirkt das Tempo des Vergessens. Funktionsverlust pflastert seit jeher den schnellsten Weg vom Schlagzeilenmacher zum Randspaltenfüller. Doch die Verzerrung des Gesamteindrucks durch finale Niederlagen erscheint krasser denn je.

Exkurs 1 – Herwig van Staa oder: Von Überschätzung zu Herabwürdigung

Nicht der erste Eindruck ist der wichtigste, sondern der jüngste Abgang zählt. Deshalb wird Herwig van Staa den Verlierer-Malus nicht los. Der Rücktritt als Landeshauptmann nur 15 Tage nach der Landtagswahl nimmt ihm die Möglichkeit der eigenen Korrektur dieses Bildes. Noch ein bisschen präsent als Landtagspräsident, ist er als Landesparteiobmann der ÖVP bloß dann ein Thema, wenn ein verfreundeter Gesinnungsgemeinschaftler laut über die Übergabe auch dieses Amtes nachdenkt.[8]

Solange van Staa in einer Spitzenfunktion bleibt, wird er Gerechtigkeit gegenüber seinem politischen Lebenswerk vergeblich suchen. Seine Posten sind begehrenswert genug, um die notwendige Distanz für eine objektivierbare Beurteilung seines politischen Lebenswerks zu erschweren.

Erfolgreich als Bürgermeister von Innsbruck, aber gescheitert als Landeshauptmann von Tirol: Das ist ein allzu verlockender kleinster Nenner für einen, der beide Ämter nicht lange genug innehatte, um jeweils als Ära betrachtet zu werden. Dazu sind die Vorgaben zu gewaltig. Eduard Wallnöfer regierte 24 Jahre das Land, Alois Lugger 27 Jahre die Stadt und war von 1965 bis 1979 Landtagspräsident. Doch keiner hatte im Lauf seiner Karriere alle drei Funktionen inne – wie van Staa ab 1994. Die Regentschaft über die Jahrtausendwende hinweg ist bezeichnend für seine Stellung. In Sachfragen eher Neuerer als Bewahrer, bleibt er im Stil den großen Vorbildern verhaftet. Ein Patriarch und manischer Macher, der seine Möglichkeiten in der Stadt deutlicher ausschöpfen konnte als im Land.

Herwig van Staas größte politische Fehleinschätzung ist wohl die vermutete größere Macht des Landeshauptmanns, die aber mit den Gestaltungsmöglichkeiten des Bürgermeisters längst nicht mehr Schritt halten kann. Repräsentation jedoch, das Hauptgeschäft auf der regionalen Ebene, liegt dem coachingresistenten Egomanen weniger als das politische Change Management.

Der Veränderer taugt weder zum Schauläufer noch zum Gremialvorsteher. Diese mangelnden Fähigkeiten zu angemessener Selbstdarstellung und notwendigem Strukturrespekt sorgen dafür, dass seine Leistungen auf Landesebene schneller unterschätzt als gewürdigt werden. Sachlich als Sisyphos wie seine Vorgänger unterwegs, die in den entscheidenden Fragen – Grund und Boden, Verkehr und Tourismus, Natur und Erschließung – auch keine entscheidenden Schritte gegen ihre Partei, also den Bauernbund, setzen konnten, hat er vor allem für diese Partei mehr erreicht, als sie heute wahrhaben will.

Die 49,9 Prozent bei der Landtagswahl 2003 waren immerhin das beste ÖVP-Ergebnis seit van Staas wahrem Lebensmenschen (im Sinne von Vorbild und Rivalität), seinem Schwiegervater Eduard Wallnöfer.[9] Doch genau in der zwiespältigen Verarbeitung dieses größten Erfolges seit dem Gedenkjahr 1984 liegt die Wurzel der späteren Niederlage. Das Verfehlen der absoluten Mehrheit um ein Zehntel-Prozent, das Fehlen des angestrebten Fünfers am Zahlbeginn prägt bis heute die (Selbst-)Darstellung.

Nach den sensationellen 51,9 Prozent für die ÖVP bei der Nationalratswahl 2002[10] in Tirol beginnt ein unglückliches Spiel mit Erwartungshaltungen, das van Staa erst im Frühjahr 2008 wieder unter Kontrolle bringt. Während fünf Jahre zuvor die Latte sogar in Richtung 60 Prozent gelegt wird, was dann lediglich für die Wahlbeteiligung, aber nicht die Volkspartei gilt, mobilisiert diese nun durch interne Prognose-Tiefstapelei auf 35 Prozent alle noch vorhandenen Kräfte.

Die 40,5 Prozent des letzten Aufgebots von 2008 mögen das schlechteste Ergebnis einer Tiroler Volkspartei bei Landtagswahlen sein, sie sind aber ein Erfolg unter den gegebenen Umständen – namens Dinkhauser. Immerhin verliert die VP gegenüber 2003 nur 8000 Stimmen, Koalitionspartner SP dagegen 23 000 und auch die grüne Opposition 9000.

Dieses Ergebnis reicht zwar zur Rettung des Landeshauptmann-Sessels für die *Schwarzmander*, doch nicht für Herwig van Staa, der sich in seinem letzten Wahlkampf ungeahnt teamfähig zeigt. Eine Amtsübergabe an Günther Platter – die ursprüngliche Absicht von Fritz Dinkhauser vor dessen eigener Kandidatur – kann er trotzdem nicht mehr verhindern. Mit der Rückkehr des Innenministers an die Spitze der Landesregierung, die dieser als Kulturreferent verlassen hatte, schließt sich ein Kreis. Vom Sieger der Kampfabstimmung auf dem Tiroler VP-Parteitag 2001 zum Verlierer. Der nächste Parteitag wird ein emotionales Wechselbad.

FRITZ und Volkspartei haben zusammen übrigens 58,9 Prozent, also fast die fatale Traummarke für van Staa 2003. Dinkhauser galt bis zum Ende seiner VP-Mitgliedschaft infolge Gründung des Bürgerforums als größter Förderer Platters. Van Staa ist auch an seiner Unterschätzung dieser ÖAAB-

Allianz (samt Wirtschaftsunterstützung) gegen den traditionell viel mächtigeren Bauernbund gescheitert.

Doch es sind weniger diese internen Auseinandersetzungen als die zeitlichen Parallelen zur großen Weltpolitik und kleinen Staatskunst *à l'Autriche*, die ein stärkeres Augenmerk für das Land im Gebirge bewirken, als es aufgrund seines Anteils an der jeweiligen Gesamtbevölkerung verdienen würde. Seine Nachbarschaft zu Italien, Kärnten, Bayern, Salzburg und Vorarlberg verstärkt noch den Effekt. In und um Tirol wurde und wird 2008 und 2009 gewählt – 200 Jahre Tiroler Freiheitskampf sind schließlich auch eine Wahl zwischen Rückbesinnung und Vorbestimmung, zwischen ängstlicher Vergangenheitsverklärung und mutiger Zukunftsbeschwörung, zwischen *Hope* und *Change. Yes we can? Jetzt schau ma mal, dann seh ma schon.*

Jetzt = (davor × danach) + (global / lokal)

Das Tiroler Wahljahr 2008 reicht vom 11. Jänner 2007 bis zum 20. September 2009. Von der Angelobung der Bundesregierung in Wien bis zum Landesfestzug in Innsbruck. Es vollzieht sich vor dem Hintergrund der größten globalen Wirtschaftskrise seit 1929 und dem längsten Präsidentschaftswahlkampf der US-Geschichte. Von der Bekanntgabe der Kandidatur bis zur Angelobung Barack Obamas – vom 10. Februar des vergangenen bis zum 20. Jänner des kommenden Jahres.

2008 ist hier geprägt von der vorgezogenen Landtagswahl am 8. Juni und der vorgezogenen Nationalratswahl am 28. September. Es wird begleitet von den herbstlichen Urnengängen in Bayern, Südtirol[11] und – ganz anders gemeint – in Kärnten. Gewählt wird dort erst im Frühjahr 2009; wie in Salzburg.[12] Vorarlberg und Oberösterreich folgen im Herbst, wenn ausgerechnet nach AK-[13] und EU-Wahl[14] das gemeinschaftlich europäisierte Tirol seines Freiheitskampfes gegen Bayern und Franzosen vor 200 Jahren gedenkt.

Exkurs 2 – Ein Tirol in Europa oder: Die Region verspielt ihre Chance

„Geschichte trifft Zukunft" heißt die gemeinsame Homepage[15] des österreichischen Bundeslandes Tirol und der autonomen italienischen Provinzen

Bozen-Südtirol sowie Trentino. Internet als Plattform – das soll Perspektive, den Versuch einer Vorschau neben dem zwanghaften Rückblick symbolisieren. Doch die Online-Vision entkommt nicht den Fesseln einer Pflichtübung. Wo zeitgeistig Frei.Raum steht, befindet sich letztlich eine akribische Aufzählung jener Aktivitäten, die „Jung und Alt" verbinden sollen, wie es im „Willkommen" heißt. Textierung und Design mögen immer Geschmacksfrage sein, doch Vorwärtsorientierung sieht anders aus.

Zur Zukunft flüchten sich die Macher in Interview-Videos, auf denen einige der üblichen Verdächtigen ebenso etwas sagen dürfen wie die sprichwörtliche Bürgerin von der Straße. Der große Plan ist entweder nicht erkennbar oder bleibt zumindest gut verborgen. Wer genau sucht, findet zwar die Wörter „Euregio" und „Europa", aber dass 2009 – es träfe sich durchaus gut – eine Europawahl ansteht, ist kein Thema für „die drei Länder auf dem Gebiet des historischen Tirol", das da beschworen wird. Immerhin „verbindet Freundschaft die einstigen Gegner".

Deshalb steht ja auch schon in der Regierungserklärung vom Oktober 2003: „Wir werden die Europaregion Tirol-Südtirol-Trentino durch die Umsetzung von konkreten Projekten stärken und ausbauen. Vor allem in den Bereichen Wirtschaft, Kultur, im gesellschaftlichen Zusammenleben." Eine Spontan-Evaluation dieses Vorhabens kommt jedoch zum gegenteiligen Ergebnis: Seit Österreichs EU-Beitritt 1995 ist nicht mehr so wenig auf eine Euregio gesetzt worden wie in den jüngsten Legislaturperioden dies- und jenseits des Brenners.

Die Ursachen dafür liegen vor allem in der gescheiterten Tirol-Bank aus Hypo und Südtiroler Sparkasse (vgl. Sauer/Sprenger 2003). Die Verwerfungen infolge der abgesagten Fusionspläne halten bis heute an. Vor allem im österreichischen Teil liegen die Wunden offen: Herwig van Staa wurde letztlich infolge dieses Projekts Landeshauptmann. Denn Ferdinand Eberle, schon Parteichef und designierter Nachfolger, strauchelte über die Hypo-Affäre. Im Gegensatz zu seinem südtirol-affinen Vorgänger Wendelin Weingartner hatte van Staa noch als Innsbrucker Bürgermeister kein Hehl aus seiner Abneigung gegen eine *Italianisierung* des landeseigenen Geldinstituts gemacht. Doch während der Konflikt im Norden ein politisch-wirtschaftliches Erdbeben mit einigen Rücktritten und -zügen zur Folge hatte, beschränkte sich die Konsequenz jenseits des Brenners auf die Demission von Altsenator Hans Rubner als Präsident der Stiftung Südtiroler Sparkasse (vgl. Filzmaier/Plaikner/Pallaver/Cherubini 2004). Die politische Kaste blieb – unabhängig von ihrem Banken-Standpunkt – desillusionierter denn je von der Möglichkeit einer Euregio.

Die wachsende Skepsis zur Europaregion vollzieht sich im Pingpong mit den Vorbehalten zu Europa in der Region. Österreich weist von allen 27 Mitgliedsstaaten konstant die geringste Zustimmung der Bevölkerung zur EU auf.[16] Tirol steht der Union ungeachtet eines gemeinsamen Büros der Landesteile doch ziemlich unterschiedlich gegenüber. Dort die europäisierte Region Südtirol, die nationale und EU-Förderungen gleichermaßen geschickt anzapft. Hier das verkehrsgeplagte Inn- und Wipptal, für das Brüssel und Strassburg vor allem die Hauptstädte der Frächter- und Transit-Lobbys sind. Allfällige Segnungen aus Europa werden zwar beiderseits am liebsten als Verdienst der Landeshauptleute bis -regierungen vermarktet, als Sündenbock taugt die EU jedoch an Inn und Sill mehr als an Etsch und Eisack.

Allein schon das Wort, das immer wieder derart in Misskredit gerät, taugt schlecht zur Definition einer positiven Vision. Wo Euregio draufsteht, ist Europa drin – und das hat hierzulande keine Lobby. Ausgerechnet in Tirol, das durch Abgeordnete weit überrepräsentiert ist im gemeinschaftlichen Parlament: Eva Lichtenberger, Richard Seeber, Lili Gruber, Michl Ebner, Sepp Kusstatscher. Fünf Mandatare aus einer – aber wohl auch für eine – Region mit 1,2 Millionen Einwohnern: Das bedeutet eine zweieinhalbfache Überbesetzung. Denn im Schnitt vertritt einer der 785 Abgeordneten rund 630 000 der knapp 500 Millionen EU-Bürger.

Zu mehr Verständnis für die Union führt diese internationale Präsenz aber auf beiden Seiten des Brenners ebenso wenig, wie sie die Wahlbeteiligung kaum zu erhöhen vermag. Nicht einmal Franz Fischler, der Tiroler EU-Kommissar von mitunter geradezu Andreas-Hofer'schem Habitus, konnte diese Missachtung der größten Zukunftschance für eine Wiederannäherung der getrennten Tirols eindämmen. Europa zieht hier nicht. Es wird hier nicht nur wie in Restösterreich konsequent diskreditiert, das Feindbild ist hier sogar konkreter als andernorts – es heißt Verkehr. Jener böse Verkehr, der das Land bloß quert, nicht der gute Verkehr, der die Fremden bringt[17] und trefflicher wohl weiter Fremdenverkehr statt Tourismus heißen müsste.

100 Jahre nach des Schluiferers bitterböser Satire (vgl. Schluiferer 1986) bleibt jene Region, die in der Wintersaison eine der global europäisiertesten ist, gedanklich noch fern von Europa.

Wer Heldentum à la 1809 als Mahnmal für die heutige Gesellschaft thematisiert, muss sich der Frage nach aktuelleren Einflüssen stellen, die nicht dem kreativen Potenzial im Herz der Alpen entstammen. Wiewohl Tirol sich durchaus exportiert.

Tabelle 1: Europawahlen im Bundesland Tirol und in der autonomen Provinz Bozen- Südtirol

Europawahlen Bundesland Tirol				**ÖVP**		**SPÖ**		**FPÖ**		**GRÜNE**		**LIF**		**MARTIN**		**sonst**
Wahltag	Wahlberechtigte und -beteiligung		gültige Stimmen	Stimmen	Prozent	Stimmen	Prozent	Stimmen	Prozent	Stimmen	Prozent	Stimmen	Prozent	Stimmen	Prozent	Stimmen
01.06.1996	460 006	57,5	259 616	87 487	33,7	44 099	17,0	87 416	33,7	22 292	8,6	11 870	4,6			6452
13.06.1999	469 004	35,4	163 924	61 379	37,4	35 575	21,7	36 219	22,1	21 264	13,0	4529	2,8			4958
13.06.2004	495 258	34,0	165 452	67 689	40,9	31 928	19,3	8478	5,1	28 984	17,5			27 189	16,4	1184

Europawahlen Provinz Bozen – Südtirol				**SVP**		**Forza Italia**		**Grüne**		**AN-MSI**		**Federal**		**Liga-Union**		**Liga-Union**		**E. Bonino**		**Ulivo**		**Lega**		**sonst**
Wahltag	Wahlberechtigte und -beteiligung		gültige Stimmen	Stimmen	Prozent	Stimmen	Prozent	Stimmen	Prozent	Stimmen	Prozent	Stimmen	Prozent	Stimmen	Prozent	Stimmen	Prozent	Stimmen	Prozent	Stimmen	Prozent	Stimmen	Prozent	Stimmen
12.06.1994			279 288	158 756	56,8	30 770	11,0	24 950	8,9	22 480	8,0	13 023	4,7											29 309
13.06.1999		71,1	250 041	139 938	56,0	20 720	8,3	16 833	6,7	13 744	5,5			15 892	6,4	15 892		15 892	5,3					11 130
13.06.2004		72,0	251 726	117 604	46,7	17 236	6,9	32 982	13,1	17 695	7,0									33 316	13,2	15 812	6,3	17 081

Quellen: Amt der Tiroler Landesregierung; Amt der Südtiroler Landesregierung.

Österreichs Bundespolitik steht mehr als sonst unter dem Eindruck von regionalen Parteigrößen und Urnengängen. Letzteres in doppeltem Wortsinn. Ab Sommer 2007 und der Bekanntgabe seiner Kandidatur für den Landtag dominiert Fritz Dinkhauser die politische Diskussion in Tirol. Parallel dazu führt Jörg Haider in Kärnten eine Image-Kampagne, die von den meisten Beobachtern als Auftakt zu einer allenfalls vorgezogenen Kärntner Landtagswahl spätestens im März 2009 gedeutet wird, die sich aber schon damals als Probelauf für Größeres erkennen lässt (vgl. Plaikner 2007).[18]

Mehr als die vielleicht anerkannteren, aber nicht etablierteren Größen der Bundespolitik bestimmen Fritz und Jörg, die Populisten mit gleichermaßen vielen Verschiedenheiten wie Gemeinsamkeiten, das Wahljahr 2008 in Österreich und Tirol. Sie strahlen aus sogar nach Südtirol,[19] wo die SVP ihre Arbeitnehmer mühsam integriert und Heimatbund sowie Südtiroler Freiheit wechselhafte Beziehungen zu FPÖ und BZÖ pflegen.[20]

Populistische Prototypen der Postdemokratie

Dinkhauser und Haider sind Prototypen für populistische Wahlgewinner in der Postdemokratie (vgl. Crouch 2008). Charismatiker, Sprücheklopfer, Gefühlsmenschen, aber auch Handwerker der Macht. Beide nicht gefeit gegen die Verlockung der unzulässigen Grenzüberschreitung – sei es aus purem Kalkül oder mitgerissen vom eigenen Furor. Der eine im Tod noch mehr geächtet, als er es verdient. Der andere vorab doch höher geschätzt, als es ihm gebührt.

Es ist ein seltsamer Paarlauf, den die zwei Langzeitfunktionäre da hinlegen, die sich ihren Anhängern als Neuerer der Politik präsentieren. Der eine vermeintlich stetig aufsteigend, der andere anscheinend endgültig absteigend. Aus der Provinz und in die Provinz. Bis zu jenem Sommer 40 Jahre nach den legendärisierten 68ern, als die Kurven kurz sich kreuzen, um dann in die jeweils andere Richtung auszuschlagen.[21]

Junker Jörgs Glück und Ende, Friedl mit der leeren Tasche. Vier Monate zwischen größtem Triumph und totaler Versenkung – für Haider nun wirklich unwiderruflich, für Dinkhauser wohl auch endgültig.

Am 8. Juli, einen Monat, nachdem er seine Liste aus dem vermeintlichen Nichts zur Nummer zwei im Landtag gekämpft hat, eine Woche, nachdem er dort als Abgeordneter angetreten ist, einen Tag nach Molterers koalitionssprengendem „Es reicht!" verkündet der machtbewusste einstige Langzeitpräsident der Tiroler Arbeiterkammer seine Kandidatur für die nächste Nationalratswahl. Die Umfragen prophezeien ihm noch Ende Juli bis zu sieben Prozent.

Dem bei der Tiroler Landtagswahl mangels Strukturen nicht einmal angetretenen BZÖ unter seinem Obmann Westenthaler trauen die Meinungsforscher da bundesweit höchsten vier Prozent zu. Die Politikexperten in Wien sind sich unterdessen weitgehend einig, dass Jörg Haider nicht als Listenführer in die Nationalratswahl gehen werde. Denn damit könne der Kärntner Landeshauptmann eigentlich nur verlieren. Am 12. August gibt er seine Spitzenkandidatur bekannt.

So wie das Interesse an Dinkhauser sinkt, steigt jenes für Haider von Woche zu Woche, von Umfrage zu Umfrage. Begünstigt durch des *Jörgls* ORF-Fernsehpräsenz, die dem *Fritz* verweigert bleibt,[22] aber vor allem getragen durch sein Ausnahmetalent des politischen (Ver)führers, hangelt sich der Polit-Dressman mit seiner orangen Bruderschaft bis zu acht Prozent Prognose hoch, während der urige Sozialpartner und sein Bürgerforum auf zwei Prozent Prophezeiung herabgestuft werden. Argwöhnisch beäugt von den eigenen Kollegen, die ungeleitet als zweitstärkste Fraktion den Landtag beleben – nein: zu dessen vollständiger Ignoranz außerhalb Tirols ebenso beitragen wie der Rest des ohnmächtigen Provinzparlaments.

Im Windschatten von Legenden und Ikonen

Change? Der Wechsel des Tiroler Landeshauptmanns am 23. Juni geht vollkommen unter im endgültigen Bruch der Bundeskoalition nur zwei Wochen danach. Seitdem genießt Ex-Minister Günther Platter die Unauffälligkeit eines Regionalrepräsentanten, und sein Vorgänger Herwig van Staa ärgert sich über die Missachtung seines Lebenswerks. Undank ist der kleinen Tiroler Welt Lohn für den Schwiegersohn ihres legendären Häuptlings Eduard Wallnöfer – dem Einzigen, der neben Andreas Hofer stehen bleiben darf. 2009 und immerdar?

Jedem Land seine Hauptmann-Ikone. Zwischen dem Tod von Kärntens Wagner[23] und Wiens Zilk[24] spielt das ganz große Welttheater den ewigen Bestseller von Triumph und Tragödie: Haider siegt, Haider stirbt. Noch keine österreichische Bundesregierung konnte sich unter weniger nationaler Politik-Missachtung bilden wie diese. Noch keine Tiroler Landesregierung konnte sich unter weniger regionalen Medien-Querschüssen gemütlich entwickeln.

Österreich im Herbst, das ist erst Kärnten und dann die USA. Immer die anderen. Tirol im Herbst, das ist erst die Nationalratswahl, dann Haider, dann Obama, dann – die Wintersaison. Das Wetter in der Krise, die Deutschen in der Krise, die Russen in der Krise.[25] Immer die anderen. Gottlob? Selbst das funktioniert hier nicht mehr so wie in *god's own country*, wo die weißen Katholiken erstmals seit 1976 nicht im Lager der Wahlsieger waren.

Der Vergleich von Tirol und Österreich mit den USA hinkt natürlich so wie jener von DJ Ötzi mit Falco und Fleetwood Mac, die Faymanns SPÖ als Wahlkampfschlager[26] ausgegraben hat. Der Vergleich hinkt also, aber vor allem hinterher. Ungeachtet aller Gegenargumente, die nicht gering wiegen: Fast die Hälfte der Österreicher unter 30 Jahren wählt BZÖ und FPÖ,[27] doch zwei Drittel der 18- bis 29-jährigen Amerikaner votieren für Obama.[28] Warum? Weil er fesch ist und ihre Sprache spricht. Wie Strache und Haider für die *Youngsters* bei uns.

Es ist vor allem das Sprachproblem, das die Schüssels und Gusenbauers dieser Republik, aber auch die van der Bellens und Schmidts der aktuellen und einstigen Opposition, die van Staas und Gschwentners des *Landls* in die Niederlage treibt. Es ist die Unfähigkeit, das Clinton'sche Erfolgsrezept, von Obama perfektioniert, ein bisschen für sich zu adaptieren: *to be connected*. Eins sein mit dem Wähler, jeder Bürgerin das Gefühl zu geben, jetzt nur ihr zu gehören. Es ist die Abgehobenheit der Politik, die Entfremdung vom Volk, die klare Trennlinie zwischen denen da oben und uns da unten – die sie scheitern lässt. Fünf Bundesparteichefs in einem Jahr,[29] ein Landeshauptmann in Tirol, eine Oppositionsführerin in Kärnten.[30] Ihr Gegner ... das ist ein anderes Kaliber und eine andere Geschichte.

Vom Schwiegersohn zum Tiefwurzler

Im Jahre 1 von Platter, dem bekennenden *Tiefwurzler*,[31] muss sich Tirol erst wieder gewöhnen an seinen einstigen Kulturlandesrat, der aufgestiegen ist zum 82. Häuptling in einer nun doch endlichen Reihe von Bauern und Bündlern. Als Erster in den 666 Jahren der in Selbstsicht ältesten Festlandsdemokratie, der dem Arbeitnehmerflügel seiner Partei entstammt, deren absoluter Herrschaftsanspruch 2008 den tiefsten Riss ihrer Geschichte erfährt.

Die händeschüttelnde Redediät des Oberländers steht in krassem Widerspruch zur händeringende Sprachlosigkeit bewirkenden Rhetorik seines Vorgängers aus Oberösterreich. Ein Integrator wie sein Ministerkollege Faymann aus der gescheiterten Großkoalition, ein *harmonizer* wie Obama als Präsident aller Amerikaner. Die Umarmer sind *in*, doch sie taugen nicht als *role model* zur Überwindung der Postdemokratie. Allzu leicht ist Coaching erahnbar, Schulung erkennbar, Beratung sichtbar. Gelenkt und sei's auch auf eigenen Wunsch, das will nicht passen zur Sehnsucht nach einem Führer – die zu benennen hierzulande verpönt bleibt, obwohl Obamas Sieg vor allem dadurch zu erklären ist.

Charisma. Das führt schon näher zur Schablone des Politikers der Zukunft. Es ist jene, die seit jeher funktioniert. Mitreißende Authentizität vereint die Streit- mit den Ausgleich-Suchenden, das unterscheidet die Vollblüter von den Systemerhaltern. Sie sind niemandem *wurscht*. Sie feiern kaum für möglich gehaltene Erfolge und sie scheitern elendiglich. Sie sind eine beständige Kampfansage an das zögerliche, vorsichtige Mittelmaß. Sie versagen, und sie versagen sich ein rühmliches Ende. Das gilt auf sehr unterschiedliche Weise auch für Dinkhauser und van Staa. Herausforderer und Titelverteidiger vereint die Niederlage. Der letzte Eindruck zählt. Statt Ecken und Kanten Mediation und Moderation.

Das Ende der Politik. Tirol ist, was es ist. Eine Verwaltungseinheit in Europa. Wozu also Führungsfiguren. Führerfiguren. Führer. Figuren. Europa macht *bella figura*. Ungeführt. Obama? Führer der freien Welt. Heile Welt. Heil … das wäre eine andere Textsorte und eine andere Geschichte.

Epilog

Ein andauerndes Streitgespräch mit Politikwissenschaftern dreht sich um die Frage, warum Medien immer wieder Künstler als kompetent zur politischen Meinungsäußerung einladen. Im Umkehrschluss müssten Politologen dann als qualifiziert zur Kulturkritik gelten. Journalisten als omnipotente Dilletanten dagegen sehen in der branchenfremden Artikulation eine Möglichkeit zur Erweiterung des Spielfeldes. Das bewirkt, dass weder die einen noch die anderen sie als qualifiziert oder kompetent empfinden. Wie die Politiker. Sie sind auch bloß gefürchtet. *Yes we can.*

Anmerkungen

1 22. April und 6. Mai 2007.

2 Zur Drucklegung dieses Bandes voraussichtlich am 27. September 2009.

3 Umstrittene Geschäftspraktik, die von der Tiwag auf ihrer Homepage http://www.tiwag.at/ (16. 11. 2008) gar nicht erwähnt, aber durch den Publizisten Markus Wilhelm unter http://www.dietiwag.at/ (16. 11. 2008) heftig und sehr öffentlichkeitswirksam angegriffen wird.

4 Hämmerle, Kathrin: „Fritz Dinkhauser – zwischen Triumph und Niederlage. Ein regionales Phänomen oder Vorbote unserer Parteientwicklung?"; in diesem Band, S. 39.

5 Mit diesen Worten beendet ÖVP-Vizekanzler Wilhelm Molterer am 7. Juli die Koalition mit der SPÖ; vgl. http://wahlen.ots.at/ots-pressetext/07072008/molterer-%E2%80%9Ees-reicht%E2%80%9C-%E2%80%93-vizekanzler-f%C3%BCr-rasche-neuwahlen (16. 11. 2008).

6 Neben „Yes, we can" sind „Hope" und „Change" die beiden wichtigsten Parolen von Barack Obama im US-Präsidentschaftswahlkampf; vgl. https://donate.barackobama.com/page/contribute/dnc08splashnd (16. 11. 2008).

7 Jörg Haider stirbt durch einen Autounfall in Köttmannsdorf/Kärnten am 11. Oktober 2008.

8 Wirtschaftbundobmann Jürgen Bodenseer fordert nach der Nationalratswahl den raschen Wechsel des Landesparteiobmanns der ÖVP; vgl. http://portal.tt.com/tt/tirol/story.csp?cid=17887&sid=56&fid=21 (16. 11. 2008).

9 Siehe Tabelle mit allen Landtagswahlergebnissen seit 1945 im Anhang auf S. 294.

10 Siehe Tabelle mit allen Nationalratswahlergebnissen seit 1945 in Tirol auf S. 293.

11 28. September und 26. Oktober.

12 Zur Drucklegung dieses Bandes voraussichtlich am 1. März 2009.

13 Vorarlberg: 26. Jänner–5. Februar; Salzburg: 26. Jänner–6. Februar; Tirol: 2.–13. März; Oberösterreich: 16.–28. März; Steiermark: 19. März–1. April; Burgenland: 23.–31. März; Kärnten: 20.–30. April; Niederösterreich: 5.–18. Mai; Wien 5.–18. Mai.

14 4.–7. Juni 2009.

15 Vgl. http://1809-2009.eu/php/portal.php (16. 11. 2008).

16 Vgl. http://ec.europa.eu/austria/documents/press/2008_endfassung_bericht_at_eb69.doc (16. 11. 2008).

17 Reisner, Ulrike: „Fremden-Verkehr – Anmerkungen zum Wechselspiel von Tourismus und Transit"; in diesem Band, S. 239.

18 Download abrufbar unter: http://freiheitliche-ktn.at/neu/praesentationsmappe.pdf (16. 11. 2008).

19 Naderer, Christian: „Das Edelweiß wiegt sich weiter … Die Landtagswahl in Südtirol"; in diesem Band, S. 29.

20 Das BZÖ gratuliert nach der Landtagswahl dem Heimatbund und der Südtiroler Freiheit (vgl. http://www.ots.at/presseaussendung.php?schluessel=OTS_20081027_OTS0147; 16. 11. 2008), die FPÖ den Freiheitlichen (vgl. http://www.ots.at/presseaussendung.php?schluessel=OTS_20081027_OTS0132; 16. 11. 2008), die einige Wochen später jedoch ihre Kontakte zur FPÖ einfrieren wollen.

21 Auswahlen der Umfragen in Kurzfassungen abrufbar unter: http://www.wienerzeitung.at/DesktopDefault.aspx?TabID=4961&Alias=wahlen (16. 11. 2008)

und http://de.wikipedia.org/wiki/Nationalratswahl_in_%C3%96sterreich_2008#Umfragen (16. 11. 2008).

22 Bilanz des ORF abrufbar unter: http://kundendienst.orf.at/aktuelles/nrwahl_konfrontation.html (16. 11. 2008).

23 Der einstige Landeshauptmann (1974–1988) und SPÖ-Politiker stirbt zwei Tage vor der Nationalratswahl am 26. September in Klagenfurt.

24 Der einstige ORF-Fernsehdirektor, Unterrichtsminister und Wiener Bürgermeister (1984–1994) stirbt am 24. Oktober in Wien.

25 25,6 Millionen, das sind 40,4 Prozent aller touristischen Nächtigungen der Wintersaison 2007/2008 in Österreich, entfielen auf Tirol. Bei den Herkunftsländern der Gäste liegt Deutschland mit 13,3 Millionen immer noch weit voran. Aber Polen mit 460 000 (plus 34,4 Prozent) auf Rang sechs und Russland mit 390 000 (plus 31 Prozent) auf Position acht sorgen für die größten Steigerungen; vgl. http://www.tirol.gv.at/fileadmin/www.tirol.gv.at/themen/zahlen-und-fakten/statistik/downloads/fv-wi2008.pdf (16. 11. 2008).

26 „Don't Stop" vom 1977er-Album „Rumours", das bereits Bill Clinton 1992 für seine Kampagne verwendet hatte.

27 Filzmaier, Peter/Perlot, Flooh: „Von A(grargemeinschaft) bis Z(ukunftsangst) – Themen und Stimmungslagen im Tiroler Wahljahr 2008"; in diesem Band, S. 13.

28 Details zu den US-Präsidentschaftswahlen abrufbar unter: http://edition.cnn.com/ELECTION/2008/results/president/ (16. 11. 2008).

29 Werner Faymann statt Alfred Gusenbauer (SPÖ), Josef Pröll statt Wilhelm Molterer (ÖVP), Jörg Haider statt Peter Westenthaler (BZÖ), Eva Glawischnig statt Alexander van der Bellen (Grüne), Heide Schmidt statt Alexander Zach (LIF).

30 Die Landeshauptmannstellvertreterin und SP-Landesparteiobfrau Gabi Schaunig gibt am 8. Juli 2008 ihren Rückzug aus der Politik bekannt; vgl. http://www.kaernten.orf.at/stories/291441 (16. 11. 2008).

31 Mehrfaches Zitat vor seinem Wechsel zurück von Wien nach Tirol; vgl. http://www.ots.at/presseaussendung.php?schluessel=OTS_20080611_OTS0274 (16. 11. 2008).

Literatur

Crouch, Colin (2008): Postdemokratie, Frankfurt/Main: Suhrkamp.

Filzmaier, Peter/Plaikner, Peter/Pallaver, Günther/Cherubini, Isabella (2004): Politik im Wahljahr 2003: Wenn sich alles um Personen dreht, geht es selten zur Sache, in: Jahrbuch für Politik: Tirol und Südtirol 2003, Bozen: Athesia.

Plaikner, Peter (2007): Viel Feind, viel Ehr'. Die Schwäche seiner Gegner ist Haiders größte Stärke, in: Anderwald, Karl/Filzmaier, Peter/Hren, Karl (Hg.): Kärntner Jahrbuch für Politik 2007, Klagenfurt: Kärntner Druck und Verlag.

Sauer, Benedikt/Sprenger, Michael (2003): Dreierwatter – Banken, Macht und Politik rund um die Brennerachse, Innsbruck, Wien, Bozen: Studienverlag.

Schluiferer, Sepp alias Techet, Carl (1986): Fern von Europa, Innsbruck: Löwenzahn (Reprint von 1909).

Maria Beyrl, Flooh Perlot

www.politikkabine.at/tirol

Eine Orientierungshilfe im Wahlkampf?

Seit 2007 läuft das Projekt POLITIKKABINE.AT in Kooperation zwischen Donau-Universität Krems und dem Bundesministerium für Unterricht, Kunst und Kultur. Ursprünglich als wahlunabhängige Plattform zur Auseinandersetzung mit politischen Themen konzipiert, hat sich bald gezeigt, dass ein wahlbezogener Einsatz ergänzend sinnvoll ist. Erstmals kam eine solche Ausgabe zur niederösterreichischen Landtagswahl 2008 zum Einsatz, die Tiroler Landtagswahl und die Nationalratswahl 2008 folgten. Die Grundidee der Politikkabine als Instrument der Politischen Bildung ist es, einen Schwerpunkt auf inhaltliche Diskussionen rund um die Politik zu legen; sie gehört zu einer Reihe von Maßnahmen, die im Zuge der Demokratieinitiative der Bundesregierung das Ziel hat, gerade auch junge Menschen in Kontakt mit der Politik zu bringen.

Themenbedeutung trotz Inszenierung

Information ist ein wesentliches Gut in jeder Demokratie, Informationen über kandidierende Parteien und Kandidat/inn/en sind für eine entsprechende Wahlentscheidung unentbehrlich. Allerdings räumen Massenmedien in medienzentrierten Demokratien der Inszenierung der politischen Auseinandersetzung vergleichsweise viel Raum ein und vernachlässigen dadurch die Inhalte der politischen Auseinandersetzung (vgl. dazu u. a. Beyrl/Perlot 2006). Das gilt für den politischen Alltag und für den Ereigniszeitraum Wahlkampf umso mehr. Eine 2002 durchgeführte Studie zum Nationalratswahlkampf hat gezeigt, dass sich fast drei Viertel aller „Zeit im Bild 1"-Berichte und fast zwei Drittel aller innenpolitischen Zeitungsberichte auf den politischen Wettbewerb an sich bezogen und nur ein bescheiden kleiner Teil der Berichterstattung sachbezogene Inhalte hatte (vgl. Pallaver/Pig 2003, 62). Auch 2006 haben sich metapolitische Themen „über die spezifischen Themen- und Ereignislagen hinaus als wesentliches Element der Politikberichterstattung in Wahlkampfschlussphasen etabliert" (Lengauer/Pallaver/Pig 2007, 124). Das führt zu der letzten Endes paradoxen Situation, dass gerade in Zeiten des größten politischen Informationsbedarfs das entsprechende Angebot verknappt wird (vgl. Plasser/Scheucher/Sommer 1995, 229).

Eine fundierte politische Meinungsbildung als Voraussetzung für Partizipation wird dadurch für Jugendliche wie Erwachsene immer schwieriger (vgl. Beyrl 2008, 207). Gleichzeitig spielen für die Wähler/innen politische Themen als Wahlmotiv aber eine entscheidende Rolle. Die Wahltagsbefragung zur Tiroler Landtagswahl 2008 hat gezeigt, dass die Aussage, eine Partei setze auf die wichtigen Themen, ein sehr wichtiges Wahlmotiv war (vgl. Filzmaier/Perlot in diesem Band).

Aufgabe der politischen Bildungsarbeit ist es daher auch Instrumente zu entwickeln, die diesen Entwicklungen im Sinne der Nutzer/innen gegensteuern (vgl. dazu auch Beyrl 2007a, 61; Beyrl, 2008, 208). Vor diesem Hintergrund hat sich das wahlunabhängige Projekt POLITIKKABINE.AT (http://www.politikkabine.at; 15. 10. 2008) zum Ziel gesetzt, Themen im politischen Alltag in den Vordergrund zu rücken und auf Basis sogenannter *Voting Indicator Tools* (synonym dazu wird oft der Begriff *Voting Advice Applications* verwendet) den Vergleich von persönlicher Meinung und Parteimeinung zu politischen Themen anzuregen. Dies geschieht nicht zuletzt vor dem Hintergrund einer zunehmenden Entfremdung von Jugendlichen gegenüber traditionellen Formen der Politik und der politischen Repräsentation (vgl. dazu u. a. Albert et al. 2003; sowie Maier-Rabler/Hartwig 2007).

Jungwähler/innen als Zielgruppe

Eine neue Dynamik hat dieses Thema durch die Wahlrechtsreform 2007 erhalten. In dieser Gesetzesänderung, die unter anderem die Dauer der Legislaturperiode auf fünf Jahre erhöhte, wurde das Wahlalter in Österreich von 18 auf 16 Jahre gesenkt. Das erhöhte einerseits bundesweit den Kreis der Wahlberechtigten um rund 185 000 Stimmen und machte andererseits die Frage der Politischen Bildung für diese Altersgruppe sehr plötzlich schlagend.

Davon betroffen waren auch die Bundesländer. An sich können diese in Österreich einzelne Aspekte des Wahlrechts für sich selbst festlegen. Das sogenannte Homogenitätsprinzip verhindert jedoch, dass die bundesweit geltenden Regelungen (wie das Wahlalter) unterschritten werden können (im Sinne einer Schlechterstellung bzw. restriktiveren Handhabung). Damit musste auch in Tirol bei den Landtagswahlen 2008 das Zugangsalter zum aktiven Wahlrecht auf 16 Jahre gesenkt werden.

Die bereits gestellte Frage nach dem Ort, wo man jugendliche Wähler/innen abholen könne, beantwortet sich im Kontext der Mediendemokratie mit dem Internet. Generell sind Medien die Hauptquelle für politische Informationen bei Jugendlichen. 75 Prozent nannten sie als erste, 46 Prozent (und damit mit großem Abstand zu weiteren Nennungen) auch als glaubwürdigste Quelle über Politik (vgl. DUK/OGM 2007).

Betrachtet man die Internetnutzung im Verhältnis zum Anteil an der Gesamtbevölkerung, ist der außerordentlich hohe Anteil der Jugendlichen auffallend: So nutzen dem Austrian Internet Monitor (AIM) zufolge bereits über 95 Prozent der unter 30-jährigen Österreicher/innen das Internet (vgl. http://mediaresearch.orf.at; 15. 10. 2008). Bei den 30- bis 49-Jährigen liegt der Nutzungsgrad bei 80 Prozent. Für knapp ein Fünftel der bis zu 30-jährigen Österreicher/innen ist das Internet sogar die wichtigste Quelle für politische Informationen (vgl. Beyrl/Filzmaier/Perlot 2008).

Politikkabine als Instrument der Politischen Bildung

Am Schnittpunkt von der Bedeutung des Internets für Jugendliche und der Wichtigkeit von Politischer Bildung versucht das Projekt POLITIKKABINE.AT anzusetzen. Das Ziel der Seite ist es, ihre Nutzer/innen mit politischen Themen zu konfrontieren, und das möglichst über einen spielerischen Zugang. Am Ende soll die Auseinandersetzung mit politischen Inhalten als Kern der politischen Bildungsarbeit stehen.

Das Prinzip der Politikkabine ist simpel und orientiert sich wie angesprochen am Grundkonzept der *Voting Indicator Tools*. Den User/inne/n werden auf der Seite rund 25 allgemein- und gesellschaftspolitische Fragen gestellt, die sie mit Ja oder Nein beantworten können. Zusätzlich besteht die Möglichkeit, die persönliche Wichtigkeit der einzelnen angesprochenen Themen anzugeben, und zwar auf einer dreiteiligen Skala von „wenig wichtig" über „wichtig" bis „sehr wichtig". Dabei besteht allerdings kein Zwang, jede Frage beantworten zu müssen; wenn der/die Nutzer/in keine Stellung beziehen kann oder will, kann der entsprechende Punkt auch übersprungen werden.

An dieser Stelle ist es wesentlich anzumerken, dass von den Antworten keinerlei Daten durch die Politikkabine gespeichert werden. Allein die Anzahl der Nutzer/innen wird festgehalten, die jeweils gewählten Optionen und Gewichtungen aber nicht. Abgesehen von der mangelnden Aussagekraft dieser Elemente würde das dem Grundgedanken der *Voting Indicator Tools* widersprechen. Sie sind keine Instrumente der Meinungsforschung oder Ähnlichem, sondern sollen als Orientierungshilfe und vor allem als Diskussionsanstoß dienen.

Nach der Beantwortung der Fragen errechnet die Politikkabine mittels Formel (die öffentlich einseh- und damit nachvollziehbar ist, vgl. dazu http://www.politikkabine.at/files/infos/umsetzung_methode_politikkabine_mai_2007.pdf; 15. 10. 2008) den Grad der thematischen Übereinstimmungen zwischen den Eingaben des Nutzers/der Nutzerin und den Standpunkten der berücksichtigten Parteien.

Diese werden bereits in der Vorbereitungsphase eingeholt; die berücksichtigten Parteien erhalten dazu einen erweiterten Fragenkatalog und werden eingeladen, ihre Standpunkte einzubringen. Neben Ja/Nein-Antworten und der Gewichtung können sie ihre Antworten mit kurzen Kommentaren begründen, die dann auf der Seite abrufbar sind. Dies dient, neben Informationszwecken, dazu, die notwendige Reduzierung der Antworten auf Zustimmung oder Ablehnung wieder aufzubrechen (vgl. dazu auch Marschall 2005, 43; Beyrl 2007a, 63).

Die Parteiantworten werden von einem Redaktionsteam, das üblicherweise aus Politikwissenschafter/inne/n und Journalist/inn/en besteht, überprüft. Dabei wird sowohl die inhaltliche Stimmigkeit der Angaben im Vergleich mit anderen öffentlichen Aussagen der jeweiligen Partei überprüft als auch auf die ausreichende Unterscheidbarkeit zwischen den teilnehmenden Parteien geachtet. Am Ende dieses Prozesses bleiben rund 25 Fragen übrig, die dann den Kern der Politikkabine bilden.

Das Ergebnis des Antwortvergleichs wird in Prozent ausgedrückt und grafisch dargestellt, zudem zeigt eine Detailauswertung Abweichungen und Übereinstimmungen bei den einzelnen Fragen. Jede Überraschung oder jedes unerwartete Ergebnis für den/die Nutzer/in ist hierbei im Interesse des Projekts. Im Sinne einer aufklärenden Rolle der Politischen Bildung sollen eben nicht nur die inhaltlichen Standpunkte der Parteien verdeutlicht werden, sondern es soll auch ein Nachdenkprozess über diese Positionen in Gang gesetzt werden (vgl. Beyrl 2008, 211).

Politikkabine zur Tiroler Landtagswahl 2008

Die Entscheidung, eine eigene Politikkabine zur Tiroler Landtagswahl 2008 umzusetzen, fiel bereits kurz nach Bekanntwerden des Vorziehens des Wahltermins, sie ging Anfang Mai 2008 unter der URL http://www.politikkabine.at/tirol (15. 10. 2008) online und ist bis auf Weiteres auch noch abrufbar. Als Kooperationspartner konnte neben „news networld" auch das Internetportal http://www.tirol.com bzw. die „Tiroler Tageszeitung" gewonnen werden.

Wiewohl das System der Politikkabine natürlich beibehalten wurde, musste in den Fragestellungen auf spezifische Tiroler Inhalte eingegangen werden. Aufgenommen wurden daher die Themen Agrargemeinschaften, die Unterstützung von Müttern durch das Land Tirol und die mögliche Privatisierung der TIWAG ebenso wie Fragen rund um den Ausbau bestehender Liftanlagen, zu Volksabstimmungen über Großprojekte im öffentlichen Raum (wie der Hungerburgbahn in Innsbruck oder dem Tyrol Tower bei Wörgl) und zum Umgang mit dem Heldenmythos von Andreas Hofer.

Neben den Landtagsparteien ÖVP, SPÖ, Grüne und der Liste Freie Tiroler (die schließlich aufgrund einer zurückgezogenen Kandidatur keine Aufnahme in die Politikkabine fand) wurden die FPÖ und die Liste Fritz Dinkhauser-Bürgerforum Tirol eingeladen, ihre Standpunkte in die Politikkabine einzubringen. Alle Parteien beteiligten sich in weiterer Folge auch an dem Projekt.

Nutzung und Wirkung der POLITIKKABINE.AT zur Tiroler Landtagswahl 2008

In der vergleichsweise kurzen Laufzeit von rund einem Monat wurden die Fragen der Politikkabine zur Tiroler Landtagswahl rund 150 000-mal beantwortet. Parallel zum Fragenkatalog wurden die Nutzer/innen eingeladen, an einem Fragebogen zur Politikkabine selbst teilzunehmen, was 734 von ihnen auch taten. Der Fragebogen umfasste neben den üblichen demografischen Variablen (Geschlecht, Alter, Bildungsgrad usw.) sowohl Fragen zur Motivation der Nutzung als auch zur allgemeinen Bewertung des Projektes.

Die soziodemografischen Merkmale der Befragten waren in vielen Belangen der Struktur der Internetnutzer/innen allgemein ähnlich – stärkere Vertretung junger Menschen, tendenziell mehr Nutzung durch formal höher Gebildete und ein (wenngleich auch schwindender) Überhang an Männern. Das bedeutet, dass die Politikkabine insgesamt keine speziellen Zielgruppen anspricht, sondern von durchschnittlichen Internetnutzer/inne/n verwendet wird (die im Folgenden genannten Daten sind aufgrund der Erhebungsmethode nur als Tendenzwerte zu verstehen).

Hinsichtlich der Altersstruktur der Nutzer/innen ergab sich bei der Befragung ein recht ausgewogenes Bild. Jeweils rund ein Viertel der Befragten ordnete sich in eine der Altersgruppen (bis 30, 30–40, 41–50 und 50+) ein. Dies deutet die erwähnte Überrepräsentation von jungen Menschen im Netz an, da diese grundsätzlich einen deutlich kleineren Bevölkerungsanteil ausmachen als ältere Personen. Gut sichtbar ist hingegen die Unterscheidung nach Geschlecht, drei Viertel der Befragten waren Männer, nur 25 Prozent Frauen.

Das Bildungsniveau der User/innen war vergleichsweise hoch. Über Matura respektive einen Universitäts- bzw. Fachhochschulabschluss verfügten knapp 60 Prozent der Befragten.

Personen, die die Politikkabine verwendeten, waren vergleichsweise stark politisch interessiert (82 Prozent), aber nicht zwangsweise entsprechend organisiert; nur 13 Prozent waren Mitglied einer Partei. Knapp 70 Prozent gaben hingegen an, eine klare parteipolitische Präferenz zu haben. Aus Sicht der Politischen Bildung erfreulich ist die Tatsache, dass auch jene knapp sechs Prozent der Befragten für die Auseinandersetzung mit politischen Themen gewonnen werden konnten, die sich selbst als politisch uninteressiert bezeichnen.

Tabelle 1: Wie würden Sie sich selbst am ehesten beschreiben?

Ich bin politisch interessiert	82,43
Ich diskutiere häufig über Politik	46,05
Ich bin Mitglied einer politischen Partei	13,35
Ich bin in einer politischen Partei engagiert, aber kein Parteimitglied	3,95
Ich bin Mitglied in einer politischen Organisation	7,08
Ich bin politisch uninteressiert	5,72

Angaben in Prozent, Mehrfachantworten möglich.
Quelle: Eigene Darstellung; User/innenbefragung; n = 734.

Das Hauptmotiv für die Nutzung der Politikkabine war für 55 Prozent die Neugier. Ähnliche Zustimmung (45 Prozent) erhielt die Antwortoption, dass die Befragten überprüfen wollten, mit welcher Partei ihre Standpunkte übereinstimmten. 34,8 Prozent wollten wissen, ob die eigenen Standpunkte mit denen der ihnen nahestehenden Partei übereinstimmen. 30 Prozent gaben an, die POLITIKKABINE.AT gespielt zu haben, um sich vom Ergebnis überraschen zu lassen.

Tabelle 2: Warum haben Sie die POLITIKKABINE.AT durchgespielt?

Aus Neugier	55,04
Wollte wissen, mit welcher Partei meine Standpunkte übereinstimmen	44,69
Wollte überprüfen, ob meine Standpunkte mit denen der mir nahestehenden Partei übereinstimmen	34,88
Wollte mich einfach vom Ergebnis der Politikkabine.at überraschen lassen	30,25

Angaben in Prozent, Mehrfachantworten möglich.
Quelle: Eigene Darstellung; User/innenbefragung; n = 734.

Diese Ergebnisse deckten sich mit den Resultaten der Frage, welche Informationen die Nutzer/innen denn am interessantesten auf der Seite erachteten. Wenig überraschend war der Themenkatalog mit den Fragen zur POLITIKKABINE.AT das deutlich interessanteste Element, gefolgt von den Informationen zu und den Kommentaren von den Parteien. Der inhaltliche Zugang zur Seite wird dadurch noch unterstrichen.

Tabelle 3: Welche Informationen waren auf www.politikkabine.at für Sie besonders interessant?

Vergleich der eigenen Meinung mit den Standpunkten der Parteien zu den einzelnen Fragestellungen	77,25
Kommentare der Parteien	20,30
Informationen über die Parteien	23,84
Allgemeine Informationen über POLITIKKABINE.AT (wie z. B. Methode)	15,80
Andere Informationen	5,99

Angaben in Prozent, Mehrfachantworten möglich.
Quelle: Eigene Darstellung; User/innenbefragung; n = 734.

Interessant ist, dass sich doch die Mehrheit (58 Prozent) der Nutzer/innen der POLITIKKABINE.AT über das Ergebnis zumindest teilweise überrascht zeigte. 13 Prozent der Befragten fanden sich überhaupt in einem anderen parteipolitischen Lager wieder, als sie es vermutet hätten. Der weitaus größte Teil (72 Prozent) sah in dem Ergebnis eine völlige oder partielle Bestätigung seiner/ihrer Selbsteinschätzung.

Klarzustellen ist hier allerdings erneut, dass die Politikkabine kein Instrument der politischen Meinungsforschung ist und daher zur Messung von Mehrheitsmeinungen oder Ähnlichem ungeeignet ist. Auch dient POLITIKKABINE.AT nicht dazu, um politische Gesinnungen zu überprüfen, sondern bietet den Nutzer/inne/n lediglich eine thematische Orientierungshilfe anhand von inhaltlichen Fragestellungen. Dass die individuelle Wahlentscheidung ganz anders als das POLITIKKABINE.AT-Ergebnis aussehen kann bzw. muss, hängt daher nicht nur mit dem unvermeidlich eingeschränkten Themenspektrum zusammen. Vielmehr ist die konkrete Wahlentscheidung das Ergebnis einer Abwägung, in die viele Faktoren wie zum Beispiel die langfristige Bindung an eine Partei, die Wahrnehmung des personellen Angebotes der Spitzenkandidat/inn/en sowie sonstige, mitunter auch kurzfristige, strategische Kalküle einfließen (vgl. dazu auch Marschall 2005, 43; sowie Beyrl 2008, 215).

Tabelle 4: War das Ergebnis der POLITIKKABINE.AT für Sie überraschend?

Ja	17,98
Teilweise	40,33
Nein	39,78
Keine Antwort	1,91

Angaben in Prozent.
Quelle: Eigene Darstellung; User/innenbefragung; n = 734.

Die Wahlmotive unter den Befragten zeigten, dass inhaltliche Standpunkte von Bedeutung sind. So gaben 48,5 Prozent an, dass die Themen der Parteien sehr wichtige bzw. wichtige Einflussfaktoren für ihre persönliche Wahlentscheidung sein werden. Sympathien für den Spitzenkandidaten/die Spitzenkandidatin einer Partei (24,2 Prozent) oder etwa taktische Überlegungen, um bestimmte Mehrheiten zu ermöglichen oder zu verhindern (31,2 Prozent), sowie Protest (21,9 Prozent) waren demgegenüber als Wahlmotiv für die Nutzer/innen der POLITIKKABINE.AT weniger bedeutend. Das deckt sich teilweise mit den Wahlmotiven der Tiroler Bevölkerung insgesamt (vgl. Filzmaier/Perlot in diesem Band), allerdings ist der Überhang an Themenbedeutung bei den User/inne/n klar erkennbar.

Die Politikkabine selbst wurde schließlich von rund 65 Prozent als sehr glaubwürdig bzw. glaubwürdig gesehen, ähnliche Werte erhielt die Nachvollziehbarkeit.

Fazit und Ausblick

Angebote wie jenes der Politikkabine funktionieren, wenn es darum geht, Wähler/inne/n zusätzliche Informationsangebote zu bieten und eine politische Reflexion anzuregen; der spielerische Charakter und das Überraschungspotenzial sind attraktiv. Das Internet als Plattform bietet ausreichend Platz und technische Möglichkeiten, um alle denkbaren Varianten der Inhaltsvermittlung umzusetzen, insofern war das reine Angebot an Informationen wohl noch nie so groß wie bisher.

Allerdings stehen alle Projekte der Politischen Bildung vor dem gleichen Problem: Wie auch die User/innen der POLITIKKABINE.AT sind die Nutzer/innen politischer Websites vergleichsweise gut politisch informiert und interessiert sowie formal überdurchschnittlich gebildet (vgl. Beyrl 2007, 234ff). „Stärker als in anderen Anwendungen kann sich in den politischen Informations- und Kommunikationsangeboten eine Wissenskluft zwischen ‚Offlinern' und ‚Onlinern' auftun, sowie bei den ‚Onlinern' zwischen den politisch ohnehin interessierten und den politisch eher apathischen Internet-Nutzern" (Marschall 2005, 46). So bleibt als Herausforderung die Frage, wie formal niedrig gebildete, politikferne Milieus online und offline vor Wahlen und danach angesprochen werden können. Als Maßstab für die demokratietheoretische Qualität von derartigen *Voting Indicator Tools* mag daher noch herangezogen werden, ob und inwieweit es ihnen gelingt, auch solche Personen an der politischen Kommunikation zu beteiligen – oder sie zumindest mit Politik zu konfrontieren –, die sich ansonsten weniger für Politik interessieren (vgl. dazu auch Beyrl 2008, 215f).

Das eigene Publikum in diese Richtung zu erweitern gehört daher auch zu den wichtigsten Aufgaben der weiteren Entwicklung der Politikkabine, die weiterhin wahlunabhängig sowie im Wahlkontext verfügbar sein wird. Trotz aller Bedeutung des Internets und seiner Möglichkeiten zur Informationsverbreitung wird dafür wohl die Arbeit offline einen zentralen Stellenwert einnehmen.

Literatur

Albert, Mathias/Linssen, Ruth/Hurrelmann, Klaus (2003). Jugend und Politik. Politisches Interesse und Engagement Jugendlicher im Lichte der 14. Shell Jugendstudie, in: Aus Politik und Zeitgeschichte, 15/2003, 3–5.

Austrian Internet Monitor (AIM). Abrufbar unter: http://mediaresearch.orf.at/internet.htm (15. 10. 2008).

Beyrl, Maria/Filzmaier, Peter/Perlot, Flooh (2008). Politisches Informationsverhalten in Österreich, in: Zeitschrift für Parlamentsfragen, 4/2008, im Erscheinen.

Beyrl, Maria/Perlot, Flooh (2006). Politische Kommunikation in Österreich – Generalverdacht der Inszenierung? Ein Streifzug durch die österreichische Mediendemokratie, in: Österreichische Zeitschrift für Politikwissenschaft, 4/2006, 391–405.

Beyrl, Maria (2007). Wahlbörsen als interdisziplinäres Instrument der Politikwissenschaft: Erfahrungen zu den Nationalrats- und Landtagswahlen in Österreich 2002, 2003 und 2004, Dissertation, Innsbruck.

Beyrl, Maria (2007a). POLITIKKABINE.AT als neue Form der (online) Politikvermittlung, in: Prosser, Alexander/Parycek, Peter (Hg.): Elektronische Demokratie in Österreich, Wien, 61–69.

Beyrl, Maria (2008). Voting Indicator Tools. Online-Orientierungshilfen als interaktive Form der Politikvermittlung, in: Filzmaier, Peter/Plaikner, Peter/Duffek, Karl (Hg.): Stichwort Wählen, Wien, 207–218.

Lengauer, Clemens/Pallaver, Günther/Pig, Clemens (2007). Redaktionelle Politikvermittlung in österreichischen Wahlkämpfen, 1999–2006, in: Plasser, Fritz/Ulram, Peter A. (Hg.): Wechselwahlen. Analysen zur Nationalratswahl 2006, Wien, 103–155.

Maier-Rabler, Ursula/Hartwig, Christiana (2007). ePartizipation – „Jugend aktiv", Salzburg.

Marschall, Stefan (2005). Ideen und Wirkung des Wahl-O-Mat, in: Aus Politik und Zeitgeschichte, 51–52/2005, 41–46.

Donau-Universität Krems (DUK)/Österreichische Gesellschaft für Marketing (OGM) (2007). Pilotstudie Jugendliche und Politische Bildung, Krems.

Pallaver, Günther/Pig, Clemens (2003). Medienzentrierter Wahlkampf: Themen und Kandidaten in der Wahlkampfberichterstattung 2002, in: Plasser, Fritz/Ulram, Peter, A. (Hg.): Wahlverhalten in Bewegung. Analyse zur Nationalratswahl 2002, Wien, 55–97.

Plasser, Fritz/Scheucher, Christian/Sommer, Franz (1995). Massenmedien und Wahlkampf in Österreich: Personalisierung, Dethematisierung und Videopolitik, in: Müller, Wolfgang C./Plasser, Fritz/Ulram, Peter A. (Hg.): Wählerverhalten und Parteienwettbewerb. Analysen zur Nationalratswahl 1994, Wien, 227–264.

www.politikkabine.at/tirol (15. 10. 2008).

Abschnitt II

Die Parteien

Ernst Schöpf

Schwarzmander forever?

Die Zerreißproben der Tiroler Volkspartei im bündischen und personellen Zwiespalt

Wahlen zum Tiroler Landtag, 8. Juni 2008, 17.00 Uhr: Die letzten Wahllokale haben geschlossen, die erste Hochrechnung wird verkündet. Die Tiroler Volkspartei erreicht 40,50 Prozent der abgegebenen, gültigen Stimmen. Ein Minus von knapp zehn Prozent, der Verlust von vier Mandaten und damit eine historische Zäsur für die Partei. Am 23. September 2003 waren es noch 49,89 Prozent und 20 von 36 zu vergebenden Mandaten. Was war da in knapp fünf Jahren passiert?

Zur Erinnerung: Die Wahl von Herwig van Staa zum Landesparteiobmann im Oktober 2001 war ja notwendig geworden, weil Ferdinand Eberle nach einem Jahr in diesem Amt nach schweren, durch Auffassungsunterschiede im Zusammenhang mit der Weiterentwicklung der Landesbank Hypo Tirol hervorgerufenen parteiinternen Turbulenzen seine Funktion zurückgelegt hatte. Es war eine Stichwahl gegen Günther Platter. Herwig van Staa war der Kandidat des Bauernbundes und Günther Platter jener des Arbeiter- und Angestelltenbundes. Diese Stichwahl und die Vorgeschichte haben in der Partei einen tiefen Riss hinterlassen, der bis heute nachwirkt. Die Versuche, in der Öffentlichkeit einen Schmusekurs zu fahren und „alle haben wir uns lieb" zu vermelden, klangen wie Singen im Wald, damit man das Fürchten nicht merkt. In der Folge war auch sofort zu beobachten, dass unter dem neuen Landesparteiobmann die bündische Ausrichtung, die unter dem bis zum Juli 2000 amtierenden Landesparteiobmann Wendelin Weingartner zurückgedrängt wurde, wieder in den Vordergrund trat und dabei der Bauernbund absolut den Ton angab. Mit der

Zeit entstand der Eindruck, der Bauernbund ist die ÖVP und was andere sagen, ist uninteressant.

Von Ankündigungen und Umsetzungen

Landesparteiobmann und Landeshauptmann DDr. Herwig van Staa, der am 26. Oktober 2002 das Amt von seinem Vorgänger Dr. Wendelin Weingartner übernommen hatte, startete 2003 mit dieser komfortablen und nun von den Wählern ausgestatteten Mehrheit in die 14. Gesetzgebungsperiode des Tiroler Landtages. Herwig van Staa hatte seit seiner Wahl zum Landesparteiobmann im Oktober 2001 sein Image des Machers, der er als Bürgermeister der Landeshauptstadt Innsbruck unbestritten war, gehegt und gepflegt und damit auch viele Hoffnungen geweckt. Bei touristischen Erwartungen (Skigebietserschließungen, Skigebietserweiterungen, Golfplätze) ebenso wie den transitgeplagten Regionen gegenüber.

Die Umsetzung vieler Versprechen geriet jedoch ins Stottern. Was im Brustton der Überzeugung versprochen wurde, erhielt dann die Bezeichnung Verwendungszusage. Die Pitztaler mit ihren Gletscher- und Wennerbergprojekten wissen ebenso, was ich meine, wie die Paznauntaler mit der Val-Gronda-Erschließung.

In der Raumordnung – Stichwort: Baulandmobilisierung – und in der Müllproblematik gab es so lauthalse Ankündigungen, wie es dann erfolglose Beratungen gab. Da aufgrund bundesgesetzlicher Vorschriften Müll ab dem 1. Jänner 2009 nicht mehr deponiert werden darf, sieht die aktuelle, aus der Not geborene Lösung so aus, dass der Tiroler Restmüll in Verbrennungsanlagen am Genfer See und an der niederländisch-deutschen Grenze landet. Nicht unbedingt ein Geniestreich.

In der Transitpolitik gab es immer wieder polternde Ankündigungen, obwohl eigentlich allgemein bekannt ist, dass sowohl Landesregierung als auch Landtag keine Durchgriffsmöglichkeiten haben und die Entscheidungen in Brüssel und vielleicht noch in Wien fallen, aber jedenfalls nicht in Tirol. Solche Wahrheiten muss man den Leuten sagen und sich anstrengen, an den besagten Stellen Verbündete zu finden.

Wie ich überhaupt glaube, dass die Leute lieber reinen Wein eingeschenkt bekommen sollen, als ständig vertröstet und in vagen Hoffnungen gewiegt zu werden. Auch der Grundverkehr ist eine Tiroler Spezialität, die vorzüglich geeignet ist, beinahe täglich Leute zu verärgern. Von Pinswang im westlichsten Außerfern bis nach Nussdorf-Debant im östlichsten Osttirol, also flächendeckend. Trotz längst bekannter Unhaltbarkeit verharrt man stur im Verlangen der Selbstbewirtschaftung von landwirtschaftlichen Grundstücken als Erwerbsvoraussetzung. Hier soll der Kreis der Erwerber exklusiv gehalten werden. Möglicherweise unterstellt man auch, dass alle außer den Bauern spekulieren.

In der Amtsführung des Landeshauptmannes Herwig van Staa fiel auf, dass er im Landeshauptmannbüro immer noch so agierte wie als Bürgermeister von Innsbruck. Er riss alles an sich, die Regierungsmitglieder an seiner Seite hatten kaum Luft zum Atmen und weil er seinem Ruf und auch seinem Naturell als Macher bzw. An- und Zupacker gerecht werden wollte, stürzte er sich in die Arbeit. Die bei Machern durchaus ausgeprägte Eigenschaft, nicht allzu lange zu diskutieren und zügig zur Tat zu schreiten, war täglich zu beobachten. Dabei vergessen Macher dann nicht ungern, die Bevölkerung mitzunehmen und berechtigte Bedenken zu würdigen. Sich mit Widerspruch auseinanderzusetzen, war seine Sache nicht. An den Beispielen der Tourismusverbandsfusionen, des Ausbaues der Wasserkraft und der Agrargemeinschaften soll dies im Folgenden dargestellt werden.

Tourismusverbandsfusionen

In Tirol hatten und haben sich durch landesgesetzliche Vorschrift die Unternehmen, die am Tourismus partizipieren, zu einem Verband zusammenzuschließen. So sind rund 250 solcher Verbände entstanden. Ausgestattet mit Organen (Obmann, Aufsichtsrat, Vollversammlung) und Geldmitteln, die durch die von den Gästen zu entrichtende Ortstaxe und durch einen Pflichtbeitrag (ein Anteil vom Umsatz) der im Tourismusverband vereinigten Unternehmen aufgebracht wurden. Damit wird in den Orten einerseits touristische Infrastruktur (etwa Wanderwege oder Langlaufloipen) errichtet bzw. erhalten und andererseits in den Gästeherkunftsländern die Werbetrommel gerührt. Zweifellos hat dieses Modell in der touristischen Sturm- und Drangzeit der 1960er- und 1970er- bis hinein in die 1980er-Jahre funktioniert. Die touristische Nachfrage stieg kontinuierlich und der Markt war noch vornehmlich ein Verkäufermarkt. Das heißt, die Verkäufer von touristischem Angebot befanden sich bei der Fixierung der Konditionen (zum Beispiel Preis) in einer dem Käufer gegenüber starken Position. Der seit den 1990er-Jahren rauer werdende und zudem weltweit zu führende touristische Wettbewerb (ein Winterurlaub in Kitzbühel muss mit der Opportunität eines Maledivenaufenthaltes konkurrieren) hat nach einer Bündelung der Kräfte in Tirol gerufen. Es sollten weniger, aber schlagkräftigere Tourismusverbände entstehen.

Durch finanzielle Anreize seitens des Landes ist es in den Jahren 1994 bis 2002 gelungen, freiwillige Zusammenschlüsse und eine Reduktion auf circa 150 Tourismusverbände zu erreichen. Landeshauptmann Herwig van Staa, der auch der Tourismusreferent in der Tiroler Landesregierung war, gingen diese freiwilligen Zusammenschlüsse zu langsam und sie wurden daher verordnet. Er meinte zudem, es wurde schon zu viel Geld für die finanziellen Anreize ausgegeben. Ignoriert wurde dabei, dass des Tirolers Naturell gegen Zwangsverpflichtungen „von oben" ist. So wurden in vielen Regionen verdiente Funktionäre aussortiert und höchst unterschiedliche Partner zur Zwangsheirat verpflichtet. Unterschiedlich im Gästeaufkommen, unterschiedlich in der Positionierung und vor allem unterschiedlich in ihrem Vermögen. Verschuldete Verbände mit kostspieliger Freizeitinfrastruktur am Hals mussten oftmals mit schuldenfreien, einen gewissen finanziellen Spielraum habenden Verbänden eine gemeinsame Eröffnungsbilanz erstellen. Hier waren Konflikte und Frustration unausweichlich. Und das flächendeckend übers Land, weil ja keine Region „ungeschoren" davonkam. Wer sich kritisch äußerte, galt als nicht mehr verlässlicher Funktionär. Bei vielen Touristikern, in hohem Maße sind sie Volksparteisympathisanten und Volksparteiwähler, machte sich nach kurzer Rebellion Resignation breit. Dass bei diesen amtswegigen Fusionen auch etliche Millionen Euro als „Schmiermittel" eingesetzt wurden, sei deswegen erwähnt, weil am Ausgangspunkt der Zwangsfusionsüberlegungen das Anreizsystem zur freiwilligen Kooperation und Fusion als zu kostspielig erachtet wurde.

Ausbau der Wasserkraft

Ein weiteres Beispiel für das Nichtmitnehmen der Bevölkerung lieferte der geplante Ausbau der Wasserkraft in Tirol: Via Aufmacher in der größten Zeitung des Landes wird nach einem Beschluss in der Landesregierung mitgeteilt, dass die Landesenergiegesellschaft Tiroler Wasserkraft, zu 100 Prozent im Eigentum des Landes Tirol stehend, das Ötztaler Wasser großzügigst energetisch nutzen will. Zwei große Speicherseen sollen entstehen, von einer Investitionssumme jenseits der 1,5 Milliarden – kein Tabakgeld –

ist die Rede. Die Talbevölkerung ist uninformiert und dadurch verunsichert. Es entsteht bei vielen Menschen, die der Nutzung der Wasserkraft durchaus positiv gegenüberstehen, ein Ablehnungsreflex, weil man sich von „denen da oben" überfahren fühlt. In Osttirol, im Stanzertal und im Kühtai lief es genauso ab. Also wieder eine flächendeckende Verärgerung der Bürger. Mit teuren Kampagnen wird seitdem versucht, die Wogen zu glätten. Das tief sitzende Misstrauen ist jedoch nur schwer zu beseitigen. Erschwerend kommt in der Kraftwerksdebatte noch dazu, dass sich die Landesenergiegesellschaft vor circa zehn Jahren auf Cross-Border-Leasing-Geschäfte mit amerikanischen Partnern eingelassen hat und diese sich vor dem Hintergrund des aktuellen Finanzdesasters auf den internationalen Märkten und besonders auf dem amerikanischen Markt als doch nicht so risikolos herausstellen, wie von den Protagonisten stets verkündet. Dass die Tiroler auf den Verkauf von Familiensilber eher gereizt reagieren, gilt als bekannt, und somit wirkt ein derartiges „Sale and Lease Back"-Geschäft in Tirol nicht sympathiesteigernd. Sehr oft war in der Bevölkerung der Satz zu hören: „Wozu Kraftwerke, wenn sie das Land eh nur verkauft." Natürlich wurden diese grenzüberschreitenden, also Cross-Border-Geschäfte ebenso wie die Kommunikationsstrategie von den Organen der Landesenergiegesellschaft Tiroler Wasserkraft umgesetzt. Hängen bleibt das damit einhergehende Unbehagen aber immer auch bei den Eigentümervertretern, der politischen Spitze des Landes. Auch diese Runde brachte eine Punkteniederlage für den amtierenden Landeshauptmann und Landesparteiobmann der Tiroler Volkspartei.

Agrargemeinschaften

Ausgehend von einzelnen Gemeinden ist im Frühjahr 2005 eine Diskussion rund um die Agrargemeinschaften aufgebrochen. Agrargemeinschaften wurden in Tirol in großem Stile in den 1960er- und frühen 1970er-Jahren gebildet, um die Wald- und Weidenutzung durch die Bauern zu regeln. Es wurden daher für Gemeindegebiete die Regeln für die klassischen Agrarnutzungen in sogenannten Regulierungsplänen festgelegt. In vielen Gemeinden ist im Zuge dieser Regulierungen, die von Beamten der Agrarbehörde im Amt der Tiroler Landesregierung abgewickelt wurden, weit über das Ziel hinausgeschossen worden. Ob wissentlich oder auch politisch gewollt, sei dahingestellt. Jedenfalls wurde in vielen Gemeinden nicht nur die Nutzungsmodalität durch die Bauern festgelegt, sondern auch noch das Eigentum an diesen agrargemeinschaftlich genutzten Grundstücken von der Gemeinde an die Agrargemeinschaft mitübertragen. Und das in der Regel ohne Beschluss des jeweiligen Gemeinderates. Mittels Bescheid aus dem Landhaus wurden Gemeinden über Nacht besitzlos. Man lebte im Land offensichtlich mit diesem Umstand. Die Gemeinden gewöhnten sich sozusagen daran, dass sie für die Errichtung einer Sportanlage, für die Ausweisung eines Wohngebietes oder für die Errichtung von Erschließungswegen bei den jeweiligen Agrargemeinschaften zwecks (Rück)Erwerbs ihrer auf fragwürdige Weise abhanden gekommenen Grundstücke bezahlten, anstatt sich zur Wehr zu setzen. Ebenso erging es Unternehmern, die auf solchen Grundstücken beispielsweise Gewerbebetriebe, Skipisten und Skilifte oder Schottergruben errichten wollten. Es versteht sich, dass diese Form der Nutzung, die ja nun wahrlich nichts mehr mit der agrarischen Intention der Regulierungsverfahren zu tun hat, für gar manche Agrargemeinschaft recht einträglich war. Grundverkäufe sowie jährliche Dienstbarkeitsentschädigungen und Pachtzinse hatten manche Agrargemeinschaftskonten mitunter gut gefüllt. Letztlich war es dann wohl die Gier in Einzelfällen, die dieses Thema zu einem Landesthema werden ließ.

Interessant war jedoch die Reaktion der Tiroler Politik. Die Opposition, allen voran die Grünen mit ihrem Obmann Georg Willi, hat die Brisanz des Themas sofort erkannt. Gemeinden wurden enteignet, war das Schlagwort. In der SPÖ reagierte man schon etwas schaumgebremster, weil man ja in einer Koalitionsregierung mit der Tiroler Volkspartei saß. Der SP-Landtagsabgeordnete Hans-Peter Bock und der SP-Nationalratsabgeordnete Gerhard Reheis äußerten sich sehr deutlich, was ich darauf zurückführe, dass beide sofort erkannt haben, welcher Zündstoff hier gegeben ist. Gerhard Reheis war in der Zeit nämlich Bürgermeister der Bezirksstadt Imst und Hans-Peter Bock ist Bürgermeister in Fließ.

In der Tiroler Volkspartei wurde gemauert. Es betreffe ohnehin nur einige wenige Agrargemeinschaften, in denen die Chemie zwischen dem Bürgermeister und dem Agrargemeinschaftsobmann nicht stimme, war zu hören. In Wahrheit sind mehr als 330 solcher Agrargemeinschaften aus ehemaligem Gemeindegut gebildet worden. Das heißt im Klartext: Grund und Boden (in Tirol eine Kostbarkeit, an der der Tiroler emotionell sehr stark hängt), der im Eigentum aller Gemeindebürger stand, wurde vielfach jenseits von notwendigen Gemeinderatsbeschlüssen und aufsichtsbehördlichen Genehmigungen (beide Notwendigkeiten sind vom Gesetzgeber in der Tiroler Gemeindeordnung seit jeher normiert) an eine Teilmenge der Gemeindebevölkerung übertragen. Hier geht es tirolweit um Vermögenswerte im Milliardenbereich. Der Obmann der bis dato einflussreichsten Teilorganisation der Tiroler Volkspartei, nämlich des Bauernbundes, der vormalige Landtagsabgeordnete, nachmalige Landesrat und nunmehrige Landeshauptmannstellvertreter Ökonomierat Anton Steixner ließ lapidar ausrichten, dass wegen einiger frustrierter Bürgermeister und pensionierter Hofräte das positive Modell der Tiroler Agrargemeinschaften nicht zu Fall gebracht werden dürfe. Frustrierte Bürgermeister, allesamt Mitglieder der Volkspartei, die vielfach auch Ortsparteiobleute sind, kenne ich wahrlich. Sie sind allerdings deswegen frustriert, weil sie von ihrer „Mutterpartei" anstatt unterstützt abgekanzelt wurden. Die Auskunftsbereitschaft der maßgeblichen Landespolitiker und der weisungsgebundenen Beamten ging gegen Null. Aufgrund dieses von Bürgermeisterkollegen aller Couleurs artikulierten Unbehagens luden der damalige SP-Bürgermeister der Stadt Imst Gerhard Reheis und der Verfasser dieser Zeilen, der auch Vizepräsident des Tiroler Gemeindeverbandes ist, im April 2006 zu einer Informationsveranstaltung nach Imst. Adressaten waren Bürgermeister und Vizebürgermeister, Agrargemeinschaftsobleute ebenso wie die Mitglieder der Tiroler Landesregierung. Letztlich waren erfreulicherweise auch interessierte Bürger anwesend, aber keine Regierungsmitglieder. Von einem Rechtsanwalt, der einige Tiroler Gemeinden in dieser Sache immer noch vertritt, und einem pensionierten Hofrat, der ehedem in der Agrarbehörde an solchen Regulierungsverfahren mitarbeitete und offen zugibt: „[...] ich war selbst beteiligt, ich war ein Täter [...]" wurde die Sach- und Faktenlage erörtert. Das Interesse seitens der anwesenden circa 100 Teilnehmer war groß, die für manche unangenehmen Wahrheiten, die angesprochen wurden, führten zu Widerspruch bei einigen Bauernvertretern und wie auf Kommando zogen diese unter der Stabführung des Bauernbunddirektors Dr. Peter Raggl, die Diskussion verweigernd und Verbalinjurien ausstoßend, aus dem Saal. Ich meine, dass dieser Vorgang die Sache für die Medien interessant und damit für eine breitere Öffentlichkeit wahrnehmbar gemacht hat. Dass diese Veranstaltung auch in höchsten Kreisen angekommen war, habe ich zwei Tage später bei einer Begegnung mit dem Landesrat und bäuerlichen Interessensvertreter Anton Steixner am Rande einer Grauviehausstellung feststellen können. Ich sage so: Er war nicht ganz lieb zu mir.

Seitens der Landesregierung wurde auf Zeitgewinn und „höhere" Erkenntnisse gesetzt. Die Gemeinde Mieders, auf die, sozusagen als Referenzfall, immer verwiesen wurde, hatte nämlich durch die Agrarbehörde bestätigt bekommen, dass Gelder, die aus nichtagrarischen Nutzungen stammen, in die Gemeindekassa zu fließen haben. Dagegen wurde seitens der Agrargemeinschaft rekurriert. Diese hat vom Landesagrarsenat als zweite Instanz Recht bekommen, sodass der Akt beim Verfassungsgerichtshof in Wien landete. Dieses Erkenntnis ist am 17. Juli 2008 öffentlich geworden und hat ein an Deutlichkeit nicht zu überbietendes Ergebnis gebracht. Zwei wesentliche Eckpunkte: Die seinerzeitigen Eigentumsübertragungen waren offensichtlich verfassungswidrig und alle aus nicht agrarischen Nutzungen resultierenden Einnahmen (Skipistenentschädigungen, Schottergruben etc.) sind der Gemeinde zuzurechnen.

Drei Jahre nach Aufbrechen der Diskussion war also ein Ergebnis auf dem Tisch. Diese Zeitspanne hat der Partei nicht gut getan. Von den handelnden Akteuren auf Landtags- und Regierungsebene war bei den seinerzeitigen Fehlentwicklungen keiner dabei, keinem waren Vorwürfe zu machen. Vorgeworfen wurde ihnen verständlicherweise mit jedem Tag mehr die Untätigkeit in dieser Sache. Anton Steixner wollte den Status quo zementieren, hat dabei seinen Gefolgsleuten stets signalisiert, dass eh alles paletti sei, und die kritischen Stimmen wurden aus dem Job gemobbt (damit ist der Leiter der Agrarbehörde gemeint), mit einer Maulkorbempfehlung versehen (hier geht es um den schon erwähnten pensionierten Hofrat) oder mit bolschewistischen Strolchen verglichen (da ist etwa der Grüne Klubobmann Georg Willi oder der frühere Arbeiterkammer-Präsident Fritz Dinkhauser gemeint). Es gibt genügend Presseclips, die dies dokumentieren. Der Bauernbund wollte seine Pfründe sichern und hat in seinem Verlautbarungsorgan, der „Tiroler Bauernzeitung", entsprechend desinformiert. Dass aber vom Wirtschaftsbund oder vom Arbeiter- und Angestelltenbund in dieser Causa nichts zu hören war, war schon erstaunlich. Der Landeshauptmann konnte nicht, wie er wollte. Der Bauernbund war seine Hausmacht. In der Sache selbst hat er als Bürgermeister von Innsbruck die Dinge anders gesehen. Das ist dokumentiert.

Fritz Dinkhauser holt 18,35 Prozent

Ganz sicher waren die beschriebenen Vorgänge mitentscheidend dafür, dass sich der streitbare und wortgewaltige Arbeiterkammer-Präsident Fritz Dinkhauser zu einer Kandidatur bei den Landtagswahlen 2008 entschlossen hat. Wie das Wahlergebnis zeigt, ist es ihm bestens gelungen, diejenigen anzusprechen, die ihren Protest am Politikbetrieb im Land Tirol kundtun wollten. Fritz Dinkhauser mit seinem ausgeprägten Gespür für populistische und populäre Themen war die Bewegung. Seine Inhalte boten kein geschlossenes Bild, seine Liste war nicht berechenbar, sie war aber ein großes Versprechen, unter dem sich viele vieles vorstellen durften. Sein Rebellenimage kam bei vielen Tirolern gut an. Das Rebellenimage ist bei den Tirolern in der Historie verankert. Die plebs misera hat ihn am Wahltag mit 18,35 Prozent der Stimmen und sieben Mandaten ausgestattet. Für viele VP-Wähler war er ein ideales Ventil. „Der ist nicht weniger schwarz als die anderen", hieß es. Man musste also nicht politisch fremdgehen, um seinen Unmut über die eigene Partei zum Ausdruck zu bringen. Für Herwig van Staa muss es ein bekanntes Spiel mit umgekehrten Vorzeichen gewesen sein. Er hat in den frühen 1990er-Jahren als Parteirebell eine eigene Gruppe „Für Innsbruck" gegründet, mit der er dann den Bürgermeister Romuald Niescher aus dem Amt drängte. Jetzt ist er, der 2003 verkündete, zwei Perioden Landeshauptmann sein zu wollen, Altlandeshauptmann.

Erwin Niederwieser

Herzilein – Bürgermeisterstärke und Landtagsschwäche

Die Sozialdemokratie am Talboden

Der entscheidende Gradmesser für die Landesorganisation einer Partei ist die Landtagswahl. In der Regel tritt der/die Landesparteivorsitzende als Spitzenkandidat/in an, und der Großteil der Kandidatinnen und Kandidaten an wählbaren Plätzen rekrutiert sich aus den Politgrößen der Bezirksorganisationen, angereichert um den einen oder die andere Quereinsteiger/in. Die Ergebnisse von Europa-, Nationalrats- oder Gemeinderatswahlen (plus Arbeiterkammer-, Wirtschaftskammer-, ÖH-Wahl usw.) können aufgrund regionaler Stärke oder Schwäche oder ausgesprochen guter oder schlechter Spitzenkandidat/inn/en einige Prozentpunkte differieren, viel macht das aber nicht aus, wie auch generell die Bedeutung der Kandidatinnen und Kandidaten im Wahlkreis überschätzt wird. Wenn aus dieser Überschätzung heraus dann Einzelne beginnen, viel Geld für das Anbringen ihrer Konterfeis an Kreuzungen und Laternenmasten, in Inseraten oder Vorzugsstimmenkampagnen zu investieren, dann wird mit solchen Aktionen das meiste Geld verpulvert.

Die Grundfragen bleiben bei jeder Wahl und für die Zeit dazwischen stets dieselben: Wofür steht eine Partei? Wie glaubwürdig vertritt das die Spitzenkandidatin oder der Spitzenkandidat? Was nützt das mir als Wählerin oder Wähler und was nützt es vielleicht der Gesellschaft insgesamt?

Die FPÖ investiert sehr wenig in eine dauerhafte Struktur (Angestellte der Partei oder ihrer Organisationen), aber viel in Wahlkampfpersonal. Bestes Beispiel war die Nationalratswahl 2008, bei der die FPÖ mit Stand mehrfach vor jeder Schule mit Oberstufe und damit mit potenziellen Wählerinnen und Wählern vertreten war, und zwar nicht nur mit einer einzigen Verteilaktion durch engagierte Freiwillige, sondern nach meiner Beobachtung mehrfach, in starker Besetzung und mit sehr hohem Aufwand an Propagandamaterial und Strache-Goodies.

Wo liegt der Talboden?[1]

Bilder sind oft etwas Mehrdeutiges. Viele Menschen bevorzugen es, am Talboden zu leben und nicht irgendwo im Gebirge. Andererseits strebt man bei Wahlen in lichte Höhen des Erfolges und je mehr Prozente desto besser.

Tabelle 1: Landtagswahlen seit 1945

Jahr	ÖVP	SPÖ	FPÖ	Grüne	LIF	FRITZ	SP Obmann
2008	40,5 (16)	15,5 (5)	12,4 (4)	10,7 (4)		18,4 (7)	Gschwentner
2003	49,9 (20)	25,9 (9)	8,0 (2)	15,5 (5)			Gschwentner
1999	47,2 (18)	21,8 (8)	19,6 (7)	8,0 (3)	3,2		Prock
1994	47,3 (19)	19,8 (7)	16,1 (6)	10,7 (4)	3,4		Tanzer
1989	48,7 (19)	22,8 (9)	15,6 (5)	8,3 (3)			Tanzer
1984	64,6 (25)	25,2 (9)	6,0 (2)				Fili
1979	62,8 (24)	29,3 (10)	6,8 (2)				Salcher
1975	61,1 (24)	32,4 (11)	5,9 (1)				Salcher
1970	60,5 (23)	33,5 (12)	5,7 (1)				Salcher
1965	63,5 (25)	30,5 (10)	6,0 (1)				Kunst
1961	59,6 (23)	30,1 (11)	9,1 (2)				Kunst
1957	59,3 (23)	31,0 (11)	8,5 (2)				Hüttenberger
1953	57,7 (23)	27,4 (9)	13,3 (4)				Hüttenberger
1949	56,4 (24)	24,0 (8)	17,4 (4)				Hüttenberger
1945	69,8 (26)	28,0 (10)					Heinz

Stimmenanteil (in Prozent), Mandate in Klammer.
Quelle: http://www.wissenswertes.at/index.php?id=wahlen-tirol

Betrachtet man die Wahlen seit 1945, so sind 15,5 Prozent und fünf Mandate der niedrigste Wert in der Zweiten Republik – näher schon den steinigen Anfängen der Sozialdemokratie in Tirol vor über 100 Jahren als ihren besten Zeiten in den Kreisky-Jahren.

Zu glauben, die SPÖ wäre bei der Landtagswahl 2008 an der Talsohle angelangt, ist ein Irrglaube. Es kann sein, dass dies für lange Zeit der niedrigste Wert der SPÖ bei Landtagswahlen war, aber theoretisch ist er locker zu unterschreiten und die Talsohle setze ich dort an, wo man aufhört, Landtagspartei zu sein. Die SPÖ ist für Tiroler Verhältnisse 2008 eine Mittelpartei gemeinsam mit FPÖ, der Dinkhauser-Partei und den Grünen. Es ist wichtig, sich dieses Umstands bewusst zu sein, weil „Talsohle" eine Sicherheit suggeriert, die es nicht gibt.

Mit den Bürgermeistern zum Erfolg?

Ist ein erfolgreicher Bürgermeister auch ein erfolgreicher Landeshauptmann(-stellvertreter) oder Landesrat? Das scheint eine Art Karrieremuster in der SP-Tirol zu sein: Bürgermeister, Bürgermeister und Abgeordneter (und Bezirksvorsitzender), Mitglied der Landesregierung.

Ernst Fili war in der Kommunalpolitik in Matrei erfolgreich, Hans Tanzer hat Ruhm für die SPÖ erobert, Hannes Gschwentner war zehn Jahre geachteter Bürgermeister in Kundl und zuletzt wurde der in Imst als Bürgermeister und Nationalrat höchst anerkannte Gerhard Reheis zum Landesrat bestellt. Gemeinde- und Landespolitik sind aber völlig andere Ebenen der Gestaltung und die SPÖ Tirol hat unter den Nicht-Kommunalpolitikern Herbert Salcher und Herbert Prock jedenfalls bei Wahlen eher erfolgreicher agiert als unter den Kommunalpolitikern in der Landesregierung.

Bürgermeister/innen – so sagt man – haben ihr Ohr am Volk, jedenfalls volksnahe Bürgermeister/innen, und um diese kostbare Spezies muss es sich handeln, wenn in einer über Jahrzehnte VP-dominierten Gemeinde plötzlich ein „Roter" zum Bürgermeister gewählt wird. Gerhard Reheis in Imst, Bertl Stenico in Landeck oder Klaus Gasteiger in Kaltenbach sind bzw. waren die jüngsten dieser Persönlichkeiten. Dieses Sensorium nahe an der Meinung der Bürgerinnen und Bürger zu haben ist wie Politik nach den Ergebnissen der Meinungsforschung – nur ohne Meinungsforschungsinstitut. Wen wundert's, dass sie zumeist pragmatischen Ansätzen zugeneigt sind, weil allzu linke Positionen bei ihren Wählerinnen und Wählern nicht gut ankämen. Von sozialdemokratischen Bürgermeistern wird aber erwartet, dass sie sich auch in ihrer Politik für die Gemeinde von konservativen Gemeindeführungen abheben: im Angebot an Kindergärten und Vorschuleinrichtungen, an Schulen mit Mittagstisch und Nachmittagsunterricht oder -betreuung, an Sozialeinrichtungen und durch eine Politik des Miteinanders von Menschen unterschiedlicher Nationalität, Sprache und Religion.

Der „Bezug zur Basis", die Verbindung zu den Wählerinnen und Wählern durch persönliche Kontakte ist auch eine Frage der Zahl dieser Wähler/innen. Für eine Bürgermeisterin/einen Bürgermeister ist es vergleichbar leicht, den Kontakt zu den 500 oder vielleicht sogar 2000 Wählerinnen und Wählern in der Gemeinde zu halten, als für eine Nationalratsabgeordnete/einen Nationalratsabgeordneten mit 180 000 Wahlberechtigten in 104 Gemeinden und 30 000 Wählerinnen und Wählern ihrer/seiner Partei (Beispiel Innsbruck-Land) oder gar einer/einem Europaabgeordneten, deren/dessen Wahlkreis sich über das ganze Bundesgebiet und deren/dessen engerer Betreuungsbereich sich auf zwei Bundesländer bezieht. Da können neue Kommunikationsmittel wie SMS, E-Mail, eine Homepage oder Blogs im Internet ganz nützlich sein, die Lücke zwischen Anspruch und Wirklichkeit lässt sich aber auch dadurch nicht schließen.

Gemeindekaiser oder Betriebskaiser?

Die SPÖ Tirol leidet aber weit weniger unter den errungenen Bürgermeistersesseln, sondern mehr unter der Absenz der „Betriebskaiser" und einer Schwäche der FSG in AK und ÖGB. Einleuchtend ist, dass eine Organisation wie der ÖGB den Verlust der BAWAG und vor allem deren Dividenden nicht ohne Einschränkungen übersteht. Kürzungen bei den Betriebspensionen und Personalabbau waren die Folge. War der Personalstand aufgrund der niedrigen Organisationsdichte und der damit niedrigen Refinanzierungsleistung aus Mitgliedsbeiträgen ohnehin schon am Limit und konnte nur durch den enormen Einsatz der einzelnen Mitarbeiterinnen und Mitarbeiter halbwegs ausgeglichen werden, so gibt es jetzt für eine systematische Betriebsarbeit einfach zu wenig Personal. Während in den meisten anderen Bundesländern in dieser Situation die AK dem ÖGB zur Hilfe kommen konnte, war dies in Tirol aufgrund der politischen und persönlichen Differenzen nicht zu erwarten. Nun war die Stärke der SPÖ bei den Arbeiter/inne/n und Angestellten immer von der Stärke und Argumentationskraft der sozialdemokratischen Gewerkschafter abhängig.

Vertreter der FSG kandidierten vielfach auch auf den Listen der SPÖ (zum Beispiel Benya oder Verzetnitsch für den Nationalrat, Kaufmann, Lenzi, Mimm oder Reiter für den Landtag) und waren damit in der Argumentation der Betriebsräte gegenüber der Basis, die „für uns als Arbeiter/Angestellte wählbaren Kandidaten, die sich für uns einsetzen". Was, wenn solche Kandidatinnen und Kandidaten fehlen oder wenn sogar ein Konkurrent auftritt, der über Jahrzehnte mit erheblichem Aufwand und Glaubwürdigkeit verkündet hat: „Ich bin für Euch da!"? Dann wird es eng am Stimmenmarkt und die einstige Arbeiterpartei erreicht hinter ÖVP und Dinkhauser nur mehr Platz drei.

Grafik 1: Wahlverhalten nach Berufsgruppen

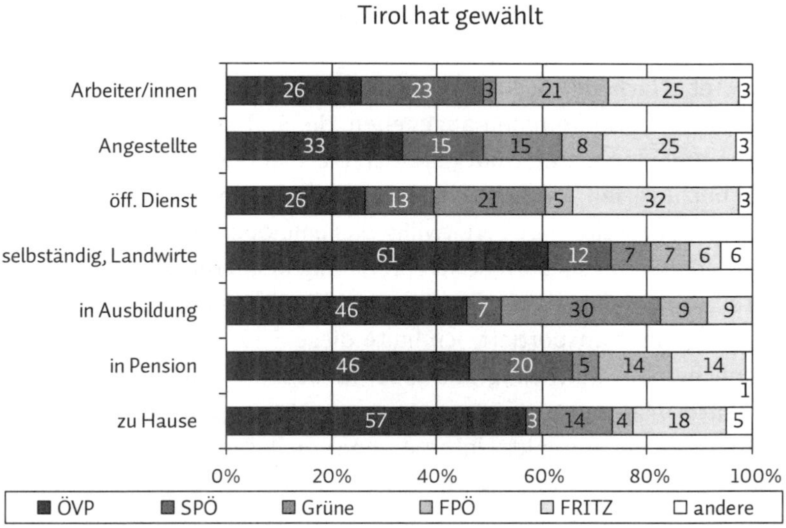

Quelle: http://www.sora.at/images/doku/ltw_tirol_2008_isak_sora.pdf

Reiter nützt Dinkhauser

Wie es 2008 dazu kommen konnte und warum der oberste Gewerkschafter Franz Reiter im Landesparteivorstand in geheimer Abstimmung mit klarer

Mehrheit zurückgereiht wurde, ist in der Komplexität schwer zu erklären und hat eine Vorgeschichte, die in Konflikten in Reiters eigener Metallergewerkschaft und in seinem eigenen Bezirk Kitzbühel gründen. In seiner Gewerkschaftsfraktion wurde er wenige Tage zuvor für die Spitzenkandidatur bei der AK-Wahl nicht mehr gewählt und im Bezirk konnte er nur knapp die Entscheidung gegen eine Mitbewerberin gewinnen. Dass es überhaupt zu einer Abstimmung im Landesparteivorstand gekommen ist, hatte dann mit der spezifischen Situation zu tun, dass bei vorangehenden Listenerstellungen meist das „Reißverschlussprinzip" (Frau/Mann oder umgekehrt) praktiziert worden war und mit der vom Landesparteivorsitzenden Hannes Gschwentner vorgeschlagenen Reihung nicht einmal die statutarisch vorgeschriebene 40-Prozent-Quote erreicht worden wäre. Die Frauenvorsitzende hatte daher keine andere Wahl, als auf diese Statutenverletzung hinzuweisen und die Gegenkandidatur der Kitzbühler Kandidatin (übrigens ebenfalls eine Gewerkschaftsfunktionärin der GÖD-Lehrer/innen) zu unterstützen.

Bei aller Nachvollziehbarkeit: Im Nachhinein betrachtet hat diese Entscheidung der SPÖ Tirol im Verhältnis zur Liste Dinkhauser vermutlich Platz zwei gekostet. Nach der SORA-Wählerstromanalyse hat die ÖVP an die Liste Dinkhauser 7000 Stimmen abgegeben, die SPÖ aber 9000! Dinkhauser als Arbeitnehmervertreter hat jede sich bietende Gelegenheit genutzt, um darauf hinzuweisen, wie schlecht Gewerkschafter in der SPÖ behandelt werden, und Franz Reiter hat bereitwillig das eine oder andere „Scheiterl" nachgelegt, damit diese stimmenverbrennende Flamme nicht ausgeht. Innerparteiliche Konflikte aus persönlichen Eitelkeiten werden von den Medien sehr gerne transportiert, ich halte diese Strategie der Steigerung des persönlichen Bekanntheitsgrades aber für schädlich für eine Organisation oder Partei insgesamt.

Man stelle sich ein normales Unternehmen vor, dessen Nr. 2 oder Nr. 5 im Management dadurch bekannt wird, dass es die Nr. 1 öffentlich attackiert. Wäre dies für das Image des Unternehmens förderlich? Würde dies überhaupt nur eine Stunde lang toleriert? Nein, und manchmal lohnt es sich auch für eine sozialdemokratische Partei, erfolgreiche unternehmerische Führungsgrundsätze zurate zu ziehen. Absolute Geschlossenheit nach außen ist einer davon.

Anfang März 2009 stehen in Tirol Arbeiterkammerwahlen an und die nächsten Gemeinderatswahlen im März 2010. Ein Erfolg der SPÖ wird gleichermaßen von einer Stärkung der Organisationen in den Gemeinden wie in den Betrieben abhängen, und neben den Gewerkschaften gewinnt der sozialdemokratische Wirtschaftsverband zunehmend an Bedeutung, weil dieser rascher als die Gewerkschaft auf die Veränderungen in der Arbeitswelt reagiert und Betreuungsangebote für die neuen (oftmals prekären) Beschäftigtengruppen gemacht hat.

Tirol ist zwar ein ÖVP-Stammland, wie es kaum noch ein zweites gibt. Wenn Wähler/innen in Alternativen zur VP denken, dann wechseln sie in erster Linie zu den Grünen, zu FPÖ oder BZÖ oder zuletzt zur Liste des langjährigen ÖAAB-ÖVP Spitzenfunktionärs Fritz Dinkhauser.

Letztere hat übrigens etwas verkörpert, was für die SPÖ lange Zeit Markenzeichen war: konkrete Hilfe. Direkte oder indirekte Hilfe in verschiedensten Lebenslagen war der SPÖ immer ein Anliegen, zum Beispiel über die Mietervereinigung, die Kinderfreunde, die WIST, den ÖGB oder früher etwa in arbeits- und sozialrechtlichen oder in Bildungsfragen bei der AK. Dieses „Sich einsetzen" und die konkrete kompetente Hilfe hat Fritz Dinkhauser geschickt in sein erstes Antreten bei der Landtagswahl eingebracht und für viele traditionelle SPÖ-Wähler/innen aus der Arbeitnehmerschaft war er eher einer der ihren als der Spitzenkandidat der SPÖ. Solche Eindrücke spielen sich weniger im Analytischen als vielmehr in einer Art Puzzle-Entscheidung ab: Aus einigen Nachrichten (Konflikt mit Reiter, Dinkhauser besucht Reiter und anderes) wird ein Bild dessen generiert, wofür eine Person oder eine Partei aktuell steht. Das kann sich innerhalb weniger Monate ändern, und bei der Nationalratswahl hat die Botschaft „Faymann versteht sich gut mit Hundstorfer und Haberzettel" diesen Effekt deutlich abgeschwächt. Und während die Liste Dinkhauser bei der Landtagswahl von ihren 18,35 Prozent sicher an die sechs bis sieben Prozentpunkte von der SPÖ erhalten hat, waren es bei der Nationalratswahl im September 2008 nur mehr zwei bis drei.

Manko Jungwähler/innen

Wen Tiroler Jugendliche wirklich gewählt haben, lässt sich nur vermuten, eine aussagekräftige Analyse des Wahlverhaltens der 16- bis 20-Jährigen ist mir nicht bekannt. Die SPÖ dürfte bei der Nationalratswahl auch beim Tiroler Ergebnis hinter FPÖ, ÖVP und Grünen gelegen sein, bei der Landtagswahl ereichte die SPÖ immerhin mit 19 Prozent bei den 16- bis 29-Jährigen noch Platz zwei, schließlich war in der Werbung Hannes Gschwentner bewusst als die jugendliche Alternative zu den über 65-jährigen van Staa (Jahrgang

1942) und Fritz Dinkhauser (Jahrgang 1940) dargestellt worden und er hatte mit Georg Willi und Gerald Hauser in dieser Altersgruppe keine wirkliche Konkurrenz. Diese Strategie hat sich aber insgesamt als schlechte Rechnung erwiesen, denn bei den Jungen wurde der Motorrad-Look eher als unpassende Anbiederung empfunden und bei den traditionellen SP-Stammwählerinnen und -Stammwählern in den Altersgruppen über 60 musste die SPÖ mit nur 17 Prozent gegenüber den 49 Prozent der ÖVP eine schwere Schlappe einstecken. Darin liegt neben dem Antreten von Fritz Dinkhauser der zweite Grund für die mageren 16 Prozent und der dritte in den neun Prozent bei den 45- bis 59-Jährigen, wobei sich dies mit den erwähnten Verlusten bei den Arbeiter/inne/n und Angestellten überschneidet.

Grafik 2: Wahlergebnis nach Altersgruppen

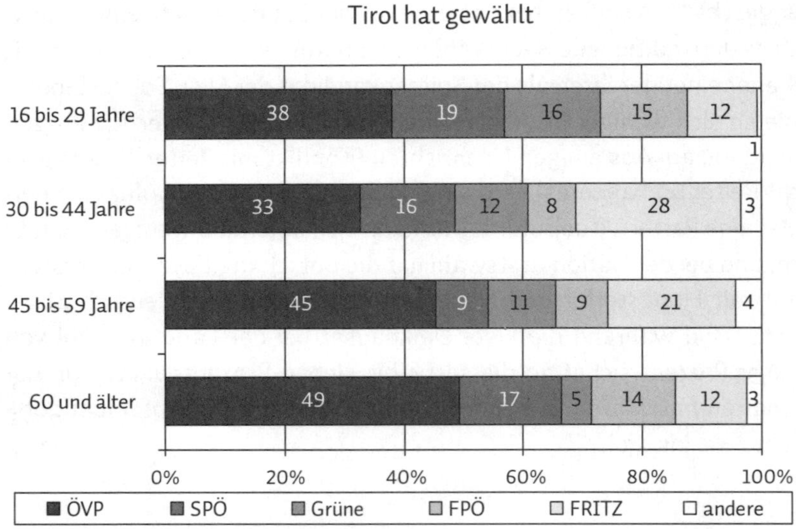

Quelle: http://www.sora.at/images/doku/ltw_tirol_2008_isak_sora.pdf

Vorzugsstimmen als Indikatoren für Popularität und Bürgernähe?

Als ein Indikator für die Nähe zwischen Kandidat/inn/en und Wähler/inne/n gelten die Vorzugsstimmen. In einer Analyse für die Tiroler Ausgabe der „Kronen Zeitung" vom 12. Oktober 2008 kommt Christian Traweger von

IMAD unter Verweis auf diese Vorzugsstimmen zum Schluss, „die ÖVP hat ihren Bezug zur Basis stark verloren und ist nun gefordert, entsprechende Basisarbeit und Kommunikation zu leisten.“ Da frage ich mich zunächst, was wäre passiert, wären dieselben Kandidatinnen und Kandidaten mit einem zugkräftigen ÖVP-Spitzenkandidaten angetreten und hätten die SPÖ überholt? Nimmt man Trawegers Maßstab, das heißt die Vorzugsstimmen im Wahlkreis gemessen an den erreichten Parteistimmen, dann haben den besten Kontakt zur Basis die Nationalratskandidat/inn/en Fritz Dinkhauser (Fritz – 45,6[2]), Gerald Hauser (FPÖ – 39,2), Josef Gomig (Die Christen – 36,9), Hediye Dikme (Linke – 34,4), Matthias Waldhart (KPÖ – 29,7), Astrid Stadler (ÖVP – 27,6), Hülya Cicek (Linke – 27,9), Elisabeth Greiderer (ÖVP – 27,1), Gerhard Schullin (LIF – 24,2), Mathias Venier (FPÖ – 22,4), Elisabeth Blanik (SPÖ – 21,7), Josef Brugger (Grüne – 20,9), Robert Possenig (BZÖ – 19,9), Hermann Gahr (ÖVP – 19,5), Maria Schaffenrath (LIF – 18,9), Josef Lettenbichler (ÖVP – 18,9), Karin Hakl (ÖVP – 18,7), Birgit Sebesta (Rettö – 17,3), Daniel Höllrigl (BZÖ – 17) und Hilde Waldhart (KPÖ – 15,7). Das heißt, unter den besten 20 befinden sich fünf Kandidat/inn/en der ÖVP, je zwei von FPÖ, BZÖ, Linke, KPÖ und LIF und je eine/r von SPÖ, Grünen, der Liste Fritz, den Christen und Rettet Österreich.

Die Volkspartei könnte damit zufrieden sein, hätte sie nicht trotz dieser vielen volksnahen Kandidat/inn/en 12,7 Prozent und zwei der bisher sechs Mandate verloren. LIF, Linke und KPÖ haben die vielen Vorzugsstimmen ihrer Bewerber/innen nicht zu einem Mandat verholfen, und die zugkräftigste SPÖ-Kandidatin aus dem Wahlkreis Osttirol stand eigentlich nicht ernsthaft als Kandidatin für den Nationalrat zur Verfügung – sie wurde erst vor dem Sommer wieder in den Landtag gewählt und ist Vizebürgermeisterin in Lienz. Blanik und Greiderer sind in der Gemeindepolitik verankert und anerkannt, und im Grunde widerspricht die hohe Zustimmung für ihre Person als NR-Kandidatin allem, was häufig als „ein Mann/eine Frau – ein Amt“ postuliert wird. Dinkhauser, Lettenbichler oder Gahr (er ist auch Gemeinderat in Terfens) wiederum sind nicht als Kommunalpolitiker, sondern im Bereich der Interessenvertretung bekannt geworden und von diesen im Wahlkampf teilweise auch massiv unterstützt worden. Zum Unterschied von Stadler, Hakl oder Gahr hat Blanik aber praktisch keinen öffentlich wahrnehmbaren Persönlichkeitswahlkampf geführt, während die VP-Kandidat/inn/en sowohl in Plakaten als auch in Inseraten und Postkarten als Person intensiv beworben wurden.

Berücksichtigt man ferner, dass Blanik nur an zweiter Stelle kandidiert hat und dass die Hauszeitung vieler Osttiroler, der „Osttiroler Bote“, von der Bezirkslandwirtschaftskammer herausgegeben wird und vor Wahlen mehr als sonst dazu neigt, die Politikerinnen und Politiker des eigenen Lagers stärker hervorzuheben, dann wiegt das Ergebnis Blaniks noch ein Stück schwerer.

Warum diese Ausführlichkeit um eine Person? Weil sie sehr viel zur Frage beitragen kann, ob Bürgermeisterstärke und Landtagsschwäche Hand in Hand gehen müssen. Blanik ist Architektin, Mutter, Landtagsabgeordnete und Vizebürgermeisterin, kompetent, eloquent, fleißig, fesch und Teamarbeiterin. Sie spielt Gemeinde und Land nicht gegeneinander aus, sondern versucht zu verbinden. Sie ist keine Volkstribunin, aber volksnah, spricht im konservativen Osttirol Themen an und Meinungen aus, die nicht revolutionär, aber doch weit entfernt von jedem Mehrheitsdenken sind. Ähnliches lässt sich aber über andere SPÖ-Kommunalpolitiker/innen feststellen, die auch überregional aktiv sind, wie der Kaltenbacher Bürgermeister (und Landtagsabgeordnete) Klaus Gasteiger, der frühere Imster Bürgermeister (und Nationalrat) Gerhard Reheis oder der Reuttener Bürgermeister (und Bundesrat) Helmut Wiesenegg. Sie alle wurden in einem Umfeld, in dem die SPÖ im Gemeinderat in einer Minderheitsposition war, zu Bürgermeistern gewählt. Bedingt durch die Aufgaben in der Gemeinde konnten sie sich vielleicht in die parlamentarische Arbeit nicht in dem Umfang einbringen wie „Nur-Abgeordnete", aber ihr Beitrag für die Arbeit im Klub oder in der gesetzgebenden Körperschaft besteht darin, für die Bodenhaftung des Klubs zu sorgen, weil sie am nächsten Tag nach einem Beschluss jedenfalls wieder in ihre Gemeinde zurückkehren und sich dort fragen lassen müssen, was denn da gestern „im Landhaus" oder „im Parlament" wieder beschlossen wurde.

Die „Kronen Zeitung" und ihr Nutzen für die SPÖ

„Krone"-Herausgeber Hans Dichand meinte laut diverser Medien am 3. Oktober 2008, dass der Effekt der „Kronen Zeitung" mit plus drei Prozent für die SPÖ deutlich unterbewertet sei. Das sehe ich gänzlich anders: Die „Kronen Zeitung" hat der SPÖ längerfristig mehr geschadet als genützt und bei der Wahl am 28. September 2008 selbst höchstens einen marginalen Gewinn von ein bis zwei Prozent gebracht. Natürlich wird die SORA-Analyse stimmen, wonach „Kronen Zeitung"-Leser/innen überproportional SPÖ und FPÖ gewählt haben („Kronen Zeitung"-Leser/innen haben demnach zu 43 Prozent SPÖ, zu 23 Prozent die FPÖ und zu 17 Prozent die ÖVP gewählt), aber das war auch bei früheren Wahlen schon der Fall und ergibt sich aus der Leserstruktur der „Krone". Das Hinaufschreiben von Werner Faymann und das Hinunterschreiben von Wilhelm Molterer hatte Auswirkungen auf das Wahlverhalten, aber mir sind nicht wenige langjährige SPÖ-Wähler/innen begegnet, die dieser Aktion mit der „Krone" wegen nicht SPÖ, sondern ungültig oder anders gewählt haben, weil sie diese Verbindung und die Änderung in der Frage einer nationalen Volksabstimmung zur EU-Verfassung für demokratiepolitisch verantwortungslos gehalten haben. Hinzu kommen noch jene Wählerinnen und Wähler, die den dabei eingeschlagenen Kurs der SPÖ in Sachen EU abgelehnt haben. Beides sind Wählerschichten vor allem im intellektuellen Bereich, deren Verlust für die SPÖ mittel- und längerfristig negative Auswirkungen bedeuten (siehe dazu beispielsweise das Interview mit Andrè Heller in der TT am Sonntag vom 5. 10. 2008).

Die Parteiorganisation: Breites Service oder schlanke Wahlkampfmaschine?

Auch außerhalb von Wahlkämpfen benötigt eine Partei wie die SPÖ einen beträchtlichen Teil der Mittel für eine Struktur hauptamtlicher Mitarbeiterinnen und Mitarbeiter. In den „besten Zeiten" mit 15 000 Mitgliedern waren dies ein/e Landesparteisekretär/in, Bezirkssekretärinnen und -sekretäre, Sekretärinnen und Sekretäre für Gemeindevertreter, Jugend, Frauen, Bildung, Presse usw., wobei der Begriff „Sekretär/in" heute mit „Geschäftsführer/in" treffender bezeichnet ist, denn die Sekreträrin/der Sekretär war eigentlich die Managerin/der Manager und dazu gab es für die Büroarbeiten wirkliche Sekretärinnen. Mit dem Rückgang der Mitgliederzahlen bundesweit und auch in Tirol stellte sich die Finanzierung dieser Mitarbeiterstruktur als ständiges Thema bei der jährlichen Budgeterstellung dar. Wichtigste Finanzierungsquelle neben den Mitgliedsbeiträgen sind in der SPÖ die Mittel der öffentlichen Parteien- und Klubfinanzierung, beide werden von Wahlergebnissen beeinflusst, und hinzu kommen noch die Einnahmen aus den „Parteisteuern", das sind die monatlichen Abgaben der Mandatarinnen und Mandatare an ihren Klub, ihre Landes- und ihre Bezirksorganisation. Weniger Mandate bedeuten daher sowohl bei den Einnahmen aus der Parteien- und Klubförderung als auch bei jenen aus den Abgaben der Mandatarinnen und Mandatare an die Partei auch geringere Einnahmen und damit weniger Spielraum bei den Ausgaben für Personal, Infrastruktur, Aktionen, Werbung und Information.

Hier gibt es zwei gegensätzliche Modelle, beispielhaft dargestellt an SPÖ und FPÖ: Bei der SPÖ eine Stammmannschaft mittlerer Größe, in Wahlkampfzeiten aufgestockt um einige wenige zusätzliche Mitarbeiter/innen (in etwa im Verhältnis 10 : 1), bei der FPÖ eine sehr kleine Stammmannschaft, die für den Wahlkampf deutlich aufgestockt und dann wieder abgebaut wird (geschätztes Zahlenverhältnis 1 : 2).

Die Situation ist durchaus vergleichbar mit dem, was in den letzten Jahrzehnten auch im Wirtschaftsleben zu beobachten war und ist, nimmt man etwa die AUA im Vergleich zu FlyNiki oder SkyEurope oder die vielen Auslagerungen von Service, Werbung oder Filialnetz bei großen Unternehmen an andere kleine externe Unternehmen. Sie alle funktionieren nach dem Prinzip „Geiz ist geil", das heißt auf eine kontinuierliche Kund/inn/enbetreuung oder qualitätsvolle Beratung wird verzichtet, und die Konkurrenz wird über den Preis oder oft auch nur über Lockangebote an die Wand gedrängt. Statt eines Fachmannes/einer Fachfrau, die ins Haus kommt, gibt es eine kostenpflichtige Hotline mit langen Wartezeiten, und wer wirklich Hilfe braucht, muss sich diese selbst organisieren.

Die Ähnlichkeit mit den Parteien ist frappierend. Hier die Unterstützung in Notfällen durch die Volkshilfe, die Nachmittagsbetreuung der Kinderfreunde, die Hilfe bei der Schüler/innenvertretung durch die AKS (Aktion kritischer Schülerinnen und Schüler), der Aufbau einer Organisationsstruktur und damit von Ansprechpersonen durch die Bezirksgeschäftsstellen, die Hilfe bei der Betriebsratswahl durch die FSG (Fraktion Sozialdemokratischer Gewerkschafter/innen) und bei der Antragstellung für das Pflegegeld durch den Pensionist/inn/enverband – dort (und das bedeutet keinerlei Abwertung) Ansprechpersonen in einem Fünftel der Gemeinden, eine im Vergleich zur FSG kleine Organisation Freiheitlicher Arbeitnehmer/innen, einige Vorfeldorganisationen und einzelne Mandatarinnen und Mandatare, dafür aber ein Personal- und Materialaufwand bei Wahlen, der jenem der SPÖ jedenfalls um nichts nachsteht und der im Ansprechen neuer Zielgruppen teils deutlich erfolgreicher ist, wie das Beispiel Jungwähler/innen bei der Nationalratswahl 2008 zeigt. Natürlich war es nicht nur der FPÖ-Werbestand, der mehrmals vor jeder Schule präsent war, sondern Personen und Themen, die Jugendliche angesprochen haben, aber hier wurden die Themen durch die Präsenz verstärkt und umgekehrt signalisiert: „Wir sind bei Euch!" Ein Signal, das die SPÖ hauptsächlich und durchaus erfolgreich vor allem an die Pensionist/inn/en ausgesandt hat.

Die Frage ist letztlich: Was wollen die Wählerinnen und Wähler? Eine Volkspartei herkömmlichen Zuschnitts mit Betreuungs- und Beteiligungsangeboten von der Geburt bis ins hohe Alter oder eine Kampagnepartei, die es im Extremfall bereits wenige Wochen nach der Wahl gar nicht mehr gibt? Am 15. Oktober 2008 wurde in einigen Medien berichtet, nach einer Untersuchung des New Yorker Legatum Instituts liege Österreich nach Australien gemeinsam mit Finnland an zweiter Stelle in der Welt gemessen an materiellem Wohlstand und Lebenszufriedenheit. Besonders gute Werte gäbe es für Österreich für Bildung, langfristiges Einkommenswachstum und Gesundheit. Solche Studien sind immer mit einer gewissen Vorsicht zu betrachten, aber praktisch alle Studien dieser Art sehen Österreich unter den Top Ten der Welt, nicht nur was den materiellen Wohlstand, sondern auch was die gerechte Verteilung dieses Wohlstandes anlangt. Und trotzdem gibt es ein Drittel Protestwähler/innen gegen die Regierung, erreichen SPÖ und ÖVP gemeinsam nur mehr knapp über 50 Prozent und sehen sich die Sozialpartner als nachgewiesene wesentliche Ursachen dieses Wohlstandes in ihrer Existenz bedroht.

Bleibt man seiner Meinung treu, dass die Wähler/innen in ihrer Gesamtheit immer recht haben, dann gibt es dafür zwei Sprichworte und eine Erklärung: „Konkurrenz belebt das Geschäft" und „Dankbarkeit ist keine politische Kategorie." Die Wählerinnen und Wähler tun offensichtlich gut daran, die konkurrierenden Parteien zu Höchstleistungen anzutreiben, weil sich niemand einer einmal erhaltenen Stimme sicher sein kann oder sich auf Erfolge berufen und schon gar nicht darauf ausruhen kann. Das trifft in erster Linie die Regierenden, aber auch Oppositionsparteien werden bestraft und verlieren Stimmen, wenn sie in den Augen ihrer Wählerinnen und Wähler in der Kritik nachlassen.

Das heißt für eine Partei wie die SPÖ in Tirol, dass es einige wesentliche Botschaften braucht, die für einen dauerhaften Aufwärtstrend auch real unterfüttert sein müssen:

Wir strengen uns für Euch an.

Wir lassen uns immer wieder was Neues einfallen.

Wir sind für den Mittelstand und die Benachteiligten da und nicht für die Reichen.

Unsere Werte sind „in" und wir leben was wir sagen. Und:

Uns muss man sich nicht mit Haut und Haar ausliefern, man kann auch an einzelnen Themen oder Projekten mitarbeiten und das Ganze möglichst in einer Sprache der Aufklärung, die einfach und verständlich, vielleicht sogar populistisch ist, deren Inhalt aber wahr sein muss.

In der Umsetzung bedeutet dies das Aufrechterhalten einer Organisations- und Servicestruktur und kontinuierliche Programmarbeit zur Entwicklung neuer Lösungen für anstehende Probleme von der Kinderbetreuung bis zur Altenpflege, vom Ausbildungsplatz bis zur regionalen Arbeitsmarktpolitik und vom Umgang mit verschiedenen Kulturen bis zur Wertevermittlung.

Anmerkungen

1 In diesem Zusammenhang sei erwähnt, dass der Titel für diesen Beitrag von der Herausgeberin und dem Herausgeber vorgeschlagen und mir eine Änderung desselben freigestellt wurde; er schien mir aber eine gute Mischung aus provokant und treffend, sodass ich ihn beibehalten habe.

2 Die Prozentzahl benennt die Zahl der Vorzugsstimmen im Regionalwahlkreis gemessen an den von der jeweiligen Partei im Wahlkreis erreichten Stimmenanzahl.

Gerulf Stix

Blaue Berg- und Talfahrten der Gefühle und Wahlergebnisse

Die Entwicklung des Dritten Lagers in Tirol

Als die endgültigen Ergebnisse der Landtagswahlen vom 8. Juni 2008 für die FPÖ Tirol 41788 Stimmen bekundeten, stieg in mir die Erinnerung an ein unvergessliches Gespräch mit Eduard Wallnöfer auf. Es fand in seinem Arbeitszimmer im Landhaus statt und sollte zur Unterschrift unter das seit sehr langer Zeit erste zwischen ÖVP und FPÖ getroffene Parteienabkommen führen. Der unumstrittene, nahezu allmächtige Landeshauptmann hatte mich 1974 als damals noch jungen, erst seit dem 17. Juni 1973 in dieser Funktion befindlichen Landesparteiobmann der Tiroler Freiheitlichen zu Parteiengesprächen eingeladen. Er wollte die Landtagswahlordnung für die 1975 bevorstehenden Landtagswahlen ändern, und zwar mit der Zustimmung aller im Landtag vertretenen Parteien.

Das war sein Verständnis von Demokratie. Wir einigten uns nach einigen mehrfach beschickten Verhandlungsrunden, und ich sollte dann zur Endfertigung allein kommen. Einem Rat unseres erfahrenen Abgeordneten Dr. Otto Wendling folgend, studierte ich in der Nacht zuvor noch einmal den Gesamtentwurf zur neuen Wahlordnung und stieß dabei auf einen nicht verhandelten Punkt, der technisch für die FPÖ unannehmbar war. Mit mulmigem Gefühl ging ich also zu Wallnöfer, der schon mit gefüllten Weingläsern wartete, und erklärte ihm mit trockener Zunge, wegen welcher Stelle im Entwurf ich nun doch nicht unterschreiben könne. Wallnöfer sah mich still an, dann blickte er zu dem allein noch anwesenden, stehenden Landesamtsdirektor Dr. Kathrein auf und sagte wortwörtlich auf Tirolerisch: „Du, Kathrein, i moan, dös miass ma wieder ausser tian – weil meine zwanzigtausend Freiheitlichen wölln a leben!" Er sagte wirklich „meine" und nannte exakt diese Zahl. Dieser Satz hat sich in meine politische Seele eingebrannt. Von da ab verband uns wechselseitig tiefer Respekt.

Vom VdU zur stabilen Kleinpartei FPÖ

Diese Zahl zwanzigtausend kam nicht von ungefähr. Zwar hatte der VdU 1949 fulminante 39 092 Stimmen eingefahren, rutschte aber 1953 auf 23 104 Stimmen ab. In der Nachfolge des VdU erzielte die 1956 gegründete FPÖ bei den Landtagswahlen nur mehr 20 739 Stimmen. Dann erfing sie sich 1961 mit wiederum 23 620 Stimmen, stürzte aber 1965 mit nur mehr 16 278 Stimmen auf ihren tiefsten Stand in Tirol ab. Von da ab ging es langsam aber stetig wieder bergauf.

Tabelle 1: Ergebnisse der FPÖ bei Tiroler Landtagswahlen 1970–1984

Landtagswahl	Stimmenanzahl	Anteil in Prozent	Mandate
1970	16 927	5,7	1
1975	18 817	5,9	1
1979	21 766	6,8	1
1980	22 377		2
1984	21 098	6,0	2

Das Ergebnis von 1980 ergab sich aus der Nachwahl in Osttirol. Diese war durch ein Erkenntnis des Verfassungsgerichtshofes erzwungen worden, nachdem die FPÖ-Tirol auf Betreiben Dr. Siegfried Dillersbergers die Landtagswahl vom 30. September 1979 angefochten hatte. Im Landtag saßen mit Dr. Dillersberger und Hermann Eigentler wieder zwei freiheitliche Abgeordnete, was zuletzt 1965 der Fall gewesen war.

Der Dämpfer 1984 wurde als Kollateralschaden der auf Bundesebene seit 1983 bestehenden rot-blauen Koalition gewertet. Ungeachtet der von ihm erreichten Regierungsbeteiligung wuchs die innerparteiliche Kritik an Bundesparteiobmann und Vizekanzler Dr. Norbert Steger auch in der Landesgruppe Tirol. Die Spannungen nahmen zu.

In den siebziger Jahren hatten sich in der Tiroler FPÖ recht stabile Führungsstrukturen herausgebildet. Neben mir als Parteiobmann agierte Dr. Dillersberger mit Schwerpunkt Kufstein, wo er ein sehr erfolgreicher Bürgermeister war, und in Richtung Landtag; weiters Hermann Eigentler im Landtag und Dr. Walter Ebenberger in der Landeshauptstadt Innsbruck. Im Landesparteivorstand gab es große Kontinuität mit dem Ergebnis einer sich in den Bezirken stetig verbessernden Organisation und Präsenz der Partei. Das wirkte sich positiv bei allen Gemeinderatswahlen aus.

Der Paukenschlag am 13. September 1986 in Innsbruck

Diese im Rückblick gesehen relativ ruhige und stabile, wenngleich langsame Aufbauphase endete in den turbulenten achtziger Jahren. Angebahnt hatten sich die Spannungen schon auf Bundesebene mit dem Wechsel der Bundesobmänner, zunächst von Friedrich Peter zu Dr. Alexander Götz (1978) und dann (nach dem Interimsobmann Horst Schender) zu Dr. Norbert Steger (1980). Alle diese Änderungen in der Bundesführung waren natürlich auch bei den Tiroler Freiheitlichen von Meinungsverschiedenheit hinsichtlich der Personen und Strategien begleitet.

1979 zog Dr. Jörg Haider erstmals in den Nationalrat ein. Damit steigerte sich spürbar die Einflussnahme Haiders auf das Geschehen innerhalb der gesamten FPÖ. Trotzdem agierte die Landesgruppe Tirol erstaunlich geschlossen – bis zum Paukenschlag des Bundesparteitages am 13. September 1986 in Innsbruck: Dr. Jörg Haider besiegte in einer Kampfabstimmung Dr. Norbert Steger und wurde Bundesparteiobmann. Eine neue Ära begann.

Exkurs: Mit Jörg Haider als Chauffeur

Der Unfalltod Jörg Haiders am 11. Oktober 2008 rief in mir die Erinnerung an unser erstes näheres Kennenlernen wach. Im Herbst 1971 war ich nach dem für alle unerwarteten Rückzug unseres unangefochtenen Landesparteiobmannes Klaus Mahnert von seiner Kandidatur für den Nationalrat erstmals Spitzenkandidat der Tiroler Freiheitlichen für die bevorstehende Nationalratswahl. Tirol hatte im Nationalrat seit 1966 keinen freiheitlichen Abgeordneten mehr. Ein Wiedereinzug wurde zwar erhofft, doch für wenig aussichtsreich gehalten. Demgemäß war der Wahlkampf mühsam. Ein Höhepunkt darin war der Einsatz des Wahlkampftrosses der Bundespartei mit Friedrich Peter in Tirol. Er rollte mit mehreren Limousinen an, die von freiheitlichen Studenten gefahren wurden. Als Spitzenkandidat wurde ich einem dieser Autos zugeteilt und mit dessen Fahrer bekannt gemacht: Er hieß Jörg Haider.

Durch unseren damals knappen Wahlerfolg und auch dank der zuvor erfolgten Wahlrechtsreform – von Friedrich Peter mit Dr. Kreisky vereinbart – kam ich im Herbst 1971 für Tirol in den Nationalrat und blieb darin bis zum März 1990.

Aufstieg mit dem neuen Bundesobmann

Die für die FPÖ turbulenten achtziger Jahre machten meinen Spagat zwischen den Aufgaben als Landesparteiobmann in Tirol und den bundespolitischen Verpflichtungen in Wien immer schwieriger, besonders seit dem Mai 1983, als ich erstmals zum Dritten Präsidenten des Nationalrats gewählt wurde. Wir einigten uns in Tirol auf Hermann Eigentler als geschäftsführenden Landesparteiobmann; 1985 wurde er dann als mein Nachfolger zum Landesparteiobmann gewählt. Eigentler verstand sich, wie auch Dillersberger, mit Jörg Haider ausgezeichnet. Daher wurde die Umstellung auf die mit 1986 anhebende Ära Haider in Tirol trotz der nicht einhelligen Stimmungslage innerhalb der Landesgruppe gut bewältigt. Unbeschadet personeller Reibereien blieb ich wieder Spitzenkandidat für die überraschend angesetzte Nationalratswahl 1986, die zum ersten Triumph Haiders als Bundesobmann der FPÖ wurde. Ihr Ergebnis erbrachte für Tirol erstmals zwei Abgeordnetensitze. Den zweiten errang Eigentler, der sich aber überreden ließ, ganz in der Landespolitik zu bleiben, und sein Mandat sodann Dillersberger überließ, womit dieser auch auf Bundesebene verankert war. 1990 folgte er mir kurzzeitig als Dritter Präsident des Nationalrates nach.

Ständiger Personalwechsel auch an der Spitze

Die Aufstiegsjahre der FPÖ unter der Führung Jörg Haiders brachten auch den Tiroler Freiheitlichen Schritt für Schritt deutliche Erfolge, begleitet allerdings von vielen, oft raschen personalpolitischen Umstellungen. Viele neue Gesichter tauchten auf, es begann die große Zeit der Quereinsteiger und damit entstand zunehmend Konfliktstoff zwischen dem langjährig gewachsenen Funktionärskader und so manchem der „Neuen". Als Beispiel sei Walter Meischberger erwähnt, der zum Beispiel erst in einem zweiten Anlauf in Gegenwart Jörg Haiders von der Tiroler Landesparteileitung in die neu geschaffene Funktion des Generalsekretärs gewählt wurde. Er spielte eine wichtige Rolle. Für den Umgang mit aufmüpfigen Funktionären sei als Beispiel der Parteiausschluss der gesamten freiheitlichen Fraktion im Innsbrucker Gemeinderat im Jahr 1998 angeführt. Aber die Wahlerfolge litten unter diesem neuen politischen Stil keineswegs.

Tabelle 2: Ergebnisse der FPÖ bei Tiroler Landtagswahlen 1989–2008

Landtagswahl	Stimmenanzahl	Anteil in Prozent	Mandate
1989	57 579	15,6	5
1994	59 230	16,1	6
1999	68 088	19,6	7
2003	23 113	8,0	2
2008	41 788	12,4	4

Der Wahlerfolg 1989 brachte der FPÖ einen Sitz in der Landesregierung, welcher von Hermann Eigentler eingenommen wurde. Im Dezember 1988 war Dr. Dillersberger als Nachfolger von Eigentler zum Landesparteiobmann gewählt worden, verstand sich selbst trotz überwältigender Zustimmung nur als Interimslösung. Ihm folgte schon elf Monate später Dr. Johannes Lugger nach, Klubobmann der Landtagsfraktion; er trat 1991 in die Landesregierung ein. 1997 gab Lugger den Landesparteiobmann auf Haiders ausdrücklichen Wunsch an Dr. Franz Linser ab. Linser hatte als Quereinsteiger für die FPÖ bei der Europawahl 1996 kandidiert. Getragen von rekordverdächtigen 87 416 Stimmen zog er in das EU-Parlament ein. In der neuen

Aufgabe als Landesparteiobmann erwies er sich nach zwei Jahren als Flop. Seine Resignation löste bei den Tiroler Freiheitlichen eine langjährige Führungskrise aus. Diese endete nach heftigen internen Auseinandersetzungen erst im September 2004 mit dem in Kampfwahl mit 55 Prozent der Delegiertenstimmen zum Landesparteiobmann gewählten Mag. Gerald Hauser, einem engen Freund H. C. Straches. Hausers Führung wurde jüngst durch die Erfolge sowohl bei der Landtagswahl wie auch bei der Nationalratswahl im Jahre 2008 gefestigt, wobei er sich persönlich klar für die Landespolitik entschieden hat.

Knittelfeld und der Absturz im Land

Der Absturz bei der Tiroler Landtagswahl 2003 auf nur mehr 23113 Stimmen (acht Prozent) ist unbestritten eine Folge der Selbstzerfleischung in der Bundes-FPÖ, wofür der Name Knittelfeld zum politischen Begriff wurde. Jörg Haider, der die Führung der Bundespartei im Mai 2000 an Frau Dr. Riess-Passer abgegeben hatte, wollte das wieder rückgängig machen. Im September 2002 kam es in Knittelfeld zum provozierten Rücktritt Riess-Passers. Von diesem Zeitpunkt ab strudelte die gesamte FPÖ in eine jahrelange schwere Krise, die sich in jeder Landesgruppe auswirkte. Für die Stimmungslage in Tirol spielte auch der Umstand eine Rolle, dass Riess-Passer ihre politische Gehschule beim RFS an der Universität Innsbruck begonnen hatte und als spätere Vizekanzlerin in der Öffentlichkeit hohes Ansehen genoss. Umgekehrt hatte einer ihrer Gegenspieler, Dr. Ewald Stadler, der für Haider in der Causa Knittelfeld stark engagiert war, ebenfalls an der Universität Innsbruck studiert. Seine politische Laufbahn begann er jedoch in Vorarlberg. All dies trug mit dazu bei, dass die Tiroler Freiheitlichen in die Krise der Gesamtpartei voll hineingezogen wurden.

Höhepunkt der selbstzerstörerischen Richtungskämpfe in der FPÖ war zweifellos die am 4. April 2005 erfolgte Gründung des BZÖ (Bündnis Zukunft Österreich). Die freiheitliche Anhängerschaft in ihrer Mehrzahl verstand sozusagen die Welt nicht mehr. Fassungslosigkeit machte sich breit; besonders die untere und mittlere Funktionärsschicht, also die Träger der praktischen Parteiarbeit „draußen", waren wie gelähmt. Einige der „alten Hasen" versuchten zu retten, was zu retten war. Auf der anderen Seite rührten sich jüngere Kräfte unterschiedlichster Kompetenz und rebellierten auf ihre Weise. Die einen wollten von ihrem schwer beschädigten Idol Haider nicht lassen, die anderen setzten ihre Hoffnung auf H. C. Strache. Er nahm unter dem umsichtigen Schutzmantel des Interimsobmannes Hilmar Kabas nach der Abspaltung des BZÖ die Zügel der „alten" FPÖ in die Hand. Es gelang ihm, Schritt für Schritt halbwegs Ordnung in das entstandene Chaos zu bringen.

Die FPÖ-Tirol unter der Führung ihres jungen Landesparteiobmannes Gerald Hauser gehörte zu jenen Landesgruppen, die sich gleich nach der Abspaltung des BZÖ klar zur „alten" FPÖ bekannten. Daher konnte das BZÖ in Tirol organisatorisch wie auch personell praktisch nicht nennenswert Fuß fassen. Die im Landtag noch verbliebenen zwei Abgeordneten der ursprünglichen FPÖ schwankten und konnten sich für keine Seite richtig entscheiden; sie schieden 2008 aus.

Bei der Nationalratswahl 2006 erreichte das BZÖ in Tirol nur 3,2 Prozent und blieb somit ohne Mandat. Hingegen schnellte sein Stimmenanteil bei der Nationalratswahl 2008 unerwartet auf 9,7 Prozent empor. Mit Gewissheit ist dieser Erfolg 2008 auf den persönlichen Einsatz Jörg Haiders als Spitzenkandidat des BZÖ bundesweit zurückzuführen. Das Tiroler Landesergebnis spiegelt hier lediglich den letzten großen Erfolg des kurze Zeit danach tödlich verunglückten Kärntner Landeshauptmannes wider. Es ist schwer vorstellbar, dass das BZÖ ohne Haider den zuletzt erreichten Stand auch nur halten kann.

FPÖ, BZÖ, LIF und die heimatlosen Liberalen

Auch das schon früher von der aus der Haider-FPÖ ausgetretenen Frau Dr. Heide Schmidt gegründete LIF (Liberales Forum) konnte sich trotz einiger Versuche in Tirol nicht wirksam etablieren. Angetreten ist es nur bei den beiden Landtagswahlen 1994 und 1999, blieb aber jedes Mal deutlich unter vier Prozent und somit ohne Mandat. Noch schlechter schnitt das LIF mit bescheidenen 2,3 Prozent bei der Nationalratswahl 2008 ab. Seine politische Rolle ist ausgespielt.

Dennoch wäre es irrig anzunehmen, dass damit der liberale Faktor aus der österreichischen Politik im Allgemeinen und der Tiroler im Besonderen verschwunden wäre. Gerade unter der in einem weiteren Sinn freiheitlich eingestellten Wählerschaft gibt es nach meiner Kenntnis sehr viele liberal eingestellte Menschen, nur sind sie unter den gegenwärtigen parteipolitischen Verhältnissen schwer zuzuordnen. Zuletzt wählten viele trotz innerer Vorbehalte wieder die FPÖ, andere das scheinbar erneuerte BZÖ und wieder andere wählten eine der übrigen Parteien. Auch dürften sich nicht wenige von ihnen unter den Nicht-Wählern befinden. Für alle diese Zuordnungen gibt es nur schwer messbare Indizien, nicht zuletzt aufgrund von subjektiven Beobachtungen und Gesprächen. Einen wenngleich schwachen objektiven Anhalt geben die Wählerstromanalysen.

Die Kehrtwendung in der Europapolitik

Für den Umstand, dass freiheitlich eingestellte Menschen trotz Unzufriedenheit mit der Parteilinie in einigen Punkten immer wieder FPÖ gewählt haben, gibt es verschiedene Beispiele. Das in meinen Augen markanteste betrifft die Europapolitik, was kurz erläutert werden soll. Bekanntlich hat Jörg Haider auf einem Sonderparteitag am 8. April 1994 in Villach die politische Linie der FPÖ bezüglich der Europäischen Union (EU) völlig geändert. Bis dahin war die FPÖ eine betont pro-europäische Partei und auch für den Beitritt Österreichs zur EU. Haider setzte dort ungeachtet heftiger Gegenreden (Erwin Hirnschall, Gerulf Stix, Helmut Haigermoser und andere) einen Empfehlungsbeschluss zur Ablehnung eines EU-Beitrittes Österreichs durch. Später wurde daraus eine Anti-Beitritts-Kampagne, die gleichwohl den Beitritt Österreichs zum 1. Jänner 1995 nicht verhindern konnte, aber immerhin ein Drittel der Nein-Stimmen bei der Volksabstimmung im Juni 1994 artikulierte. Einige Jahre später inszenierte die FPÖ eine Kampagne gegen die Einführung des Euros.

Die Strache-FPÖ führt diese betont EU-kritische Politik aus der Haider-Ära weiter und sieht sich durch eine in der Bevölkerung weit verbreitete Anti-EU-Stimmung darin bestätigt. Ohne hier auf die Sache selbst eingehen zu können, sei nach meinen persönlichen Erfahrungen und Gesprächen bekundet, dass nach wie vor viele besonders der alten Freiheitlichen mit dieser europapolitischen Linie der alten wie der neuen FPÖ keineswegs einverstanden sind. Trotzdem blieb wiederum ein Großteil dieser Unzufriedenen bei der FPÖ bzw. wählte sie immer wieder, zumal das von Haider geführte BZÖ in diesem Punkt außer einer tendenziellen Aufweichung keine Alternative bot.

Herbst 2008 und das überholte Rechts-Links-Schema

Ein anderes beliebtes Interpretationsmuster für die Unterscheidung von Einstellungen zwischen Anhängern einerseits der FPÖ und andererseits des BZÖ operiert mit den Begriffen *national* und/oder *liberal*. Zu dieser Unterscheidung schreibt Dieter Grillmayer (2006, 372): „Das ist aber auch nicht der Fall, selbst wenn das magere Programm des BZÖ (beschlossen auf dem Gründungskonvent am 17. April 2005 in Salzburg) den Anschein von Liberalität vermittelt. In Wirklichkeit geht das behauptete Unterscheidungsmerkmal, abgesehen von der ihm anhaftenden Unschärfe, in beiden Parteien quer durch." Diesem Befund schließe ich mich an.

Warum die FPÖ bei der Nationalratswahl vom September 2008 unbeschadet des dank der Spitzenkandidatur von Jörg Haider gleichfalls erfolgreichen BZÖ so viel Zustimmung seitens des Wahlvolkes gefunden hat, wird allgemein auf einen sogenannten Rechtsruck zurückgeführt. Dieses Operieren mit dem Rechts-Links-Schema halte ich für historisch überholt und begrifflich unbrauchbar. Es spiegelt eine scheinbare Genauigkeit vor, die seiner konkreten Aussagekraft nicht entspricht. Ich hege den Verdacht, dass dieses Schema deswegen so unausrottbar beliebt ist, weil seine Ungenauigkeit nicht wirklich verstandene Phänomene auf bequeme Weise verdeckt.

Im Falle der gegenwärtig erfolgreichen FPÖ kann unter Anwendung dieses Schemas konstatiert werden, dass sie im Hinblick auf das Ausländerthema betont rechts steht. Dieselbe Betrachtungsweise auf wirtschafts- und sozialpolitische Fragen angewendet, müsste die FPÖ als links eingestuft werden – was aber kaum geschieht. Verzichtet man auf dieses allzu sehr vereinfachende Rechts-Links-Schema, zeigt sich objektiv folgender Sachverhalt: Der Wahlsieg der Strache-FPÖ beruht in erster Linie auf der konsequenten Behandlung des Themas Zuwanderung und erst in zweiter Linie auf der äußerst kritischen Haltung gegenüber der EU. Im zweiten Fall traf es sich für die FPÖ günstig, dass in der Bevölkerung insgesamt die EU-kritische Einstellung zunimmt – nicht zuletzt „dank" der „Kronen Zeitung". Verstärkt wurde diese Entwicklung noch durch den EU-Schwenk der SPÖ mit dem bekannten Brief von Faymann und Gusenbauer an den Herausgeber der „Kronen Zeitung". Alles Wasser auf die Mühlen der FPÖ! Ohne in der Sache auf die, wie schon erwähnt, nicht unumstrittene Haltung der FPÖ zur EU hier einzugehen, muss nüchtern festgestellt werden, dass sich die FPÖ in dieser Frage erfolgreich auf eine Stimmungslage in Österreich, die nichts mit rechts oder links zu tun hat, draufsetzen konnte.

Hingegen handelt es sich bei der Frage, wie mit der Zuwanderung umzugehen sei, um ein komplexes Problem ganz anderer politischer Qualität. Durch die Massenzuwanderung aus fremden Kulturkreisen wird die Identität des eigenen Landes und seiner alteingesessenen Bevölkerung ernstlich betroffen. Entgegen allen Beschönigungen seitens jener Mehrheit, die heute in der Politik, der Wirtschaft und den Medien den Ton angibt, verspürt die betroffene Bevölkerung unmittelbar die Realität der tatsächlichen Beeinträchtigung. Diese zunehmend verstörte Bevölkerung reagiert nunmehr mit dem nächstliegenden demokratischen Mittel, welches ihr zur Verfügung steht: mit dem Stimmzettel. Da keine andere politische Partei so konsequent wie die FPÖ (und das nicht erst seit Strache) auf diese objektiv zunehmende Bedrohung für „Heimat und Volk" – nüchterner gesagt: für die Einheimischen – hingewiesen hat, wenden sich die besorgten Menschen nun ihr zu.

So einfach ist die Sachlage und sie wird noch lange anhalten, weil das komplexe Problem der Massenzuwanderung sich nicht abschwächen, sondern noch vergrößern wird. Hier besitzt die FPÖ eine objektiv begründete Themenführerschaft. Und deswegen wird sie auch, was alle Wählerstromanalysen belegen, in großer Zahl von ansonsten „linken" Arbeitern gewählt. Der springende Punkt ist aber das ganz konkret gesellschaftlich gegebene Sachproblem. Diese Analyse der Lage trifft auch auf die Tiroler FPÖ zu, weil das geschilderte Problem längst keines mehr nur der städtischen Ballungsräume ist. Über Stilfragen lässt sich streiten.

Parteistrukturen als Überlebensfrage

Zurück zu einer recht pragmatischen Frage, nämlich der der Parteiorganisation. Für die nachhaltige Existenz jeder Partei ist das Bestehen und Funktionieren einer Betreuung ihrer Mitglieder und Anhänger – direkt wie indirekt – durch Funktionäre, die nach anerkannten Regeln rekrutiert und ausgewählt werden, wesentlich. Die Tiroler Freiheitlichen haben es in der langen Aufbauphase der sechziger, siebziger und achtziger Jahre geschafft, sich eine solche Struktur zu geben. Sicherlich ist diese in Ausmaß und Dichte nicht mit den Strukturen von ÖVP und SPÖ zu vergleichen. Doch es gibt sie und sie ist vielleicht eben wegen ihres allmählichen Wachstums und Ausbaus so stabil geworden, dass sie den innerparteilichen Stürmen in den neunziger Jahren und nach 2000 Stand gehalten hat.

Sogar als nach Knittelfeld und mehr noch nach der Abspaltung des BZÖ auch der Tiroler FPÖ das Aus drohte, war die personell beschädigte Parteiorganisation doch noch so lebenskräftig, dass Selbstbesinnung, Neuorientierung und Wiederfindung gelangen.

Das BZÖ vermochte es in Tirol nicht, auch nur Teile der freiheitlichen Parteiorganisation für sich zu gewinnen. Die Bemühungen einzelner Funktionäre, die sich für das BZÖ entschieden hatten, ihrerseits neue Parteistrukturen zu etablieren, blieben fruchtlos. So erlangte das BZÖ keine Basiswirkung. Sein Erfolg bei der jüngsten Nationalratswahl beruht sicherlich nur auf dem durch Jörg Haider bewirkten Bundestrend. Dem tragischen Tod dieses Spitzenpolitikers dürfte auch das langsame Absterben des BZÖ folgen, jedenfalls in Tirol.

Kontinuität im Verhältnis zu Südtirol

Last but not least sei noch kurz auf das Verhältnis der Tiroler Freiheitlichen zu Südtirol eingegangen. Für uns war die Südtirolfrage zu allen Zeiten und unter allen innerparteilichen Konstellationen stets ein Gesamtanliegen. Im Zweifelsfall wurde gesamttirolerischen Überlegungen der Vorrang vor parteipolitischen eingeräumt. Die speziell beauftragten Südtirolreferenten der FPÖ waren nach Klaus Mahnert und Dr. Heinz Mader insbesondere Dr. Walter Ebenberger und Dr. Siegfried Dillersberger. Dass der jeweilige Landesparteiobmann stets für Gespräche und Kontaktnahmen zur Verfügung stand und gegebenenfalls aktiv wurde, war und ist reine Selbstverständlichkeit. Darüber hinaus wurden die Kontakte zu politisch nahestehenden Gruppen und Parteien auf allen Ebenen regelmäßig gepflegt. Wechselseitige Besuche und Erfahrungsaustausch gab es laufend. Das gilt auch für die Gegenwart, wo die beiden Landesparteiobmänner Gerald Hauser für die Nordtiroler Freiheitlichen und Pius Leitner für die Südtiroler Freiheitlichen freundschaftliche Kontakte pflegen. Dass das Selbstbestimmungsrecht ein Grundrecht und daher prinzipiell unverzichtbar ist, gehört zum Fundament der politischen Überzeugungen aller Freiheitlichen Tirols.

Literatur

Grillmayer, Dieter (2006). National und Liberal, Wien: Edition Genius.
Höbelt, Lothar (Hg.) (2001). Republik im Wandel, München: Universitas Verlag.
Mahnert, Klaus (1991). Brückenbauer, Innsbruck: Privatdruck (unveröffentlicht).
Piringer, Kurt (1982). Die Geschichte der Freiheitlichen, Wien: Orac.
Reimann, Viktor (1980). Die Dritte Kraft in Österreich, Wien: Verlag Fritz Molden.

Elisabeth Wiesmüller

Grüne Hochburg in schwarzem Land

Eine oppositionelle Bilanz der XIV. Legislaturperiode des Tiroler Landtags

„Die Zukunft liegt nicht darin
daß man an sie glaubt
oder nicht an sie glaubt
sondern darin
daß man sie vorbereitet"
aus Erich Fried (1981): „Zurückblickend"

Es macht einen Unterschied, ob man abgewählt zurückblickt oder als eine, die zwei Perioden mit Begeisterung auf Basis der grünen Grundwerte politisch tätig war und ohne Ressentiments freiwillig die Berufspolitik verlassen hat. Vorweggenommen: Meine Betrachtung der Tiroler Grünen in der Zeit der XIV. Legislaturperiode 2003 bis 2008 basiert auf optimalen Erfahrungen mit einem Team, sei es im Landtagsklub oder in der Partei, inklusive fruchtbarer interner Debatten sowie der idealistischen und bodenständigen Unterstützung durch Aktivist/inn/en aus den Gemeinden Tirols.[1] Erlebte Grenzsituationen durch die nie enden wollende Arbeit, die Entdeckung, dass in der allgemeinen politischen Debatte Argumente nicht mehr zählen, und die bittere Erkenntnis, wie schnell Demokratie in Tirol zur Farce wird, prägen ebenso meine Ausführungen. Dazwischen liegen wertvolle menschliche Begegnungen und Solidaritätsbeweise über die Parteigrenzen hinweg.

Highlight: Landtagswahl am 28. September 2003

Ein heiterer, dynamischer Wahlkampf und am Abend des 28. Septembers Jubel ohne Ende. Europameister/innen. Dabei war viereinhalb Jahre zuvor nicht einmal sicher, ob die Grünen im Landtag ihr drittes Mandat überhaupt halten würden; und nun die prozentmäßige Verdoppelung. Das Dreigestirn von 1999 hatte in Einmütigkeit der Depression und den Anfeindungen getrotzt, das Klima war günstig, die Themen trafen, die grüne Wähler/innendisziplin funktionierte: fünf Mandate plus Bundesrätin. Wir sahen uns jedoch einer oppositionsphobischen ÖVP gegenüber, die sich trotz absoluter Mehrheit die SPÖ zukaufte und durch Nettigkeiten gegenüber der FPÖ auch dort den oppositionellen Geist dämpfte. Der Schachzug war klug, die Weichen so zu stellen, dass, gemessen an den parlamentarischen Rechten, die grüne Opposition zahnlos bleiben musste.

Die oppositionellen Instrumente – Untersuchungsausschuss, Dringliche Anfrage und Sonderlandtag – waren aufgrund der verfügbaren Stimmen nicht anwendbar. Es gab auch kein durchsetzbares Recht auf Antragsbehandlung. Nur selten entschlossen sich die Regierungsparteien nach längeren Debatten, aus welchen Gründen immer, kleine Kompromisse zu schließen.

Persönlich habe ich erst nach langer Zeit begriffen, dass weder in den Ausschüssen noch in den Landtagsdebatten Interesse an sachlicher Auseinandersetzung bestand. Diesen Mangel an Gesprächskultur empfand ich als unwürdig und die willentliche Ignoranz (wie übrigens der Dichter Ödön von Horváth die Dummheit beschreibt) als politisch gefährlich. Als Abgeordnete leisten wir einen Eid, der uns verpflichtet, nach bestem Wissen und Gewissen unsere politische Arbeit zu verrichten. Wie dem aber nachkommen, wenn der Weg zu wichtigen Informationen immer wieder nur unter großem Aufwand oder gar nicht ermöglicht wurde. Bei Fragen zu Gesellschaften des Landes (wie zum Beispiel der TIWAG) hüllte man sich bei exzessiver Auslegung des Datenschutzes in Schweigen.

Das Koalitionsabkommen unterwanderte auf bedenkliche Weise die Demokratie, indem ÖVP und SPÖ vereinbart haben, auf das in der Verfassung festgeschriebene freie Mandat zu verzichten. Somit degenerierte der Landtag zu einem „De-facto"-Entscheidungsgremium. Der fairen Gesinnung und der ruhigen, freundschaftlichen Art des Landtagspräsidenten Helmut Mader ist es zu danken, dass manche Eskalation ausblieb.

Der unentwegte grüne Ruf nach mehr Demokratie entspringt der Überzeugung der Grünen, dass zukunftsweisende fundierte Entwicklungen nur mit einem „Mehr an Demokratie" Fuß fassen können. In seinem Buch *Demokratie dynamisch* bringt es Philipp Jurschitz, Psychologe und Politikwissenschafter, in einem überzeugenden Plädoyer auf den Punkt: „Mehr Demokratie dient dem kollektiven Bewusstsein für den Staat als solchen und einem gesteigerten Bewusstsein für partizipative Prozesse, aber auch dazu, die eigenen individuellen Interessen zu entwickeln. [...] Die Entwicklung dieses politischen Interesses, aber auch die Emanzipation des Individuums, seine sozialen und kognitiven Fähigkeiten nicht nur im politischen Sinne zu erlangen, sind das, was dynamische Demokratien fordern" (Jurschitz 2008, 3). Kann vielleicht doch eine ermächtigte Zivilgesellschaft der Deformierung der Demokratie Einhalt bieten? (vgl. Jurschitz 2008, 88ff: „Die ideale Zivilgesellschaft")

Forum Landtag: Ein kaleidoskopischer Blick auf grüne Themen

Wenn auch die grüne Fraktion im Landtag mit fünf Mandaten und einer fast immer anwesenden Bundesrätin recht stark war – alle Themen fundiert abzudecken, war eine große Herausforderung und konnte nicht immer gelingen. Der manchmal auch intern geforderte universelle Anspruch, alles sehen, bewerten und verändern zu können, mag wohl nur im Ausnahmefall unter genialen politischen Köpfen gegeben sein oder er ist schlichtweg Selbstüberschätzung. Der Versuchung der Profilierung nach außen mit den „besten Sagern" erlagen auf Kosten gemäßigter Formulierungen zeitweise auch die Grünen.

Demokratiereform – diesem Thema hatte sich Sepp Brugger verschrieben. Während der gesamten Legislaturperiode wurden diesbezüglich Anträge eingebracht. Wo immer möglich, verwies der grüne Kämpfer auf die existierenden Missstände. Doch die Debatten dazu (inklusive Abstimmungen) wurden zu einer unglaublichen und schmerzlichen Farce. Erfolgreich waren jedoch Bruggers Bemühungen um eine bessere Anbindung der „Enklave" Osttirol durch den öffentlichen Verkehr: Auch wenn es niemand mehr hören wollte, am Ende fuhren von Lienz nach Kitzbühel statt zwei Bussen sechs.

Ohne Maria Scheiber hätte die TIWAG ein zu leichtes Spiel gehabt. Die Kraftwerksdebatten sind legendär – auch in ihrer Gehässigkeit, mit denen grünen Positionen begegnet wurde. In der kritischen Betrachtung der eingetretenen weltweiten Finanzkrise wird sich weisen, wie „lächerlich" und

„schwarzmalerisch" Scheibers Warnungen vor den Cross-Border-Verträgen waren. Fast schon vergessen: die „Lex Kaunertal", im Kontext ökologisch unsinniger Gletschererschließungen mit erst nachträglicher Bewilligung. Auch so unterwandert man den Rechtsstaat.

Über Jahre hinweg wurde Georg Willi nicht müde, die Probleme des Transitverkehrs anzusprechen, bevor endlich Maßnahmen (IG-Luft) angeordnet wurden. Aufwändig und komplex das brisante Thema Brennerbasistunnel. Ein großes schwarzes Loch? Das Austauschen des Landesgeologen durch den Bund in diesen Tagen spricht Bände. Leidenschaftlich und mit überzeugendem Unmut befasste sich der ansonst gelassene grüne Klubobmann mit den Agrargemeinschaften. Hatte doch bereits der Grundverkehrsreferent und Chef der Agrarbehörde Josef Guggenberger mehrmals auf die Rechtswidrigkeit der Übertragung des Gemeindegutes an die Agrargemeinschaften verwiesen. Das Verfassungsgerichtshofurteil war eine späte Rechtfertigung. Was geschah wohl mit dem Spitzenbeamten, der richtig dachte und handelte?

Ein Highlight in der kulturellen Auseinandersetzung: Die scharfe, aber inhaltlich exzellente Rede der Historikerin Uschi Schwarzl (2003 bis 2005 im Landtag) zum Thema Andreas Hofer erntete bei der ÖVP hysterische Aufregung bis zum Ruf nach Ohrfeigen für die Grünen. So viel zum Stil im altehrwürdigen Landtagssaal. Frauenpolitik, Wohnen, die Fortschreibung des Drogenkonzepts – alles, was Schwarzl anging, war gründlich gemacht. Innsbruck, „ihre" Stadt, schwang immer mit. Nicht sehr glücklich war meines Erachtens das Doppelspiel bei der Gemeinderatswahl 2006 in Innsbruck mit Georg Willi als Bürgermeisterkandidat und Uschi Schwarzl als Spitzenkandidatin. Leider ergab sich aus diversen, nicht recht durchschaubaren Gründen trotz des hervorragenden Ergebnisses mit über 18 Prozent keine Regierungsbeteiligung.

Angelika Hörmann stieg nach der Rückkehr von Schwarzl in die Stadtpolitik als Nachfolgerin ein. Ihre Routine im erwachsenenbildnerischen und psychosozialen Bereich sowie als Unternehmerin prädestinierte sie für vielerlei Themen: Was macht Frau-Sein aus im Wechselspiel der Geschlechter und im Kontext der Zeit und Gesellschaft? Wie entwickelt sich Wirtschaft als Motor für weitere gesellschaftliche Prozesse, jenseits von menschlicher Ausbeutung und unreflektierter Konsum-Maximierung hin zur Förderung persönlicher Entwicklung im durchdachten Konzept regionaler und globaler Zusammenhänge? Nicht zu vergessen die fundierte Auseinandersetzung mit dem schwierigen und umstrittenen Thema des neuen Rehabilitationsgesetzes.

Sollte man irgendwann über mein Engagement im Landtag sprechen, dann hoffe ich, dass mein Einsatz in der Sozial- und Bildungspolitik unter dem Aspekt der Option für die, die am Rande stehen, gesehen wird: vom Anliegen eines „echten" Grundsicherungsgesetzes über das Öffentlichmachen der Missachtung der Menschenrechte im Asylbereich, von der Unabdingbarkeit einer intensiven Entwicklungszusammenarbeit bis hin zu einer gemeinsamen Schule der 6- bis 14-Jährigen. Die unmittelbare Nähe zu den Bürgerinnen und Bürgern fand ich stets als unverzichtbar und zwar unter dem Motto „Lieber ein politisches Gespräch im Postbus als eine Randspalte in der Tageszeitung." Täglich konnte ich dazulernen.

Ich attestiere den Landtagsgrünen wie der Bundesrätin Eva Konrad, die sich immer wieder zu Jugend-, Bildungs- und Föderalismusthemen zu Wort meldete, ein ungewöhnlich hohes Maß an Engagement. Anders als hauptberuflich war dieser intensive Einsatz nicht möglich. Das kann für die Berufstätigkeit und die finanzielle Lebenssicherung nach der Politik äußerst problematisch sein und sollte zukünftig mitbedacht werden.

Diskursverweigerung oder: Die Arroganz der Macht

Kritische Debatten sollten in einer politischen Kultur selbstverständlich sein. Doch bereits in den für die inhaltliche Debatte im Landtag vorgesehenen Ausschusssitzungen wurde das Engagement der Grünen von manchen Mitgliedern als Provokation und Zeitverschwendung betrachtet. Verständlich, denn das Abstimmungsverhalten war bereits im Vorfeld festgelegt worden. Aufschlussreich auch die Saga von den grünen Nein-Sager/inne/n: 90 Prozent von circa 200 eingebrachten grünen Anträgen wurden abgelehnt, die Grünen taten das lediglich bei 20 Prozent der Regierungsanträge. Bedauerlicherweise wurde die Botschaft vermittelt, dass Recht und Richtigkeit wie ein Naturgesetz bei der Wir-Tiroler-ÖVP liegen. Doch wo war das Bemühen der sich so gerne als christlich-sozial gebärdenden Partei, wenn es um Dialog, Gerechtigkeit, Bewahrung der Schöpfung oder die Solidarität mit den Menschen am Rande der Gesellschaft ging?

„Die 3 M": Macht – Markt – Medien

In den letzten Jahren machte sich in Tirol eine fatale Änderung in der Medienwelt bemerkbar. Demzufolge tauchte für die Grünen zunehmend das Problem mit der öffentlichen Vermittlung von Inhalten auf. Wenn auch im Vergleich zu anderen Bundesländern in Tirol eine relativ gute mediale grüne Präsenz feststellbar war, wurde es zunehmend mühsamer, grüne Botschaften in der medialen Öffentlichkeit unterzubringen. Subjektiv gesehen: Welch ein Verschleiß an Intelligenz, Professionalität, Engagement und Zeit in unserer Presseabteilung! Viel zu schade für eine mickrige Randspalte oder den Papierkorb! Die Medienmonopolisierung in Tirol schadete der Auseinandersetzungskultur in Tirol. Und es lässt sich nicht kaschieren: Wer zahlt, schafft an – Hofberichterstattung ist angesagt.

Der Journalismus hat an Qualität verloren, der Zeitdruck auf die Journalist/inn/en verhindert ernsthafte Recherchen, Zeilenhonorare zwingen zu Menge statt Qualität, will man in dieser Branche überleben. Der Platz für die Bundeslandberichterstattung in größeren Zeitungen wurde durch die Schwächung der Lokalredaktionen eng. Flache regionale Berichterstattung im lokalen TV tut das Ihrige. Zu Beginn der Legislaturperiode gab es weitaus mehr spannende Pressekonferenzen auf hohem Niveau. Die grüne Pressearbeit musste sich diesen Veränderungen auch strategisch anpassen.

Das Interesse der Printmedien an Gesellschaftspolitik schwindet, Klatsch wird anscheinend von zu vielen gerne gelesen. Die Grünen eignen sich nicht für den Boulevard. Sternstunden im Journalismus gibt es zum Glück immer wieder.[2] Die einzigen Themen, mit denen die Grünen längerfristig „durchkamen", waren Transit, Naturschutz und Agrargemeinschaften. Themen wie EU oder Entwicklungszusammenarbeit stießen auf wenig Interesse. Medien machen in Tirol zunehmend Politik anstatt darüber objektiv zu berichten. Und wenn es da an Vielfalt mangelt, beginnt das demokratische Gefüge bedenklich zu wanken. Nicht zu vergessen sind im Zusammenhang mit grüner Öffentlichkeitsarbeit zum einen das Internet als neue Medienform und zum anderen öffentlichkeitswirksame Kampagnen und Agitationsformen. Oder sind diese auch schon wieder zu elitär?

Zwischen Professionalisierung und grünem Charme: Eine Hommage

Der Unterschied zu den anderen Parteien liegt in der Autonomie der grünen Mandatarinnen und Mandatare. So meine persönliche Erfahrung. Das betrifft nicht nur den Respekt vor dem freien Mandat durch das Fehlen des Klubzwangs bei Abstimmungen, sondern auch die Freiheit bei der Wahl des Stils in der politischen Arbeit: Computerfreaks und Internetverweigerer, persönliches Gespräch per Telefon oder im Kaffeehaus, juristische Recherche oder doch lieber Vernetzungstätigkeiten? Es ergänzte sich zu einem Konglomerat engagierter grüner Politik, meist mit dem Blick auf die Bürgerinnen und Bürger. Den Problemen und Fragen der Menschen begegnet man meiner Überzeugung nach mit besonderer Intensität im direkten Kontakt. Wie sollte man Politik machen, wenn man nicht den konkreten Menschen vor sich hat, nicht die Netzwerke kennt, die mit der Umsetzung politischer Aufträge und darüber hinaus mit der Umsetzung und der Weiterentwicklung von sozialen, kulturellen, wirtschaftlichen und anderen Herausforderungen betraut sind? Empathie entsteht nicht am Bildschirm. Versteckt hat sich niemand hinter dem Schreibtisch. Woher hätte man auch sonst wichtige Informationen erhalten, das nötige Fachwissen erworben? Wo hätten denn die Betroffenheit und der Anstoß zum Handeln entstehen sollen, wenn nicht unter den Menschen? Hilfreich erlebte ich in dieser Hinsicht die diversen grünen Arbeitskreise: offen für alle Interessierten – die eigentlichen grünen Denkwerkstätten.

Teile eines grünen Ganzen

Die Landespolitik war nur ein Teil des grünen Ganzen. Mehr als in den Jahren zuvor ist klar geworden, dass Erfolg sich nur dann einstellt, wenn grüne Ideen auf verschiedensten Ebenen Fuß fassen. Das ist immer wieder ein Ringen um die Vermittelbarkeit der grünen Grundwerte in der Funktion gesellschaftlicher Vorgaben: ökologisch, feministisch, basisdemokratisch, selbstbestimmt, gewaltfrei, solidarisch. Auch intern bedeutet das eine Politik des hochstehenden, aber nicht abgehobenen Diskurses. Michael Bauer, langjähriger Aktivist und Mandatar der Grünen & Alternativen Student/inn/en, bringt den besonderen Reiz des grünen Engagements auf den Punkt: „Niemand hat die Definitionsmacht." Möge es so bleiben! Und all das soll im Rahmen eines basisdemokratischen Systems ablaufen. Das macht Statutenreformen zu einer wahren, auch ideologischen Herausforderung. Vor Kurzem wurde die „Mitgliedschaft" eingeführt, die viele, bei anderen Parteien undenkbare Rechte beinhaltet, und es wurde ein Mittelweg bei Listenwahlen beschritten.

Der Geldzuwachs durch den Erfolg bei der Landtagswahl 2003 brachte viele neue Möglichkeiten mit sich. Jedoch bereits im Vorfeld entstand – auch dank der impulsiven und innovativen Geschäftsführung von Michael Bürkle[3] – eine enorme Dynamik. Dazu zählte neben einer professionellen Ausstattung mit Internet und damit verbundenem Know-how auch die Übersiedlung in das multifunktionale zentrale Büro in der Museumstraße. Neue Arbeitsplätze und Arbeitsbereiche wurden geschaffen. Engagement und Professionalität unter der disziplinierten Geschäftsführung von Alexandra Medwedeff[4] – Sekretariat, Presseabteilung, Kampagnenleitung, Gemeindereferat, Reinigung, Finanzwesen, IT-Bereich, Praktikumsplätze –, alles zusammen ließ das grüne „Werkl" dynamisch und relativ störungsfrei laufen, ohne den grünen Charme zu verlieren. Die Zuordnung neuer Räume dank der Bemühungen des Landtagspräsidenten schuf auch Platz für die neue Klubreferentin und unseren Bürolehrling Jennifer.

Unverzichtbar für einen grünen Erfolg sind die grünen und grünnahen Gemeinderatslisten und deren amtierende Gemeinderätinnen und -räte: Bodenständig, menschenverbunden, zumeist ehrenamtlich und unermüdlich schaffen sie die Basis, die die Grünen für eine erfolgreiche Landes-, Bundes- und Europapolitik brauchen. Die letzte Gemeinderatswahl brachte fast eine Verdoppelung der grünen Mandate in den Gemeinderatsgremien. Nicht alles läuft auf der regionalen Ebene friktionsfrei. So ist der „Wasserkopf Innsbruck" samt „Speckgürtel" – nicht ganz zu Unrecht – den entfernteren Regionen, die unter viel schwierigeren Bedingungen arbeiten, ein Dorn im Auge. Die Debatten um einen gerechten Auswahlmodus, die heiß begehrten (aussichtsreichen) Listenplätze bei Landtagswahlen betreffend, werden weitergehen. Wie bei anderen Parteien auch.

Innsbruck ist jedenfalls anders. Nicht nur die Themen unterscheiden sich, sondern auch die Arbeitsmethoden. Es ist mühsam, als Partei der Emanzipation, ausgestattet mit einem hohen Reflexionsanspruch, im ländlichen Raum Fuß zu fassen. Es braucht neue Wege – doch weder den der Arroganz noch den der Anbiederung ans Dumpfe.

Die (an)gespannten Fäden zum Bund

Das Verhältnis zum Bund habe ich als äußerst ambivalent erlebt. Auf der einen Seite größtmögliche, prompte und ernsthafte Unterstützung durch einzelne Mandatarinnen und Mandatare bzw. deren Mitarbeiter/innen (in meinen Bereichen möchte ich außer Kurt Grünewald dankbar Terezija Stoisits, Karl Öllinger, Ulrike Lunacek und Theresia Haidlmayr erwähnen). Andererseits: Der schleichende Trend zu hierarchischen Entscheidungen nimmt in den letzten Jahren spürbar zu. Die Grünen laufen Gefahr, dass Medienlogik und Strategie den hohen Wert der Basisdemokratie verderben. Unklare Entscheidungen, perfekt, aber glatt inszenierte Bundeskongresse, verbale Maßregelungen oder ein Verteilen von Maulkörben aus den Reihen des grünen Bundesvorstandes haben die Grünen doch wirklich nicht notwendig.

Blitzlichter aus der Europäischen Union

Eva Lichtenberger hat mit ihren Erfahrungsberichten, dem trotz der Entfernung kontinuierlichen Kontakt und der meist prompten Erledigung von Anfragen die internationale Welt in die zeitweise sehr provinzielle Landespolitik eingebracht. Überzeugende Argumente, Informationsarbeit, kluges Lobbying, eine inhaltsbezogene Arbeit über Parteigrenzen hinweg und die sprachliche und kulturelle Sensibilität könnten Vorbildcharakter für die Tiroler Landespolitik haben. Die Leistungen von Lichtenberger im Zusammenhang mit der Transportproblematik (Trans-European-Transport-Networks) oder der freien Software, ihr Einsatz für Menschenrechte in Tibet und Mexiko seien nur als Beispiele erwähnt.

Kein Teil vom Apparat: Die Grün-alternative Jugend

Ich habe die jungen Leute – und neben den bekannten auch immer wieder neue Gesichter – bei ihren Debatten über Geschichte und Politik in der Büroküche der Grünen erlebt und mir gedacht: Das täte uns allen gut! Als eine, die zwar seit ihrer Jugend in verschiedensten gesellschaftlichen Bereichen engagiert war, aber erst mit gut 30 Jahren entschieden hat, sich politisch zu deklarieren, meine ich, dass die Anwesenheit kritischer (auch radikaler) Geister, die bei konsequenter Auslegung der grünen Grundwerte ihre Distanz zum Parteiapparat penibel bewahren, nicht genug geschätzt werden kann. Strategie und Medien haben sie noch nicht gebogen.

Die Grünen Senior/inn/en

Was in anderen Bundesländern gelungen ist, steckt in Tirol seit 2003 noch immer in den Anfängen fest. Doch es gibt sie – die Grünen Senior/inn/en als Verein. Ein kleines, vielleicht zu sehr verkopftes Grüppchen 55 plus, das sich vor allem der politischen Information und Debatte verschrieben hat. Engagiert auf Gemeindelisten, in NGOs und kirchlichen Einrichtungen tragen sie auf ihre oft unbemerkte, aber durchaus wirksame Weise kritisches grünes Gedankengut in Multiplikatorengruppen, die für die eher auf Jugend und „Mittelalter" ausgerichtete Partei schwer erreichbar sind.

GRAS: Kompetenz und Engagement in der Studierendenvertretung

Der Vorteil einer mittleren Partei ist wohl die Tatsache, dass man den Überblick nicht so schnell verliert. Wenn auch die Strukturen kompliziert anmuten, liest man die auf Autonomie und Teilhabe ausgerichteten Statuten der Grünen, ist es durchaus noch möglich festzustellen, wer sich wo für die grünen Werte einsetzt. Einen ganz entscheidenden Beitrag dazu leisten seit Jahren die Grünen & Alternativen Student/inn/en. In ihren Grundwerten stehen neben den allgemein bekannten der Partei noch die Worte „antirassistisch/antifaschistisch". Welche Wohltat in diesen politischen Zeiten! Aus einem Gespräch mit Michael Bauer, den die Begeisterung für Basisdemokratie und Konsensprinzip 2004 zu den Grünen gebracht hat, bleibt mir folgende Bemerkung im Ohr: „Es geht um Verantwortung, nicht um Macht. Die Grünen waren immer am wenigsten determiniert durch Ideologie." Nicht hoch genug zu schätzen ist das Engagement der GRAS auf universitärer Ebene, insbesondere in der Interessensvertretung der Studierenden,[5] und deren Erfolge: Neben dem Ausbau des Servicebereichs zählen dazu die Verhinderung von unsinnigen Maßnahmen im Bereich der Studienpläne, die Befreiung studienrechtlicher Bestimmungen von einigen Härten sowie unendlich viele Debatten, um legistische Probleme im Sinne der Studierenden „gut hinzubringen" und Rechtssicherheit zu schaffen. Es gelang, unter den Studierenden eine Dynamik zu erzeugen, die sich in öffentlichem Druck ausformte – das Ergebnis: die Rettung einzelner Studienrichtungen. 2007 brachte leider entscheidende Verluste für die GRAS. Für Partei und Klub bleibt aber die grüne Studierendenvertretung weiterhin unverzichtbar in der Mitgestaltung und eine wichtige Mahnerin.

„Kleine sind kein Fressen für die Großen": Erfolgreiche Grüne Wirtschaft

1999/2000 wurde die Grüne Wirtschaft (GW) gegründet, 2004 kam es zur Gründung der GW in Tirol, Angelika Hörmann übernahm die Landesleitung. Bei den ersten Wirtschaftskammerwahlen von 2005 wurden bereits 23 Mandate erreicht. Die Affinität zwischen Grüner Wirtschaft und Kleinst- und Kleinunternehmen zeigte sich bald und kristallisierte sich auch als Schwerpunkt heraus. Als neue Interessensvertretung für jene, die unter Wirtschaft etwas anderes verstehen als die Wirtschaftskammer oder der Wirtschaftsbund, setzt sie zukunftsweisende Impulse und Reflexionen, die sich gerade jetzt in Zeiten der systemimmanent logischen Finanzkrisen als prophetisch erweisen.

Der Blick über den Tellerrand: Die Grüne Bildungswerkstatt

Das Verhältnis zwischen Partei, Landtagsklub und der Grünen Bildungswerkstatt (GBW) war nicht immer das beste. In den letzten fünf Jahren entwickelte sich aber eine durchaus tragfähige und dialogstarke Kultur. Zu sehr verfangen in der Tagespolitik und unzähligen Terminen, haben gesellschaftspolitisches Denken und der damit verbundene kritische Diskurs in der Pragmatik der Parteipolitik leider kaum einen Stellenwert. Diesem Mangel begegnete die Bildungswerkstatt mit Bravour. In vielen Kooperationen, auch mit anderen der Bildung verschworenen Einrichtungen, wurde der notwendige Weit- und Weltblick in hoher Professionalität inhaltlich wie methodisch geübt und eine komplexe Sicht gewagt. Die GBW erreichte mit einer Dichte von etwa 250 Veranstaltungen (Seminare, Vorträge, Podiumsdiskussionen, Reisen, Ateliergespräche, Exkursionen, Schulungen) in fünf Jahren mit relativ geringem Budget Hunderte von interessierten Menschen. Keine Frage – es gab auch Flops! Denn es ist keine leicht verdauliche Kost, die angeboten wird, und sie widerspricht oft einem unterhaltsamen Mainstream. Als schwierig stellt sich aber nach wie vor die Präsenz der GBW in den Regionen dar. Hier werden wohl neue Formen des Angebots und der Kooperation zu kreieren sein.

Zurückblickend – vorausblickend

Es ist klar: Die Grünen haben eine verwurzelte Basis vor Ort, sie verfügen über eine hohe Diskussionskultur, unbestreitbar und identitätsstiftend wirken die grünen Grundwerte. Ziel ist die unbeirrbare Praxis einer Politik, die Simplifizierungen und Populismen vermeidet und mutig die Menschenrechte einfordert. Die gegenwärtigen und zukünftigen Fragen heißen Verteilungsgerechtigkeit, Friedenssicherung und die Schaffung eines regionalen und weltweiten ökologischen Gleichgewichts. Denn es nimmt eine Politik überhand, die, wie es Luitgard Derschmidt besorgt formuliert, „auf dem Klavier der Ängste spielt", und ihre Befürchtung, „dass es unter einem raueren Weltwirtschaftsklima zu einer populistischen und angstbestimmten Verengung der Politik kommt" (Derschmidt 2008, 10), ist durchaus realistisch. Die gerade geschlagene Nationalratswahl mit dem haarsträubenden Erfolg der politisch gefährlich rechten Menschenverächter spricht Bände. Ihnen neu entgegenzutreten, wird herausragende Anstrengungen der Grünen erfordern. Fundierte Inhalte und Analysen, konkrete Lösungen warten darauf, von einer breiteren Bevölkerung verstanden zu werden. Wie kann die Vermittlung der Inhalte und die Übersetzung komplexer Zusammenhänge, die Notwendigkeit mehr nach „unten" und stärker nach „außen" zu gehen zielführender angelegt werden? Schließlich sollte sich das auch letztendlich in besseren Wahlergebnissen niederschlagen. In einem Land, in dem es nur kleine Nischen gibt, in denen differenziert informiert wird, wo sich die „3 M" Macht, Markt und Medien gegenseitig andienern, Meinungsvielfalt und integrierende Bildung für alle Lernenden als Attacke auf die allwissende und scheinbar als einzige zur politischen Entscheidung legitimierte Elite gesehen wird, bedarf es hoher Kreativität, unermüdlicher menschennaher Überzeugungsarbeit von vielen und eines schier endlosen Atems. Es ist ein hoher

Anspruch, den vor allem die grünen Stammwähler/innen an ihre Partei stellen, und es wird immer wieder zu überprüfen sein, wohin sich das Gewicht neigt: in der Orientierung des (Nach- bzw. Vor-)Denkens an der Medienlogik oder offensiv an den grünen Grundwerten, im Abwägen zwischen Pragmatismus oder klaren Konturen, in den strategischen Entscheidungen für den Kniefall oder den aufrechten Gang.

Anmerkungen

1 An dieser Stelle möchte ich neben meinen ehemaligen Kolleginnnen und Kollegen vom grünen Landtagsklub folgenden Gesprächspartner/inne/n, die mich bei meinem Rückblick auf die letzte Legislaturperiode unterstützt haben, danken: Armin Gredler, Annemarie Frischmann, Ulli Pizzignacco-Widerhofer, Paul Aigner und Michael Bauer.

2 Stellvertretend sei auf den in der „TT am Sonntag" vom 5. 10. 2008 erschienenen Artikel „Das Lichtermeer ist erloschen" im Rahmen der Glosse „Sauerstoff" von Benedikt Sauer hingewiesen. Weiters möchte ich die „Kurier"-Journalistin Andrea Sommerauer mit ihrer gründlichen Recherchearbeit hervorheben.

3 Michael Bürkle war von 13. 10. 2000 bis 31. 8. 2004 Geschäftsführer der Grünen Alternative Tirol.

4 Alexandra Medwedeff ist seit 1. 9. 2004 Geschäftsführerin der Grünen Alternative Tirol.

5 2003 bis 2005: Exekutionsperiode mit der Aktionsgemeinschaft (AG) zur Zeit der schwarz-blauen Bundesregierung. 2005 bis 2007 war die GRAS in Koalition mit dem VSStÖ.

Literatur

Derschmidt, Luitgard (2008). Interview, in: Sonntag. Kirchenzeitung der Diözese Innsbruck, Nr. 40.

Fried, Erich (1981). Die Beine der größeren Lügen/Unter Nebenfeinden/Gegengift. Drei Gedichtsammlungen, Quarthefte 83, Berlin.

Jurschitz, Philipp (2008). Demokratie dynamisch. Demokratische Strukturen in Wirtschaft und Gemeinde, Wien.

Sauer, Benedikt (2008). Das Lichtermeer ist erloschen, in: TT am Sonntag, 5. 10. 2008.

Hartmann Gallmetzer

Das Patriarchat von Bozen

Der Spagat der SVP zwischen Sammelpartei und Landeshauptmann-Wahlverein

Es ist bemerkenswert, wenn Südtirols amtierender Landeshauptmann Dr. Luis Durnwalder, seit 1989 fest im Amt, von Kritikern und Verehrern neben anderen Betitelungen auch jene eines „Landesfürsten" zugesprochen erhalten hat. Der Titel passt besser zu ihm als jener eines „Landesvaters", der in der Geschichte nach dem Zweiten Weltkrieg eigentlich nur einem Landeshauptmann von Tirol und einem Landeshauptmann von Südtirol neidlos und verehrend zuerkannt wurde: Nördlich des Brenners stand er Eduard Wallnöfer zu und nach ihm keinem mehr; südlich des Brenners Dr. Silvius Magnago (Landeshauptmann von 1960 bis 1989), aber nicht seinem Nachfolger Luis Durnwalder. Dieser ist mehr Landesfürst als Landesvater, ein Herrscher von uneingeschränkter Dynamik, ein „Macher", ein fast Allgegenwärtiger, eine Du-Figur auch für das einfache Volk. Ein populärer Fürst oder, wenn man so will, auch ein Patriarch.

Gleich wie Magnago vor ihm ist Luis Durnwalder für Land und Leute, ganz besonders für die Südtiroler Volkspartei, aus der er hervorkommt, eine glückliche Fügung. Umgekehrt auch. Ohne Volkspartei wäre keiner von beiden zu dem geworden, was sie geworden sind. Denn nur eine Partei, die ein ganzes Volk einbindet und in dieser Rolle akzeptiert wird, kann in einem demokratischen Rahmen so umfassende Zustimmung für eine einzige Person aufbringen.

Solches mag in der Vergangenheit noch einfacher gewesen sein, als die Autoritätsgläubigkeit und die Überzeugung von der Notwendigkeit einer

„geschlossenen Volksgruppe" gegen den auswärtigen Gegner weit stärker war als in der Gegenwart. Silvius Magnago, heute 94-jährig in Bozen zurückgezogen lebend, erweckte im Volk gerade wegen seiner Zurückhaltung und Reserviertheit Ehrfurcht und Verehrung. Noch heute, bald 20 Jahre nach seinem Ausscheiden aus der aktiven Politik, lebt er im Denken des Volkes als der gestrenge, unbestechliche, untadelige, bei öffentlichen Auftritten auch feurige Volkstumskämpfer weiter.

Er hatte eine Partei, die Südtiroler Volkspartei, hinter sich, die ihn in der internen Auseinandersetzung nie automatisch als unangefochtene oder gar selbstverständliche Leitfigur anerkannte; ganz im Gegenteil, er musste immer wieder beweisen, dass er seine Position zu Recht erobert hatte und immer bereit war, darum zu kämpfen, was er auf gar einigen Parteikongressen (Landesversammlungen genannt) mit großem Einsatz und Kampfgeist auch tat – und niemals eine Schlacht um die eigene Vorherrschaft verlor. So wollte es das Parteivolk, und mit dieser ständigen inneren Spannung blieb eine Vitalität erhalten, die ein Abschlittern in die politische Interesselosigkeit auf lange Zeit verhinderte.

Sammelpartei als Minderheitenschutz

Der Boden, auf dem Landesväter oder/und -fürsten gedeihen, ist das Volk. In Südtirol hat gleich nach Ende des Zweiten Weltkrieges, nach 20 Jahren faschistischer Unterdrückung (1923 bis 1943), nach kurzer Nazibesatzung (September 1943 bis Anfang Mai 1945), die aus dem antinazistischen Widerstand hervorgegangene politische Führungsschicht mit der Leitfigur Kanonikus Michael Gamper zu einer Erkenntnis gefunden: Eine Minderheit, die einen mächtigen Gegner hat, den italienischen Staat, muss, will sie überleben, den größtmöglichen inneren Zusammenhalt suchen und finden. Das Volk hat diese Notwendigkeit 1945 aus der eben erst geendeten bitteren Erfahrung mit dem faschistischen Italien und dem nationalsozialistischen Deutschland begriffen und ist der am 8. Mai 1945 gegründeten Südtiroler Volkspartei (SVP) massenhaft beigetreten.

Zu Beginn war der Zusammenhalt gegen den feindlichen Staat, dem das Land 1919 einverleibt worden war, das tragende Element, das die Partei zusammenschmiedete. Doch die Zeit blieb nicht stehen und es brauchte auf Dauer schon mehr als nur antiitalienischen Klebestoff, um die Südtiroler bei der Stange zu halten. Südtirol würde nicht auf alle Zeit eine „Insel der

Seligen" bleiben oder, wie Kritiker es bezeichneten, ein „Reservat". Auf diesen Wandel mussten sich weitsichtige Politiker einstellen.

Das hat Silvius Magnago geahnt. Seine politische Spürnase war sprichwörtlich. Als er merkte, dass von Süden her – zum Teil auch von Wien her – sozialistische (und kommunistische) Kräfte ins Land einzudringen begannen, erkannte er die Gefahr für die Kohäsion der deutschen und ladinischen Minderheit. Um eine sozialistische (sozialdemokratische) Unterwanderung zu vermeiden, wurde innerhalb der Südtiroler Volkspartei durch gezieltes Zutun Magnagos ein sozialer Flügel gebildet, der noch heute unter dem Begriff der Bewegung der Arbeitnehmer läuft. Fast gleichzeitig, bedingt durch die wirtschaftliche Aufwärtsentwicklung der sechziger Jahre, erlangte die Wirtschaft – Industrie, Fremdenverkehr, Handwerk, Dienstleistungen – wachsende Bedeutung, und auch ihr musste in der SVP Rechnung getragen werden. Die Bauern waren von Anfang an die große Konstante.

So entstand nach und nach ein komplexes Parteiengebilde, das sich als „Sammelpartei der Südtirolerinnen und Südtiroler" etablierte und in den letzten 20 Jahren des vergangenen Jahrhunderts zu voller Blüte gelangte. Zeitweise hatte die Südtiroler Volkspartei bis zu 80 000 Mitglieder; sie beherrscht seit 1948 den Südtiroler Landtag mit absoluter Mehrheit, desgleichen auch die Südtiroler Landesregierung, wo allerdings laut Autonomiestatut die italienische Sprachgruppe das Recht der proporzmäßigen Vertretung aufweist. Das hat die Macht der SVP indes kaum geschmälert.

Innere Vielfalt statt Opposition

Die Opposition auf deutscher und ladinischer Seite blieb über Jahrzehnte schwach. Die SVP bezeichnete eine Opposition von außen als nicht notwendig, sondern als gefährlich, weil sie den Zusammenhalt der ethnischen Minderheit gefährden könnte. Außerdem weise die Partei eine derartige innere Breite und Vielfalt auf, die von Gemäßigt Rechts über die Mitte bis zu Gemäßigt Links alles umfasse, für alle Platz habe und daher eine interne Dialektik und Kompromissbereitschaft bedinge, welche eine externe Opposition überflüssig mache.

In der Tat stehen sich in der SVP Liberale, Konservative, Christlichsoziale und Sozialdemokraten gegenüber. Es hat in der jüngeren Geschichte der Partei zahlreiche, manches Mal auch sehr harte Gefechte zwischen den einzelnen Richtungen und Strömungen, bis an den Rand von Spaltungen, gegeben, die aber unter Silvius Magnago fast immer zu Kompromissen führten. Allerdings, einige politische Spitzenleute, so Egmont Jenny, Hans Dietl, Alfons Benedikter und später Sepp Kusstatscher, Hubert Frasnelli, verließen die Partei und gründeten eigene Bewegungen, zumeist sozialen Charakters, aber mehr als einige Kratzer an der Fassade konnten sie dem Monolithen SVP nicht beibringen. Das änderte sich erst im neuen Jahrhundert.

Man muss diese Zusammenhänge berücksichtigen, um die aktuelle Lage dieser Partei, ihre Schwierigkeiten, mit sich selbst und mit der veränderten Lage insgesamt zurechtzukommen, zu begreifen. Silvius Magnago bleibt ein Glücksfall für Südtirol. Er vereinigte die beiden wichtigsten politischen Ämter in seiner Person: Jenes des Parteivorsitzenden (Parteiobmann) und auch Volksgruppen-Ideologen, und jenes des Regierungschefs (Landeshauptmann). In dieser Personalunion lag die große Stärke der SVP und damit Südtirols insgesamt. Allerdings wurde dadurch auch die Partei mit der Landesregierung identifiziert, was mitunter zu einiger Verwirrung führen konnte.

Man kann sagen, dass die SVP in ihrem ersten halben Jahrhundert – von 1945 bis 1995 etwa – ein auf die besonderen Gegebenheiten dieses Minderheitenlandes abgestimmtes politisches Produkt war. Doch Gegebenheiten können sich ändern und das ursprüngliche Produkt in große Schwierigkeiten bringen. Genau das ist in Südtirol geschehen, und der Zeitpunkt, zu dem diese Entwicklung einsetzte, lässt sich in etwa am Zeitpunkt des Amtsantrittes von Luis Durnwalder als Landeshauptmann festmachen.

Es war die Zeit nach der Durchführung des zweiten Autonomiestatuts. Südtirol hatte mithilfe Österreichs Rom einen Großteil dessen abgerungen, was es sich unter Autonomie, Eigenständigkeit und Überlebensgarantie als ethnische Gruppe vorgestellt hatte, allerdings die Selbstbestimmung ausgenommen, die als unter den gegebenen Umständen nicht für unmittelbar durchführbar angesehen wurde. Aber der politische Frieden war im Lande eingekehrt und zugleich auch eine bedeutsame Öffnung zwischen den beiden großen Sprachgruppen, den Deutschen und den Italienern. Diese Öffnung äußerte sich vor allem in der Verwaltung.

Landeshauptmann aller Volksgruppen

Luis Durnwalder setzte Akzente, als er erklärte, er wolle der Landeshauptmann für alle, also für Deutsche, Italiener und Ladiner, sein. Das brachte ihm nach und nach bei den Italienern im Lande wachsende Sympathie ein und in letzter Konsequenz auch Stimmen bei den Wahlen. Bei der Landtagswahl vom 26. Oktober 2008 führten diese einige Tausend italienischen Stimmen dazu, dass die SVP die absolute Mehrheit der Mandate im Landtag (18 von 35) knapp halten konnte. Ohne diese Stimmen hätte sie erstmals in ihrer Geschichte im Landtag die Absolute verloren.

Es war aber auch die Zeit des kulturellen Aufbruches. Mit Durnwalder kam die frische Luft des „Machers" in eine kapillar strukturierte Gesellschaft, deren einzelne Komponenten sich in der SVP widerspiegelten: Arbeitnehmer, Wirtschaft, Bauern, Senioren, Kulturkreise, Kommunalvertreter, Freiberufler, Umweltschützer. Die neue Freiheit in den Beziehungen zwischen Menschen und Regionen, die unter Silvius Magnago und Eduard Wallnöfer Anfang der siebziger Jahre mit der Gründung der „Alpenregion" mit völlig anderen Zielsetzungen auf den Plan getreten war, fand eigene Wege. Politische Ereignisse trugen maßgeblich dazu bei, so etwa der Beitritt Österreichs zur EU im Jahre 1995, der die Kontakte Südtirols nach Norden – zu Tirol und Österreich – wesentlich erleichterte, verhasste Grenzen (jene am Brenner) weniger fühlbar machte und den freien Verkehr nicht nur von Gütern, Dienstleistungen und Kapital, sondern auch von Ideen begünstigte.

Neue Konkurrenz in den neunziger Jahren

Die neunziger Jahre brachten in Südtirol eine neue starke Kraft an die Oberfläche: die Verfechter der Umwelt, außerhalb der SVP als ideologische und meist links orientierte „Grüne" bekannt, innerhalb der SVP durch einen eigenen Landesbeirat für Umweltschutz und durch immer strengere Verwaltungsmaßnahmen auch raumordnerischer Natur des Landes verstärkt. Land und Bevölkerung entwickelten sich in mehrerlei Hinsicht in die Breite: kulturell, wirtschaftlich, sozial und eben auch ideologisch. Das war zugleich auch die Zeit, in der auf dem rechten Flügel der Sammelpartei über die „Aufweichung" der SVP in volkstumspolitischer Hinsicht Kritik laut wurde. Eine neue Partei, die Union für Südtirol, angeführt von Dr. Eva Klotz, Tochter des ehemaligen Südtiroler Freiheitskämpfers Georg Klotz, unterstützt von Verbänden und Organisationen im vorpolitischen Raum (Südtiroler Heimatbund, Schützen), trat immer deutlicher auf den Plan und schaffte sich im Landtag eine Plattform, von wo aus der Sammelpartei die von ihr missachteten oder vergessenen Ideale vorgehalten wurden.

Fast zur gleichen Zeit entfaltete sich ein freiheitliches Lager, das irgendwo auf Jörg Haider aufbaute, aber erst mit der Landtagswahl 2008 meteorhafte Erfolge erzielte und mit fünf Landtagsabgeordneten zur zweitstärksten politischen Gruppierung Südtirols avancierte. Etwas im Hintergrund lebt noch der rechte und von Eva Klotz sich selbst überlassene Flügel der Union für Südtirol, eine lautstarke Gruppe mit nicht sehr überzeugenden Programmen und nur geringer Akzeptanz in der Bevölkerung.

Kultur und Wirtschaft profitierten von den großen Mitteln des Landeshaushalts, von der Infrastruktur, die in Südtirol mustergültig aufgebaut wurde und im Kampf gegen Armut erfolgreich war. Überall war die Hand des Landeshauptmanns Durnwalder zu verspüren. Es wurde gebaut und aufgebaut: Schulen, Kulturhäuser, Spitäler, Sozialwohnungen (in den letzten 14 Jahren wurden allein rund zwei Milliarden Euro für den sozialen Wohnbau ausgegeben), Sportstätten, Straßen, Museen, Theater. Alle zogen fleißig mit, ein allgemeiner wirtschaftlicher Wohlstand wurde zum erstrebenswerten Ziel. Der Erfolg lässt sich in Zahlen messen: Seit über 20 Jahren hat Südtirol Fast-Vollbeschäftigung; das Schulsystem gilt – laut Ergebnisse der PISA-Studien – als mustergültig und über jenem in Österreich und Deutschland rangierend; der soziale Frieden und das soziale Netz werden als Modelle zitiert, desgleichen das Gesundheitswesen.

Landesfürst, aber nicht Parteichef

Die Italiener begannen unter der Ägide Durnwalders, die Autonomie zum Teil auch als die ihre zu betrachten. Aber es hatte, vom strikten Standpunkt der SVP aus gesehen, auch einen Nachteil. Durnwalder erklärte zu Recht, wenn er Landeshauptmann aller sein wolle, dann könne er nicht auch Parteivorsitzender sein. Er lehnte dieses Amt ab, das ihm ohne Zweifel sicher gewesen wäre wie das Amen im Gebet, und wandte sich voll seinen Aufgaben als Landeshauptmann zu. Südtirol erlebte eine gewaltige wirtschaftliche Blüte. Das Land wurde in allen Bereichen und auf allen Ebenen modernisiert.

Die „Regierungslastigkeit" hatte nachhaltige Auswirkungen auf Gewicht und Innenleben der Partei (SVP). Wo früher noch das Gefühl bestand, dass „die Partei" (gemeint war die SVP) alles richten könne und auch alles richte, verlagerte sich nun das Schwergewicht auf die Landesregierung mit ihrem „allmächtigen" Regierungschef. Von der Partei wurde wenig gesprochen, sie trat mehr und mehr in den Hintergrund, mit einem zusätzlichen Nachteil: Wenn etwas im Land gestaltet wurde, wo auch immer, war es „die Landesregierung" bzw. „der Landeshauptmann", die/der es erreicht hatten und den Erfolg einheimsten. Wenn etwas daneben ging, dann hatte immer „die Partei" die Schuld. Das drückte der Partei nach und nach den Stempel des Negativen, des Südenbocks auf, und der Landesregierung war es gar nicht so unrecht, dass sie auch eigene Fehler auf „die Partei" abwälzen konnte.

Das war der Zeitpunkt, als die SVP ihre Flanken nicht mehr so richtig verteidigen konnte und ihre Rolle mehr und mehr angreifbar wurde. Es war die Stunde der Opposition, aber auch die Stunde der Medien. Die Medien nahmen mithilfe der modernen Technologie einen gewaltigen Aufschwung, die politischen Entscheidungen wurden immer stärker mit einem Auge auf die Reaktion der Medien gerichtet getroffen. Südtirol trat unvermittelt in das Zeitalter der „Mediengeilheit" ein. Der Landeshauptmann wurde zum Mittelpunkt, gewissermaßen zur meist verhätschelten Kultfigur. Dass Durnwalder jeden Wochentag in aller Frühe in seinem Büro Bürger mit den unterschiedlichsten Anliegen empfing, dass er ein echter „Landeshauptmann für die kleinen Leute" wurde, vergrößerte sein Gewicht zusehends, und er wurde innerhalb weniger Jahre zur unentbehrlichen Gestalt der Landespolitik. Die SVP als Partei indes verlor immer mehr ihre Konturen. „Verwaltungspartei" statt „Volkspartei", lautete die Kritik.

Damit trat auch eine Verschiebung menschlicher und programmatischer Schwerpunkte ein. Bei Landtagswahlkämpfen war es nicht mehr so sehr „die Partei", die Stimmen einbringen sollte, sondern „der Landeshauptmann", sowohl als Listenführer wie auch als amtierender „Landesfürst". Auf ihn konzentrierte sich alles. Die Figur des Parteiobmannes verblasste gleichzeitig. Was vielen Italienern im Lande nach langen Bemühungen das Gefühl vermittelte, dass Südtirol auch „ihre" Heimat und Durnwalder auch „ihr" Landeshauptmann sei, wirkte sich parteiintern, aber mehr noch in den Augen der deutschen Opposition, wenig positiv aus. Dort war und bleibt eine zu enge Zusammenarbeit mit dem Staatsvolk suspekt, und einige artikulieren dieses Unbehagen, indem sie der SVP vorwerfen, sie habe sich an Rom „verkauft" (Angelpunkt: das im Autonomiestatut abgesicherte hohe Landesbudget) und Südtirol werde über kurz oder lang seine Widerstandskraft gegen die Italienisierung verlieren. Weshalb einzig und allein die Selbstbestimmung Südtirol vor dem ethnischen Untergang retten könne.

Verluste an der rechten Flanke

Der „Landesfürst" wuchs in eine zwiespältige Rolle hinein. Auf der einen Seite stieg seine Beliebtheit weiter an, die Leute vertrauten ihm und wähnten sich bei ihm in guten Händen; auf der anderen Seite trug gerade diese Popularität, diese absolute Volksnähe, dazu bei, die Kanten der SVP als Partei der Minderheit zu entschärfen und ihre Rolle als Sammelpartei in Frage zu stellen. Ganz eindeutig bildeten sich auf der rechten Seite Gruppierungen heraus, die der Sammelpartei in volkstumspolitischen Fragen Gewicht und Glaubwürdigkeit streitig machen und ihr in Sachen Patriotismus, Selbstbestimmung, Abgrenzung sowohl gegenüber dem Staat als auch gegenüber den Italienern in Südtirol den Rang ablaufen.

Hier öffnet sich also die große Bruchlinie. Während die Partei nach links kaum Verluste zu befürchten hatte, bröckelten Stammwähler auf der rechten Seite ab. Die SVP hat sich von radikalen Entwicklungen immer distanziert, und dies auch in einer Zeit, ab den Jahren 2005 und den folgenden, in denen politischer Radikalismus, darunter auch Fremdenhass, große Wahlerfolge bewirkte, was sich ja auch in Österreich manifestierte und auf Südtirol überschwappte. Es erwies sich, gleich wie in Österreich, dass mit Schlagworten die beste Wahlpolitik gemacht werden kann, ganz gleich, ob sich dahinter Wahrheit verbirgt oder nur Emotion.

Für die SVP wurde es immer schwieriger, ihren Anspruch auf Alleinvertretung aufrechtzuerhalten. Dramatisch zeigte sich dies bei den beiden Wahlen des Jahres 2008: Bei der Parlamentswahl im April erlitt die SVP erstmals in ihrer Geschichte eine schwere Niederlage und sank von der vormaligen absoluten Mehrheit auf rund 44 Prozent der Stimmen, was den Verlust von einem der sechs als sicher geglaubten Parlamentsmandate bedeutete. Bei den Landtagswahlen im Oktober 2008 konnte die Partei zwar rund vier Prozent der Wählerschaft zurückgewinnen, aber im Vergleich zu den Landtagswahlen von 2003 fuhr sie herbe Verluste von fast acht Prozent ein. Die Opposition, vor allem die Freiheitlichen, die einen geschickt angelegten Wahlkampf mit Xenophobie als einem der zentralen Themen betrieben, zogen jugendliche Wähler, aber auch Arbeiter zu Tausenden an. Es wurde für die SVP ein doppeltes Waterloo.

Nicht so für den Landeshauptmann. Seine Gunst in der Bevölkerung ist anteilsmäßig an den Wählerstimmen, welche die SVP erhielt, weiter angestiegen. Von allen Personen, die am 26. Oktober 2008 der SVP die Stimme gaben, schenkten rund 66 Prozent dem Landeshauptmann die Vorzugsstimme, insgesamt fast 100 000. In der Tat war der Wahlkampf sehr stark auf den Landeshauptmann ausgerichtet, sodass die SVP zeitweise den Eindruck eines Wahlvereins für den Landeshauptmann erweckte. Durnwalder war gewiss auch die herausragende Figur und mit ihm konnte sich die Sammelpartei gerade noch über Wasser halten. Aber auch Durnwalders Gewicht reichte nicht aus, um hohe Stimmenverluste zu vermeiden.

Im Schatten des Gesellschaftswandels

Gerade bei dieser Landtagswahl hat sich gezeigt, dass weniger die SVP als vielmehr die Wählerschaft bzw. die Südtiroler Gesellschaft sich gewandelt hat. Bezeichnend mag sein, dass dieser Wandel in erster Linie zu einer Stärkung des rechten weltanschaulichen Lagers geführt hat. Eine Ursache der Wählerumschichtung ist wohl auch darin zu finden, dass breite Schichten vor allem der lohnabhängigen Bevölkerung das Interesse an der Politik eingebüßt haben und nur mehr schwer für traditionelle politische Werte zu motivieren waren, ausgenommen emotionale Aufwallungen wie Fremdenhass und Politikverdrossenheit.

Der Spagat zwischen Sammelpartei und gesellschaftspolitischer Realität wird für die SVP immer schwieriger. Die Südtiroler Gesellschaft ist an sich schon schwierig genug, weil sie mit den Spannungen und Problemen von drei Sprachgruppen – Deutsche, Italiener, Ladiner – zurande kommen muss, zu denen sich in den letzten Jahren an die 40 000 Einwanderer gesellt haben, die ihre eigenen Probleme mitgebracht haben. Globalisierung auf der einen, Freizügigkeit innerhalb der EU auf der anderen Seite haben dazu beigetragen, die Probleme zu verschärfen, nicht sie zu lösen, und die in den letzten Jahren auch als Folge der Globalisierung breiter gewordene neue Armut hat alles noch schwerer gemacht, die Gruppenegoismen betont, die sozialen Spannungen erhöht und manche überkommenen Werte infrage gestellt.

Die Sammelpartei ist im Zuge dieser Entwicklung in eine tiefe Krise gerutscht, sie überzeugt nicht mehr, vor allem nicht bei der Jugend. Dass die Jugend mit Regierungsparteien meist weniger anzufangen weiß als mit oppositionellen Ideen, ist nicht neu. Es besteht dabei aber immer noch die Hoffnung, dass die Jugendlichen, wenn sie älter werden, „zur Vernunft kommen", wie man das so zu sagen pflegt, das heißt, dass Beruf und Familie, Eingliederung in das System und die einschläfernden Annehmlichkeiten des Lebens sie eines Besseren belehren und in die Tradition der Väter zurückführen. Das mag stimmen oder auch nicht. Was in der Südtiroler Realität hingegen beeindruckt und besorgt, ist der Umstand, dass die unteren Einkommensschichten, also Arbeiterschaft, kleine Angestellte, Kleinbetriebe, sich in der Sammelpartei nicht mehr zu Hause zu fühlen scheinen und massenweise zu den Freiheitlichen abwandern. An sich ein Absurdum, weil die Freiheitlichen in der Geschichte nicht gerade als die Partei des kleinen und ärmeren Mannes gegolten haben.

Risse im Kitt der Sammelpartei

Also hat sich in der traditionellen Südtiroler Bevölkerung der Protest breitgemacht. Offensichtlich handelt es sich weniger um einen rationalen Protest als vielmehr um Protest „aus dem Bauch heraus". Vergessen scheinen die unzweifelhaft großen Leistungen, die unter Nutzung der Landesautonomie Südtirol zu einem reichen Land mit einem festen sozialen Netz gemacht haben. Das alles zählt nicht mehr. Vergessen werden die Leistungen der Politik; selbst ein Landeshauptmann kann sich dieser Entwicklung nicht mehr mit Erfolg entgegensetzen. Die Dämme sind gebrochen, der Kitt der Sammelpartei hält nicht mehr, Leistung und Wohlstand zählen nicht, weil sie selbstverständlich sind, Not war in den letzten Jahrzehnten kaum bekannt oder wurde in den Hintergrund verbannt (auch mithilfe des erwähnten starken sozialen Netzes); das feste Gefüge der traditionellen Familie ist aufgeweicht, die Kirchen leeren sich immer mehr. Kurzum, was Jahrzehnte lang Grundfeste der Südtiroler Gesellschaft war und von der Sammelpartei gefördert wurde, bröckelt ab, man muss sagen, vorerst ohne klar erkennbare und überzeugende Alternativen.

Bei einer solchen Evolution grenzt es fast an ein Wunder, dass die Südtiroler Volkspartei nunmehr seit 60 Jahren ihre absolute Macht aufrechterhalten konnte. Sie hat dies ohne Zweifel Männern wie Silvius Magnago und Luis Durnwalder zu danken, die mit ihrer Persönlichkeit, ein jeder auf seine Art, Südtiroler Autonomiegeschichte geschrieben haben und (Durnwalder) weiter schreiben. Aber es wird immer schwieriger, Südtirol in traditionellen Bahnen zu halten. Seit Jahren kämpft die deutsche Opposition, die zur Mehrheit auf der rechten Seite der SVP angesiedelt ist (auf der linken Flanke gibt es nur die für alle Sprachgruppen offenen Grünen), in allererster Linie um das eine Ziel: die absolute Mehrheit der Sammelpartei zu brechen und Südtirol zu einer „normalen" Parteienlandschaft umzugestalten. Zu dieser absoluten Mehrheit gehört strukturell auch der Verwaltungszentralismus des „übermächtigen Landes", gegen den Gemeinden und Bürgermeister seit Jahr und Tag mit bescheidenem Erfolg, aber mit wachsender kritischer Einstellung anrennen.

Eine solche Normalität ist durchaus vorstellbar und sie wäre vielleicht auch zu befürworten, befände sich Südtirol nicht in einer ganz besonderen Lage: Der italienische Staat ist vom Pariser Südtirolabkommen vom 5. September 1946, von der UNO und auch von Südtirols Schutzmacht Österreich in langwierigen Verhandlungen dazu veranlasst (gezwungen) worden, das Existenzrecht der deutschen und ladinischen Minderheit anzuerkennen und zu fördern, aber die nationalistischen und rechten Politkreise in Südtirol und in Italien haben die Hoffnung noch immer nicht aufgegeben, dass die ethnische Minderheit, die im Land Mehrheit ist (Deutsche und Ladiner machen rund 70 Prozent der Bevölkerung aus) eines schönen Tages ihren Widerstand aufgibt und so weit aufweicht, dass sie der Italienisierung nicht mehr weiter widersteht.

So gesehen, befindet sich die Südtiroler Volkspartei mit einer nie endenden Aufgabe konfrontiert, der sie sich laut rechter und patriotischer Opposition heute viel zu wenig widmet, aber gleichzeitig geht die Normalität ihren Weg und nagt an der Bereitschaft breiter Schichten, das Überleben als Minderheit politisch vorne zu halten. Sollte die Sammelpartei der Südtiroler in den kommenden Jahren die absolute Mehrheit effektiv einbüßen, dann wird ein politisches Bollwerk und damit sowohl der Alleinvertretungsanspruch der SVP endgültig fallen als auch die Zeit kommen, in der Südtirol im politischen Streit zwischen Mehrheit und Opposition vergessen könnte, dass es einen Dritten gibt, nämlich den italienischen Staat, der nur auf die Schwächen dieser irgendwie noch immer „Fremden in der eigenen Heimat" wartet, um dann die letzte Wende herbeizuführen. Wenn das bedacht wird, müsste aus der Vernunft heraus der Wunsch aufrechtbleiben, dass die Sammelpartei mit ihren ursprünglichen Zielen überlebt. Von diesem Weg ist Südtirol bereits weit abgekommen.

Abschnitt III

Die Medien

Christoph Sailer

Nahe Sehen?

Der Traum einer Europaregion oder: Nordtiroler Erlebnisse mit „Südtirol Heute"

Da saßen wir nun in dem Stift und dessen nüchternen Seminarraum 1, und ich blickte in lauter ratlose Gesichter. So hatte ich mir das nicht erwartet.

Aufstehen um 7 Uhr, Abfahrt nach Brixen, schnell noch einen Fragenkatalog zwischen Überhol-und Normalspur pendelnd überlegt.

Sollten wir schon bei Stufe 1 scheitern?

Sieben Redakteure, sicher, einige frischgefangen, ein paar Routiniers und niemand kann die Frage beantworten: Was macht einen Südtiroler aus? Worin tickt er anders als der Nordtiroler? Ist das ein warm angezogener Italiener oder ein durch Politik und Schicksal südlich des Brenners verbannter, sich nach der früheren Heimat verzehrender Landsmann?

Schweigen.

Merke: Fange nie mit der schwierigsten Frage an! Denn was oder wer sind die Südtiroler denn wirklich?

Die Ausgangslage war schwierig genug: Ein von den Gebühren seiner Seher finanzierter ORF überlegt, eine tägliche Nachrichtensendung zu starten, zu sehen um 18.30 Uhr in ORF 2, mit dem Titel „Südtirol Heute". Und der Traum einer Europaregion, vom damaligen Tiroler Landeshauptmann Wendelin Weingartner forciert, sollte konkretisiert werden. Kann eine Fernsehsendung, die in beiden Landesteilen gesehen wird, da identitätsstiftend wirken? Was muss sie „haben", um ihre Existenz zu rechtfertigen? Wie kann sie die beiden Landesteile einander näherbringen? Was könnte so eine Europaregion von Süddeutschland über Nord- und Südtirol bis hinunter ins Trentino realpolitisch bewirken?

Darüber wollten wir an diesem Samstag in Brixen reden, mit den Redakteuren, mit den Technikern, mit allen, die diese Sendung aus der Taufe heben sollten. Und dann war bei Punkt 1 schon Endstation.

Einfach fremd

Mein erster Tag als „Chef" in Südtirol. Inoffiziell. Manche Dinge geht man ja langsam an. Vor allem dann, wenn einen das nostalgische Gefühl beschleicht, es würde sich ein Kreis schließen. Der Urgroßvater Organist und Komponist in Meran, der Großvater Arzt im Passeiertal. Ich steh in den Unteren Lauben. Da irgendwo soll das Haus gewesen sein, in dem meine Familie gewohnt hat. Der Herr Musikus und seine sechs Kinder. Findet man nicht mehr. Noch eingerüstet, wird hier irgendein neues Verkaufsparadies im Kleinen entstehen. Dort der Weg hinauf zur Kirche. Heißt, sich all der Geschichten zu erinnern, sich auch dem Ort verbunden fühlen? Ich staune: eben nicht. Am ehesten vielleicht beim Blick auf den Chor der Meraner Stadtpfarrkirche und da auch eher die Frage: Wie hat das geklungen, was er geschrieben hat? Der Urgroßvater? Nein, das ist nicht meine Heimat. Und die Erinnerung macht das auch nicht verständlicher, was dieser Ort bedeuten soll. Meran ist mir einfach fremd.

Entspannt euch!

Heute wissen wir, dass die Latte damals einfach viel zu hoch gelegt worden war.

Wir wissen als Sendungsmacher auch, dass dieses Gefühl, eine Europaregion mit einer eng verwobenen Geschichte zu sein, bis jetzt mehr Phrase war und dass es bei Ansätzen geblieben ist. Wobei es hier zwischen den Landesteilen doch einige Unterschiede im Gefühl gibt, eine besondere Region in diesem Europa zu sein.

Aber wir wissen auch, dass die Sendung „Südtirol Heute" äußerst erfolgreich läuft. Und wir wissen auch, dass die Frage „Wer oder was ist der Südtiroler wirklich?" nie zufriedenstellend zu beantworten sein wird.

Bekannt war uns von den Daten her, dass schon „Tirol Heute" von zahlreichen Südtirolern mit Begeisterung gesehen worden war, also schien es logisch, mit dem Südtiroler Pendant auch die Nordtiroler intensiver an Südtirol zu binden und damit dem entgegenzuwirken, dass durch die lange Zeitspanne seit der Trennung der beiden Landesteile sowohl die familiengeschichtlichen Verbindungen als auch das Interesse aneinander stetig abgenommen hatten.

Wie viele der heute 30- oder 40-Jährigen haben noch Verwandte in Südtirol? Wer verbindet Südtirol nicht nur mit Törggelen und netten Ausflügen, sondern mit einem, wenn auch nicht genau zu erklärenden, zweiten Heimatgefühl? Kurz: Was geht einen Nordtiroler Südtirol überhaupt an? Mit seiner Politik, seiner Wirtschaft, seiner Kultur? Lässt sich das Interesse dafür durch eine tägliche Fernsehsendung wecken?

Die Antwort lautet jetzt, nach vielen Sendungen: ja. Aber sich wirklich einander näherbringen kann man die Menschen dies- und jenseits des Brenners nicht. Jedenfalls nicht so schnell, wie wir uns das am Anfang gewünscht hätten. Dagegen stehen Vorurteile und Neid, die sich in den letzten Jahrzehnten manifestiert hatten. Eher ist Nordtirol auf das wirtschaftlich blendend dastehende Südtirol neidisch als umgekehrt. Eher betrachtet Nordtirol die durch wirtschaftlichen Erfolg unzweifelhaft gegebene Sattheit der Bevölkerung im Süden mit Argwohn und Spott.

Siamo Italiani?

Einer dieser Abende. Einer dieser Abende mehr. Zwei Jahre bin ich nun in Bozen, aber ich bin hier fremd geblieben. Schon die Tage in der Redaktion, die seit Anfang gleich geblieben sind, nerven; jede Themendiskussion ein Eiertanz. Denn: Blicken von außen begegnen die Südtiroler Redakteure mit Unverständnis. Und rücken zusammen: So sind wir nicht! Das ist bei uns kein Problem! Ma dai!

Ticken wir anders? Ist das dort Sattheit? Borniertheit? Ist eh alles toll???

Kaum Arbeitslose, gut. Viel Landesbudget, auch gut. Unglaubliche gewerkschaftliche Obstruktion, das ist Realität. In vielen, einfachen Fragen. Das geht nicht, das auch nicht. Wieso? Ist es gefährlich nachzufragen? Oder unangenehm?

Und dann, nach all den Diskussionen: Waltherplatz, 20 Uhr. Spaghetti aglio et olio mit Rotwein, die Bedienung kommt aus Ungarn und spricht englisch mit mir. Da, zwei Kollegen und zwei Techniker. Ich winke. Sie kommen. Setzen sich her. Alle vier deutsch„stämmig". Ich sitze und höre zu. Vieles verstehe ich nicht. Denn man spricht nicht deutsch. Sondern italienisch. So wie fast immer. So wie fast jeder. Warum?

Die Ochsentour

Anfangs hatten wir es ja bewusst auf eine einfache Art und Weise probiert: Die ersten drei Jahre standen weniger politische und wirtschaftliche Beiträge im Vordergrund der Sendung, sondern Tourentipps, Geheimtipps in Südtirol, kurzum das, was ganz banal der Sendung einen Mehrwert für die Nordtiroler verlieh. Wer sich täglich schon um 18.30 Uhr vor den Fernseher setzt, bekommt Wissen geboten, mit dem er ganz praktisch einen Ausflug, eine Reise gestalten kann, die abseits der allgemein bekannten Ziele liegen und die dem Nordtiroler auch besondere kulinarische Genüsse näherbringen. Mit diesem Wissen lässt es sich bei den Bekannten und Freunden punkten, man wird quasi zum Südtirol-Experten.

Dieser anfängliche Kurs war vielen zunächst unverständlich. Den Südtiroler Journalistenkollegen etwa, die eine kritische, die politischen Zustände kritisierende und Missstände aufdeckende Sendung erwartet hatten: „Pensionistensendung" schalt man uns anfangs und einige Mitarbeiter wurden bei Pressekonferenzen wegen des „Muatterlfernsehens" verspottet. Da gab es einiges auszuhalten, immer wieder wurde der Verdacht geäußert, das Land Südtirol habe sich hier einen Propagandasender aufgebaut.

Der Erfolg in Nordtirol gab uns aber recht: Über 40 Prozent der Nordtiroler in den Haushalten mit Kabel oder Satellitenanbindung, die um 18.30 Uhr vor dem Fernseher saßen, wählten das Programm von „Südtirol Heute". Das war weitaus mehr, als wir uns anfangs erwartet hatten.

Über die Zahlen in Südtirol, die wir natürlich nicht im Teletest ablesen konnten, herrschte lange Unklarheit. Vor den Landtagswahlen 2003 ließ Landeshauptmann Luis Durnwalder im Geheimen eine groß angelegte Umfrage über den Medienkonsum der Südtiroler erstellen. Aber nicht von der italienischen ASTAT, der Heimat aller italienischen Statistiken, sondern über ein renommiertes Wiener Meinungsforschungsinstitut. Das Ergebnis verschlug uns die Sprache: Innerhalb von drei Jahren hatten wir es geschafft, die meistgesehene Nachrichtensendung in Südtirol zu werden und das ein gutes Stück vor den traditionellen 20-Uhr-Nachrichten der RAI Bozen.

Dazu beigetragen hatte auch, dass wir langsam vom Anfangskurs abgewichen und zunehmend politische, wirtschaftliche, aber auch kulturelle und sportliche Themen in die Sendelisten aufnahmen. Das verschaffte uns in Südtirol zunehmend Respekt, auch bei den Kollegen bei der RAI und in den Zeitungsredaktionen. Und die Zuseher in Nordtirol gingen mit uns mit. Die Live-Sendung von den Landtagswahlen in Südtirol bescherte uns in Nordtirol Traumquoten. Ein Beweis dafür, dass auch politische Inhalte südlich des Brenners auf genug Interesse stoßen.

Das war für Nordtirol ungewöhnlicher als für Südtirol. Dort gibt es ja seit 1975 die Sendeanstalt RAS, deren Auftrag es ist, nicht nur mehrere deutschsprachige Programme als Gegengewicht zu den überbordenden Sendungen in italienischer Sprache anzubieten, sondern auch Sendungen in ladinischer Sprache. Seit mehr als drei Jahrzehnten sind die Südtiroler also schon gebührenfrei mit den Programmen des ORF, aber auch mit jenen des ZDF, der ARD und der Schweiz versorgt worden. Dieses „Fernsehen" war also praktisch ein „Nahsehen", weil ja auch die deutschen Sendeanstalten immer wieder Südtiroler Themen aufgegriffen haben. Klar, Südtirol ist ja auch ein beliebtes Ferienland unserer bundesdeutschen Nachbarn. Das Gefühl, Mitglied einer Region über die Staatsgrenzen zu sein, ist meiner Ansicht nach seit jeher in Südtirol stärker ausgeprägt als nördlich des Brenners. Selbst bekannte Südtiroler wie Reinhold Messner antworten auf die Frage nach ihrer Heimat, dass sie zwar stolz auf ihre Zweisprachigkeit sind (Italienisch und Deutsch), sich aber weniger als „Südtiroler", sondern als deutschsprachige Europäer sehen.

In Nordtirol wuchs mit der Sendung aber das Interesse an dem, was Südtirol heute ausmacht. Ob früher mit oder jetzt ohne Staatsgrenze: Die Probleme in beiden Bundesländern sind die gleichen, der Transit, Umweltzerstörung, die Behauptung kleinerer und mittlerer Betriebe in der Europäischen Union, die Bedeutung des Fremdenverkehrs, der als zentraler Wirtschaftsfaktor zunehmend empfindlicher auf wirtschaftliche Krisen und auf Probleme, die der Klimawandel mit sich bringt, reagiert (Stichwort: Schneesituation).

Ist gestern wirklich gestern?

Wo bin ich? Fackeln, Getrommel, stampfende kernige Schützen in Tracht. „Zu Mantua in Banden". Viele können den Text nicht mehr. Vorne am Rednerpult Eva Klotz. Titel des Abends: 50 Jahre unterm Beil. Wo bin ich? Alles retour? Das Rad zurückdrehen? Ist Südtirol so deutsch, dass es zweisprachige Ortsnamen nicht verträgt, oder so italienisch, dass eine Handvoll italienischer Faschisten den Platz des Friedens wieder in Siegesplatz umbenennen? In welchem Kino bin ich da? Wer hat Interesse daran, nie das Miteinander zu proben? Wieder so ein Moment. Ich fühle mich wirklich fremd. Wer ist wirklich die Minderheit in Südtirol? Und warum tut die Mehrheit so, als ob sie die Minderheit wäre?

Tu ich mich deshalb hier so schwer? Mich wohlzufühlen ... Immer dieses Misstrauen, dann die Wurschtigkeit und dann das: Wir lassen dich nicht wirklich herein. In unser Land. Weil du kommst von draußen. Jenseits des Brenners. Du bist auch einer von denen, die uns erklären wollen, wer wir sind.

Finale

Dennoch: Man kann also immer noch optimistisch sein: Dass beide Landesteile voneinander lernen können. Dass sich beide Landesteile gegenseitig befruchten. Dass man im Zeitalter der Globalisierung zu zweit stärker ist als alleine.

Dazu muss man sich nicht lieben. Man sollte nur über einander Bescheid wissen, und für diesen Zweck ist eine Fernsehsendung wie „Südtirol Heute" sicher auch ein taugliches Instrumentarium. Dass wir damals bei Frage 1 gescheitert sind, ist in diesem Kontext vernachlässigbar und unerheblich. Denn das zunehmende Wissen übereinander ersetzt die Fragen von damals.

Und ich: Ich bin wieder in Nordtirol. Und jetzt daheim?

Iris Höller, Clemens Pig, Hannes Vorhofer

Die Tiroler Landtagswahlkämpfe in den Medien

Eine Inhaltsanalyse der Wahlkampfberichterstattung in Nord- und Südtirol

Einleitung

Im Jahr 2008 wurde in Südtirol und Tirol ein neuer Landtag gewählt. Die Ausgangslage für die bisher mit absoluter Mehrheit regierenden Parteien präsentierte sich in beiden Fällen ähnlich: Sowohl der Südtiroler Volkspartei als auch der ÖVP Tirol wurde in Umfragen hohe Verluste vorhergesagt.

In Südtirol musste die seit 1948 mit absoluter Mehrheit regierende Südtiroler Volkspartei mit ihrem Spitzenkandidaten, Landeshauptmann Luis Durnwalder, um ihre Vormachtstellung bangen, weshalb zum ersten Mal auch über mögliche Koalitionen nach der Wahl spekuliert wurde. Insgesamt standen in Südtirol am 26. Oktober 2008 15 Listen mit 471 Kandidat/inn/en zur Wahl. Da für den Einzug der Kandidat/inn/en in den Landtag nicht der Listenplatz, sondern die Anzahl der Vorzugsstimmen entscheidend ist, wurde vor allem auf SVP-Seite ein intensiver Vorzugsstimmenwahlkampf geführt. Die SVP rutschte mit 48,1 Prozent der Stimmen (minus 7,5 Prozent) tatsächlich unter die prognostizierte 50-Prozent-Marke, konnte aber aufgrund eines Reststimmenmandats mit 18 Abgeordneten die absolute Mandatsmehrheit im Südtiroler Landtag halten. Die Südtiroler Volkspartei, die sich vor allem als Vertreter der deutsch- und ladinisch-sprachigen Südtiroler/innen sieht, musste in den ländlichen Gebieten große Verluste hinnehmen, konnte aber in den Städten Stimmen dazu gewinnen, offenbar von italienischen Wähler/inne/n.

Große Gewinne erzielten die Freiheitlichen, die ihre Stimmen fast verdreifachen konnten und mit 14,3 Prozent der Stimmen und fünf Mandaten nun die zweitstärkste Fraktion im Landtag stellen. Während die Grünen (5,8 Prozent), die gemeinsam mit der Bürgerliste antraten, und die Union für Südtirol (2,3 Prozent) Stimmen verloren, erreichte Eva Klotz mit ihrer Liste Südtiroler Freiheit 4,9 Prozent und zwei Mandate. Die italienischen Listen Il Popolo della Libertá und Partito Democratico konnten 8,3 bzw. sechs Prozent erzielen. Weiters schafften noch die Lega Nord (2,1 Prozent) und die Unitalia (1,9 Prozent) mit je einem Mandat den Einzug in den Südtiroler Landtag, in dem nun insgesamt neun Parteien vertreten sind.

In Tirol beherrschte der „schwarze Bruderkrieg" den Wahlkampf: Der ehemalige AK-Direktor Fritz Dinkhauser trat mit einer eigenen Liste an und drohte damit seinen Parteikollegen, Landeshauptmann Herwig van Staa, vom Thron zu stoßen. Alle anderen Themen und Kandidat/inn/en wurden dadurch im Wahlkampf in den Hintergrund gedrängt. Neben der ÖVP, die zum ersten Mal ihre absolute Mandatsmehrheit verlor (minus 8,9 Prozent), mussten auch die SPÖ und die Grünen bei den Wahlen am 8. Juni 2008 Verluste hinnehmen. Wahlsieger waren Fritz Dinkhauser, der mit seiner neu gegründeten Liste Fritz Dinkhauser – Bürgerforum Tirol auf Anhieb 18,4 Prozent der Stimmen und damit den zweiten Platz erreichte, und die FPÖ, die 12,4 Prozent der Stimmen erzielte und ihre Mandate im Landtag verdoppeln konnte. Van Staa zog die Konsequenzen aus der Niederlage und trat als Landeshauptmann zurück. Sein Nachfolger wurde Günther Platter, der zusammen mit der SPÖ die schwarz-rote Landes-Koalition fortführte.

Politische Kommunikation in der Mediendemokratie

Als Charakteristika einer modernen Mediendemokratie werden in der politikwissenschaftlichen Forschung unter anderem die herausragende Bedeutung des Fernsehens als Leitmedium, die Fragmentierung der massenmedialen Öffentlichkeit durch Angebotsexpansion und Kanalvielfalt, die Anpassung der Parteieliten an die „Medienlogik" sowie die Bedeutung der massenmedialen Darstellungskompetenz politischer Eliten für ihre öffentliche Wahrnehmung und Wertschätzung angesehen (vgl. Plasser 2004b, 23ff). Sarcinelli (1998) verweist im Bezug auf die Handlungslogik in einer Mediendemokratie auf das Konzept der *Mediatisierung*, das im Kontext politischer Kommunikation drei Dinge bezeichnen kann: erstens die wachsende Verschmelzung von Medienwirklichkeit und politischer wie sozialer Wirklichkeit, zweitens die zunehmende Wahrnehmung von Politik im Wege medienvermittelter Erfahrung sowie drittens die Ausrichtung politischen Handelns und Verhaltens an den Gesetzmäßigkeiten des Mediensystems (vgl. Jarren/Sarcinelli/Saxer 1998, 678f).

In komplexen, multimedialen Gesellschaften vollzieht sich die Kommunikation zwischen politischen Akteur/inn/en und Bürger/inne/n nur mehr zu einem geringen Teil durch interpersonelle Kontakte. Politische Realität ist in der Mediengesellschaft zum überwiegenden Teil massenmedial konstruierte und vermittelte Realität (vgl. Plasser 2004b, 23). Die Massenmedien stellen für die Bevölkerung die primäre Quelle politischer Informationen dar. Auch die längerfristige politische Sozialisation – politisches Interesse, politisches Wissen, politische Wertorientierung – wird von den Massenmedien geprägt. Die Urteile der Bevölkerung über die Politik und über politische Systeme lassen sich deshalb ohne Berücksichtigung der Politikdarstellung der Massenmedien nur schwer erklären und sind von Qualität und Dichte der Berichterstattung abhängig (vgl. Maurer 2003; Plasser 2004).

Dies gilt auch und insbesondere in Wahlkampfzeiten. Wahlkämpfe in modernen Demokratien werden heute zum größten Teil über die Medien wahrgenommen. Persönliche Kommunikation mit Politiker/inne/n und direkte Kontakte zu den Kandidat/inn/en spielen nur mehr eine untergeordnete Rolle. So nannten beispielsweise im österreichischen Nationalratswahlkampf 2006 71 Prozent der Befragten das Fernsehen und 55 Prozent[1] Tageszeitungen als ihre primäre politische Informationsquelle, während nur zwei Prozent persönliche Gespräche angaben (vgl. Filzmaier/Hajek 2007, 82). Für die Meinungsbildung der Wähler/innen sind die Medienpräsenz und das dabei transportierte Image der Spitzenkandidat/inn/en von großer Bedeutung. Die Wähler/innen können sich von den politischen Fähigkeiten und Handlungen der Kandidatinnen und Kandidaten meist nur über das in den Medien vermittelte Bild eine Vorstellung machen (vgl. Schulz 2007, 273).

Die vorliegende Analyse soll die redaktionelle Politikvermittlung in den Landtagswahlkämpfen in Tirol und Südtirol 2008 näher untersuchen. Es wird der Frage nachgegangen, inwieweit sich die beiden Wahlkämpfe auf formaler sowie auf inhaltlicher Ebene gleichen bzw. unterscheiden. Dabei wird die Wahlkampfberichterstattung der beiden Landtagswahlkämpfe nicht nur miteinander, sondern auch mit österreichischen Wahlkämpfen auf Bundes-Ebene – insbesondere mit dem Nationalratswahlkampf 2006 – und punktuell mit den italienischen Parlamentswahlen 2006 sowie mit internationalen Studien verglichen, um herauszuarbeiten, ob und inwieweit die allgemein in Österreich und auf internationaler Ebene zu konstatierenden Trends in der redaktionellen Politikvermittlung ebenfalls auf Landesebene in Tirol und Südtirol beobachtbar sind.

Methode und Design der Untersuchung

Die vorliegende Analyse hat das Ziel, die redaktionelle Berichterstattung in den Landtagswahlkämpfen 2008 in Tirol und Südtirol systematisch empirisch zu untersuchen. Dies geschieht durch quantifizierende Inhaltsanalysen für die jeweiligen Wahlkampf-Endphasen, die durch das *MediaWatch Institut für Medienanalysen GmbH*, einem Unternehmen der APA-Gruppe, durchgeführt wurden. Untersuchungsgegenstand der Analyse sind die Spitzenkandidat/inn/en der zur Wahl angetretenen Parteien und Bündnisse in ausgewählten Fernseh-, Radio- und Printnachrichten in den finalen drei Wochen der Wahlkämpfe.

Für den Tiroler Landtagswahlkampf wurden im Bereich Printmedien „Tiroler Tageszeitung", „Kronen Zeitung", „Der Standard", „Die Presse" und „Kurier" für die Analyse herangezogen, bei den elektronischen Medien „Zeit im Bild 1", „Tirol heute", „Radio Tirol Mittags- und Abendinformation" und „Radio Tirol aktuell". Der Untersuchungszeitraum erstreckt sich vom 18. Mai 2008 bis zum 8. Juni 2008 und umfasst somit die letzten 21 Tage des Wahlkampfes. Relevanzkriterium für die Analyse-Einheiten war die Präsenz eines der folgenden Spitzenkandidaten im Beitrag: Herwig van Staa (ÖVP), Fritz Dinkhauser (Liste Fritz Dinkhauser), Hannes Gschwentner (SPÖ), Georg Willi (Grüne), Gerald Hauser (FPÖ), Franz Lair (Die Christen) und Julian Nothdurfter (KPÖ). Insgesamt wurden 476 Artikel und Sendungsbeiträge mit 1.858 Nennungen der Spitzenkandidaten analysiert.

Für Südtirol wurden im Print-Bereich „Dolomiten", „Neue Südtiroler Tageszeitung", „Alto Adige", „Corriere dell'Alto Adige" und „La Usc di Ladins" untersucht, bei den elektronischen Medien „Tagesschau 20 Uhr", „TGR Regione 19:30 Uhr", „Trail", „Rai Sender Bozen Mittagsnachrichten", „Rai GR Regionale 12:15 Uhr" und „Nutizies por i Ladins". Auch hier umfasste der Untersuchungszeitraum die letzten drei Wochen vor der Wahl (4. bis 25. Oktober 2008). Als Relevanzkriterium für die Beiträge diente die Präsenz eines/r der folgenden Spitzenkandidat/inn/en: Fabrizio Albertini

(Sinistra dell'Alto Adige/Linke für Südtirol), Elena Artioli (Lega Nord Südtirol), Michaela Biancofiore (Il Popolo della Libertà), Carlo Carlini (Comunisti Italiani), Luigi Cigolla (Italia dei Valori), Riccardo Dello Sbarba (Grüne/Bürgerlisten), Luis Durnwalder (SVP), Ulrica Goller Kostner (Ladins Dolomites), Eva Klotz (Süd-Tiroler Freiheit), Pius Leitner (Die Freiheitlichen), Andreas Pöder (Union für Südtirol), Sandro Repetto (UDC Casini), Hans Rieder (Bürgerbewegung), Donato Seppi (Unitalia) und Christian Tommasini (Partito Democratio). Es wurden insgesamt 942 Beiträge mit 2661 Nennungen der Spitzenkandidat/inn/en analysiert.

Für beide Wahlkämpfe wurden neben der Präsenz-Analyse der Kandidat/inn/en außerdem eine Image- und eine Themen-Analyse durchgeführt. Weiters soll durch die Analyse einiger ausgewählter *media-frames* die inhaltlich-qualitative Berichterstattungsstruktur erfasst und mit den Ergebnissen aus anderen Wahlkampf-Analysen verglichen werden. Der *framing*-Ansatz als Medienwirkungskonzept verweist auf Zusammenhänge zwischen inhaltlich-thematischen Rahmungen (Definitions- und Interpretationsrahmen) von Themen, Objekten und Akteur/inn/en in der Berichterstattung und Interpretationsrahmen, die sich dadurch in der Bevölkerung festsetzen und abbilden (vgl. Lengauer 2007). Damit geht er noch einen Schritt weiter als der heute in der Forschung etablierte *agenda-setting*-Ansatz, der einen direkten Zusammenhang zwischen der veröffentlichten Themenlandschaft der Medien und der Themen-*agenda* in der Wahrnehmung der Bevölkerung nachweist.

Ergebnisse

Präsenz-Analyse

Die Medien-Präsenz von Politiker/inne/n bildet die Grundlage für die öffentliche Wahrnehmung, das mediale Image-Building und den Wahlerfolg. Die reine Präsenz hat zwar eine beschränkte Aussagekraft, sie stellt jedoch die Grundlage für die öffentliche Debatte dar, denn wenn die Politiker/innen in den Medien nicht präsent sind, können sie von den Wähler/inne/n auch nicht wahrgenommen werden.

Für die vorliegende Analyse der Kandidat/inn/en in den beiden Landtagswahlkämpfen wurde die Präsenz der Spitzenkandidat/inn/en der zur Wahl antretenden Parteien und Listen in den untersuchungsrelevanten Medien ermittelt. Insgesamt liegen der Analyse 4519 Nennungen der oben genannten Akteurinnen und Akteure im Untersuchungszeitraum zugrunde.

Die meisten namentlichen Nennungen im Tiroler Landtagswahlkampf kann Fritz Dinkhauser für sich verbuchen: Mit 653 Nennungen, das entspricht 35,1 Prozent, setzt er sich an die Spitze des Präsenz-Rankings. Damit verweist Dinkhauser den damaligen Landeshauptmann und Kandidaten der stimmenstärksten Partei auf Platz zwei: Herwig van Staa erzielt 606 Nennungen (32,6 Prozent). Die hohe Präsenz von Dinkhauser und van Staa liegt vor allem in dem von den Medien sehr stark thematisierten Duell zwischen den beiden Kandidaten begründet: Die Abspaltung des ehemaligen AK-Präsidenten von der ÖVP und die Gründung der eigenen Liste Fritz Dinkhauser findet große mediale Resonanz. Zusammen erreichen die beiden Politiker fast 70 Prozent der Nennungen und beherrschen damit eindeutig den Tiroler Landtagswahlkampf. Die anderen Akteure werden dadurch in den Hintergrund gedrängt und liegen im Präsenz-Ranking weit abgeschlagen zurück. Auf Platz drei mit 220 Nennungen (11,8 Prozent) findet sich Hannes Gschwentner von der SPÖ, es folgen Gerald Hauser (FPÖ) mit 161 Nennungen (8,7 Prozent) und Georg Willi (Grüne) mit 158 Nennungen (8,5 Prozent). Eine sehr schwache mediale Präsenz weisen die Kandidaten der Christen und der KPÖ auf: Franz Lair und Julian Nothdurfter können lediglich 31 (1,7 Prozent) bzw. 29 Nennungen (1,6 Prozent) auf sich verbuchen.

Grafik 1: Präsenz der Spitzenkandidaten im Tiroler Landtagswahlkampf 2008 (n = 1858)

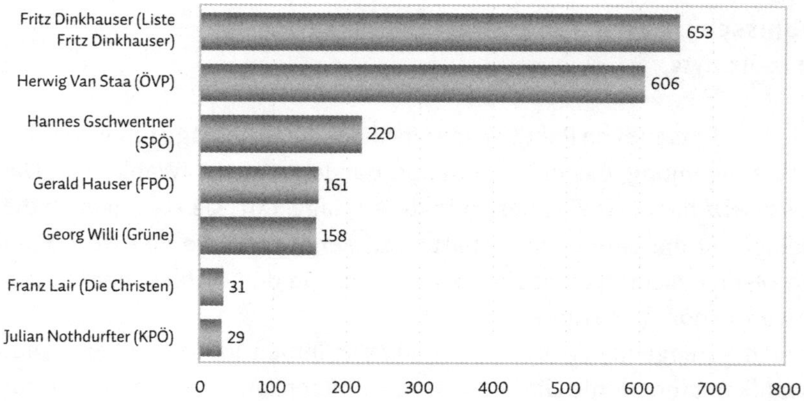

Quelle: MediaWatch: Inhaltsanalyse Tiroler und Südtiroler Landtagswahlkampf 2008.

Noch mehr als Herwig van Staa kann Luis Durnwalder von seinem Amtsinhaber-Bonus – Regierungsmitglieder und Amtsinhaber/innen sind aufgrund ihrer höheren Exekutiv-Macht für die Berichterstattung attraktiver als Oppositionspolitiker/innen und können deshalb oft auf einen *Medien-Bonus* verweisen – und seiner politischen Vormachtstellung profitieren. Mit 1273 namentlichen Nennungen, das entspricht 47,8 Prozent, setzt er sich mit großem Abstand an die Spitze des Rankings, was auch darauf zurückzuführen ist, dass der Wahlkampf der SVP sehr stark auf die Person Durnwalders ausgerichtet war, während sich die Partei selbst eher in den Hintergrund stellte. Auf weniger als ein Drittel der Nennungen von Durnwalder, nämlich 325, kann die zweitplatzierte Kandidatin, Michaela Biancofiore (Il Popolo della Libertà), verweisen. Alle anderen Kandidat/inn/en erreichen mit weniger als 200 Nennungen eine sehr geringe mediale Präsenz.

Grafik 2: Präsenz der Spitzenkandidat/inn/en im Südtiroler Landtagswahlkampf 2008 (n = 2661)

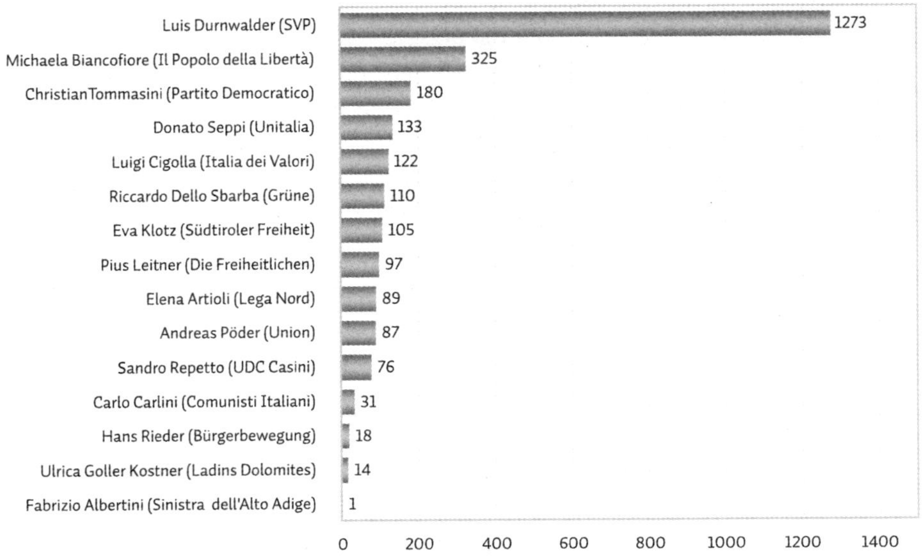

Quelle: MediaWatch: Inhaltsanalyse Tiroler und Südtiroler Landtagswahlkampf 2008.

Image-Analyse

Alle namentlichen Nennungen der untersuchungsrelevanten Akteurinnen und Akteure wurden mit einer dreistufigen Skala (negativ, neutral, positiv) bewertet, wobei nicht zwischen Bewertungen durch Journalist/inn/en oder politischen Akteur/inn/en unterschieden wurde. Vergleicht man die negativen Wertungen in den beiden Landtagswahlkämpfen, wird deutlich, dass über den Tiroler Landeshauptmann deutlich negativer berichtet wird als über seinen Südtiroler Amtskollegen. So sind 15 Prozent der namentlichen Nennungen Herwig van Staas im Landtagswahlkamp 2008 negativ, während dies nur auf 1,7 Prozent der Nennungen von Luis Durnwalder zutrifft. Bei Fritz Dinkhauser liegt der Anteil an negativen Nennungen mit 17,7 Prozent sogar noch etwas höher als bei van Staa. Diese hohen negativen Werte der beiden Tiroler Politiker sind vor allem auf das mit vielen Untergriffen geführte Duell zwischen van Staa und Dinkhauser zurückzuführen. Dinkhauser sieht sich aufgrund seiner Kandidatur auch mit viel Kritik aus den anderen Parteien konfrontiert. Medial thematisiert werden außerdem die schlechten Image-Werte von Landeshauptmann van Staa. Kein anderer Kandidat in Nord- oder Südtirol wurde so oft negativ bewertet wie Dinkhauser und van Staa, allerdings übertreffen bei der Mehrheit der Kandidat/inn/en die negativen Bewertungen in der Berichterstattung die positiven. Einige Ausnahmen gibt es diesbezüglich bei einigen Politiker/inne/n mit sehr geringer medialer Präsenz, wodurch diese Daten nur bedingt zu allgemeinen Aussagen verdichtet und mit denen der anderen Spitzenkandidat/inn/en verglichen werden können. Den negativsten Image-Wert in Südtirol erzielt Michaela Biancofiore von der Liste Il Popolo della Libertà (9,2 Prozent negative Bewertungen). Die Politikerin polarisiert stark und setzt oft auf konfliktreiche Themen. So sieht sie sich etwa bezüglich ihrer Forderung, den Proporz abzuschaffen (was eine Änderung des Autonomiestatutes bedürfe), mit scharfer Kritik konfrontiert. Auch im Wahlkampf zu den Parlamentswahlen in Italien im Jahr 2006 überwiegen die negativen Bewertungen der Kandidat/inn/en die positiven, wie eine Analyse der APA-*MediaWatch* zeigt: 5,4 Prozent negativen Beurteilungen stehen nur 1,8 Prozent positive Bewertungen gegenüber.

Neben der negativen Bewertung der Spitzenkandidat/inn/en werden in der Forschung noch weitere Trends zur Negativität in der medialen Politikvermittlung beobachtet. Dabei beschreibt Negativität in der Berichterstattung das spannungsgeladene Verhältnis zwischen politischen und redaktionellen Eliten und beinhaltet vor allem folgende Indikatoren: allgemeine

Grafik 3: Wertungsstruktur der Spitzenkandidaten im Tiroler Landtagswahlkampf 2008. In Prozent der Nennungen.

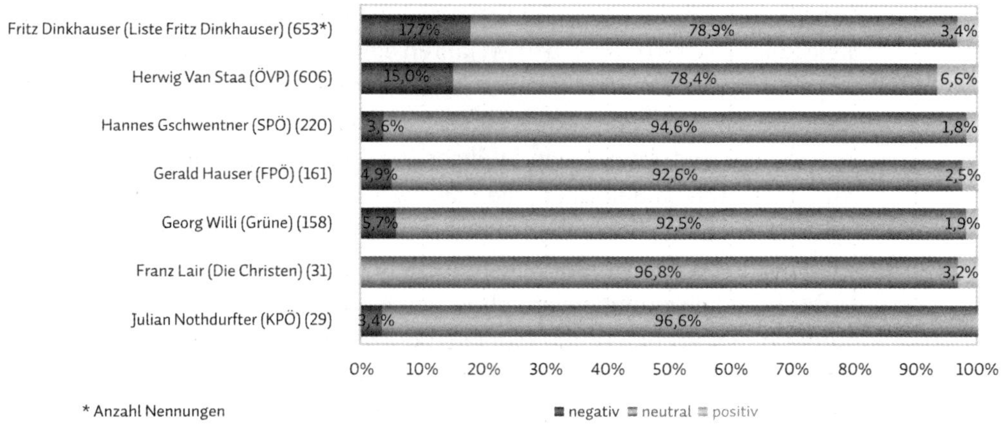

Quelle: MediaWatch: Inhaltsanalyse Tiroler und Südtiroler Landtagswahlkampf 2008.

Grafik 4: Wertungsstruktur der Spitzenkandidat/inn/en im Südtiroler Landtagswahlkampf 2008. In Prozent der Nennungen.

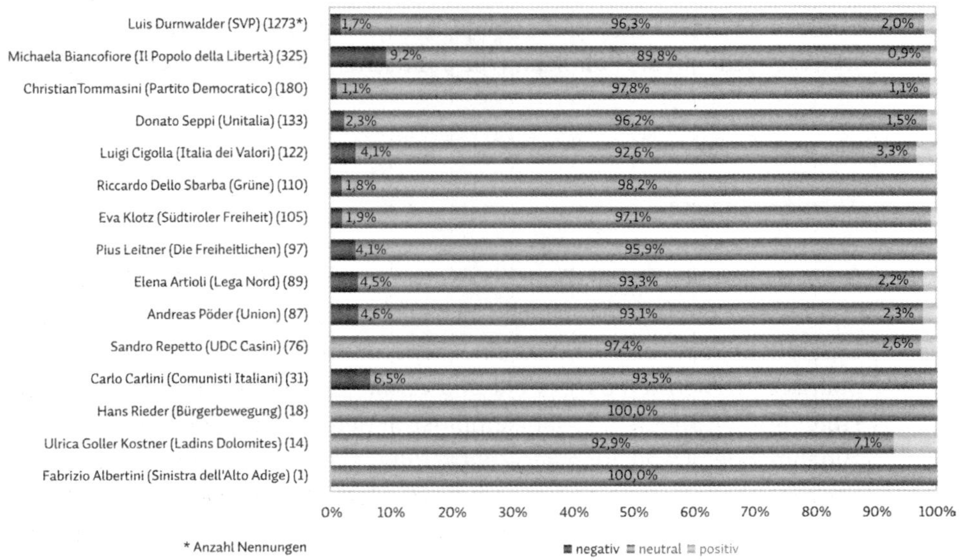

Quelle: MediaWatch: Inhaltsanalyse Tiroler und Südtiroler Landtagswahlkampf 2008.

negative Tonalität, Konflikt-Zentrierung, pessimistischer Tenor, Skandalisierung und negative Bewertung der politischen Akteurinnen und Akteure (vgl. Lengauer 2007). So zeigen Lengauer/Pallaver/Pig (2007, 118–199) in ihrem Vergleich der Nationalratswahlkämpfe 1999 und 2006, dass die mediale Politikvermittlung in beiden Jahren eindeutig von Konflikt-Darstellungen geprägt ist. Im Wahlkampf 2006 sind 21 Prozent der Beiträge konfliktzentriert, im Jahr 1999 sind es 28 Prozent. Bei den Landtagswahlkämpfen in Tirol und Südtirol können ähnliche Werte festgestellt werden: In Tirol liegt der Anteil an Beiträgen, die überwiegend Konflikte und Kontroversen reflektieren, bei 33 Prozent, also noch etwas höher als in den Wahlkämpfen auf Bundesebene. In Südtirol liegt die Konflikt-Zentrierung bei 30 Prozent.

Die Skandalisierung in der politischen Berichterstattung, die sich auf die Aufdeckung von politischen Skandalen konzentriert, ist das stärkste Element der Negativität. Beim Skandalisierungsgrad in der journalistischen Darstellung können Lengauer/Pallaver/Pig für 1999 und 2006 den exakt gleichen Anteil an Skandalisierung feststellen: Sieben Prozent der Beiträge werden als Skandal stilisiert bzw. als solcher vermittelt (vgl. Lengauer/Pallaver/Pig 2007, 119). Im Landtagswahlkampf in Tirol liegt der Anteil an eindeutig als skandalisiert klassifizierten Beiträgen bei drei Prozent, während neun Prozent der Politikberichte als ambivalent bewertet wurden. Also beinhalten insgesamt zwölf Prozent der untersuchten Artikel und Sendungsbeiträge zumindest teilweise skandalisierende bzw. moralisierende Elemente. In Südtirol hingegen vermitteln lediglich drei Prozent der Beiträge diese destruktive Sicht auf die Politik und die politischen Akteurinnen und Akteure.

Themen-Analyse

Die redaktionelle Politik-Berichterstattung kann dahingehend unterschieden werden, ob sie eine sachpolitische Bedeutung aufweist (*policy*-zentrierte Darstellung) oder ob Politik als ein Macht- und Wahlkampf-Spiel ohne sachpolitische Dimension dargestellt und vermittelt wird (*game*-zentrierte Darstellung). Besonders im Wahlkampf ist in der Politikberichterstattung ein zunehmender Trend zur *game*-Zentrierung, also eine Abkehr von sachpolitischen Inhalten und eine Zuwendung zur Darstellung der sportiven Dramatik eines Wettkampfes um Wählerstimmen und eine Zunahme an metapolitischen Themen,[2] *soft-news* und politischen Inszenierungen zu beobachten (vgl. Lengauer 2007).

Ob dieser Trend der *game*-Zentrierung auch in Tirol und Südtirol anzutreffen ist, wird in der vorliegenden Analyse auf zwei Ebenen untersucht. Auf der formalen Themen-Ebene wird das Verhältnis zwischen Sachpolitik und metapolitischen Inhalten verglichen, während auf der inhaltlichen *frame*-Ebene zwischen einer *game*-zentrierten und einer *policy*-zentrierten Darstellung unterschieden wird, denn auch Sachthemen können bisweilen *game*-zentriert dargestellt werden.

Lengauer/Pallaver/Pig (2007, 124) zeigen in ihrem Vergleich der Nationalratswahlkämpfe 1999 und 2006, dass in beiden Jahren der Wahlkampf selbst mit 21,3 bzw. 24 Prozent ein zentrales Thema in der politischen Berichterstattung war. Das trifft auch auf die Parlamentswahlen in Italien im Jahr 2006 zu: Hier wird in 20,5 Prozent der Beiträge der Wahlkampf an sich thematisiert. Im Landtagswahlkampf in Tirol ist dieser Trend noch stärker zu beobachten. In 31,5 Prozent der untersuchten Beiträge ist der Wahlkampf das bevorzugte Thema der redaktionellen Politikvermittlung. Auch die Wahlspekulationen stellen ein zentrales Themenfeld dar: 18,5 Prozent der Beiträge beschäftigen sich mit Spekulationen über Wahlausgang oder mögliche Koalitionen. Hier werden vor allem das Abschneiden der Liste Fritz Dinkhauser und die prognostizierten Verluste der ÖVP sowie mögliche Koalitionsvarianten thematisiert. Die im Vergleich zu den Nationalratswahlen höheren Anteile an Wahlkampf-Themen erklären sich durch die spezifische Dynamik des Tiroler Wahlkampfes, der auf das Duell van Staa – Dinkhauser zugespitzt war und die sachpolitischen Diskussionen auf Landesebene – noch mehr als in Wahlkampfzeiten üblich – in den Hintergrund gedrängt hat. In Südtirol liegt der Anteil der Beiträge, die sich primär mit Wahlkampf beschäftigen, ebenfalls bei knapp unter 30 Prozent, allerdings sind hier die Wahlspekulationen mit 4,7 Prozent deutlich geringer vertreten.

Tabelle 1: Metapolitische Themen in der politischen Berichterstattung. In Prozent der Beiträge (Nationalratswahlen) bzw. in Prozent der Themenzuteilungen zu den Akteur/inn/en (Landtagswahlen) (Mehrfachzuteilungen – max. drei pro Nennung bzw. Beitrag).

	Landtagswahlkampf Tirol	**Landtagswahlkampf Südtirol**	**Nationalratswahlkampf 1999**	**Nationalratswahlkampf 2006**
Wahlkampf	31,5 %	27,9 %	21,3 %	24,0 %
Wahlspekulationen	18,8 %	4,7 %	15,3 %	7,3 %

Quelle: MediaWatch: Inhaltsanalyse Tiroler und Südtiroler Landtagswahlkampf 2008; Lengauer/Pallaver/Pig (2007).

Der gesamte Themen-Bereich des Metapolitischen liegt im Nationalratswahlkampf 2006 bei 46 Prozent, im Jahr 1999 mit 49 Prozent sogar noch etwas höher. Auch auf internationaler Ebene ergibt sich ein ähnliches Bild: Beim Wahlkampf 2005 in Großbritannien beträgt der Anteil an metapolitischer Berichterstattung 44 Prozent (vgl. Deacon et al. 2005, 25) und in der Qualitätspresse in Deutschland im Wahlkampf 2005 58 Prozent (vgl. Wilke/Reinemann 2006, 316). Bei den Parlamentswahlen in Italien im Jahr 2006 überwiegen mit 49,4 Prozent die Sachthemen, der Anteil an metapolitischen Themen liegt bei 40,8 Prozent. Im Tiroler Landtagswahlkampf zeigt sich mit 66,8 Prozent ein besonders hoher Anteil an metapolitischen Themenbereichen, während sich nur 24 Prozent der untersuchten Beiträge mit Sachthemen und sachpolitischen Diskussionen beschäftigten. Selbst für eine Wahlkampf-Endphase ist das ein sehr hoher Wert, wie die Vergleiche mit den oben genannten Wahlkämpfen deutlich zeigen. Der Landtagswahlkampf in Südtirol entspricht mit einem Anteil von 47,3 Prozent metapolitischen Themen und 46,4 Prozent Sachthemen hingegen durchaus den nationalen und international beobachteten Mustern.

Grafik 5: Themen-Bereiche in der politischen Berichterstattung der Wahlkämpfe in Tirol und Südtirol. In Prozent der Themenzuteilungen zu den Akteur/inn/en (Mehrfachzuteilungen – max. drei pro Nennung).

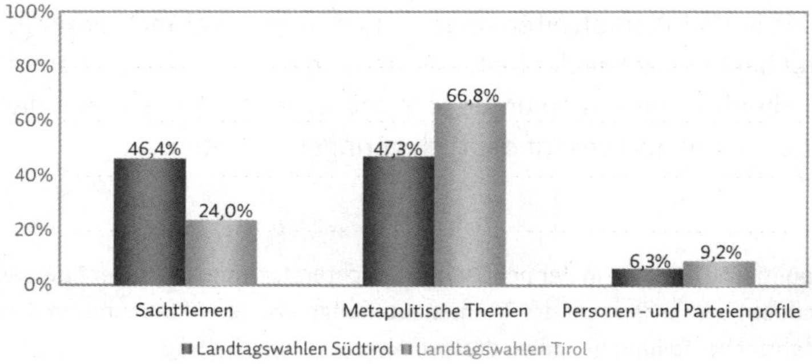

Quelle: MediaWatch: Inhaltsanalyse Tiroler und Südtiroler Landtagswahlkampf 2008.

Betrachtet man die zehn Top-Themen in den beiden Wahlkämpfen, zeigt sich für Tirol, dass in der Hälfte aller untersuchten Beiträge der Wahlkampf (31,5 Prozent) bzw. Wahlspekulationen (18,8 Prozent) das zentrale Thema sind, während sich das erste Sachthema mit lediglich 2,9 Prozent der Beiträge auf Platz sechs im Themen-Ranking findet. Insgesamt sind unter den zehn häufigsten Themen im Tiroler Landtagswahlkampf nur drei Sachthemen vertreten. Am häufigsten werden sozialpolitische Themen diskutiert, gefolgt von Energiepolitik und der Diskussion um die Agrargemeinschaften.[3] Im Bereich Soziales wird vor allem van Staas Solidaritätspakt in der Höhe von 30 Millionen Euro medial thematisiert. Der Landeshauptmann präsentiert das von den politischen Mitbewerber/inne/n durchwegs kritisch beurteilte Maßnahmenpaket („Wahlzuckerl") als Mittel gegen die Teuerung am Montag vor der Wahl. Auch beim Thema Energie macht sich die Teuerung bemerkbar: Van Staa fordert einen Preisstopp bei den Spritpreisen und Hauser möchte eine Senkung der Stromgebühren der TIWAG erreichen. Georg Willi setzt im grünen Wahlkampf auf das Thema Energieumstieg.

Grafik 6: Top-10-Themen in der politischen Berichterstattung im Tiroler Landtagswahlkampf. In Prozent der Themenzuteilungen (Mehrfachzuteilungen möglich – max. drei pro Nennung).

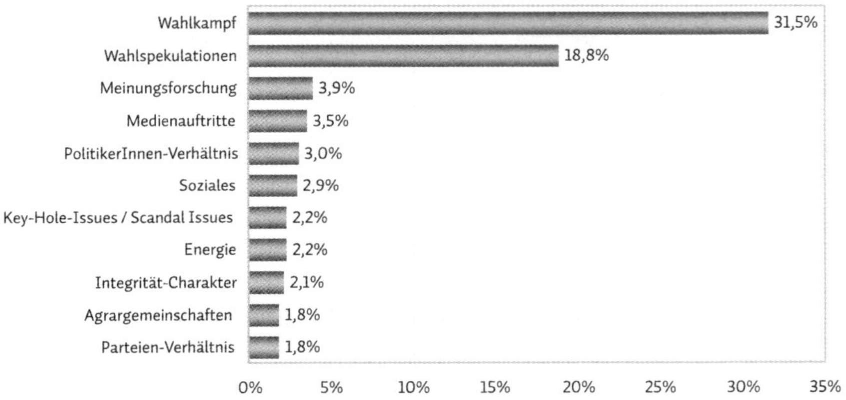

Quelle: MediaWatch: Inhaltsanalyse Tiroler und Südtiroler Landtagswahlkampf 2008.

Auch in Südtirol findet sich der Wahlkampf an der Spitze des Themen-Rankings, allerdings liegt bereits an zweiter Stelle ein sachpolitischer Themenbereich: Die weltweite Wirtschaftskrise findet Eingang in den Südtiroler Landtagswahlkampf, was sich am Thema Wirtschaft mit 9,2 Prozent zeigt.

Insgesamt sind unter den Top-10 Themen in Südtirol fünf Sachthemen zu finden: Neben der Wirtschaftspolitik sind das die Themen kulturelle Identität (dieser Themenbereich beinhaltet etwa Diskussionen über das Zusammenleben der Sprachgruppen oder die Zwei- bzw. Dreisprachigkeit), Energiepolitik (unter anderem die Übernahme der Energiegesellschaft des Landes Südtirol von 60 Prozent von 14 Südtiroler Kraftwerken des ENEL-Konzerns), Bildungspolitik (unter anderem die Schulreform von Unterrichtsministerin Mariastella Gelmini) und das Thema Autonomiestatut (unter anderem die Forderung von Michaela Biancofiore nach Abschaffung des Proporzes).

Grafik 7: Top-10 Themen in der politischen Berichterstattung im Südtiroler Landtagswahlkampf. In Prozent der Themenzuteilungen (Mehrfachzuteilungen – max. drei pro Nennung).

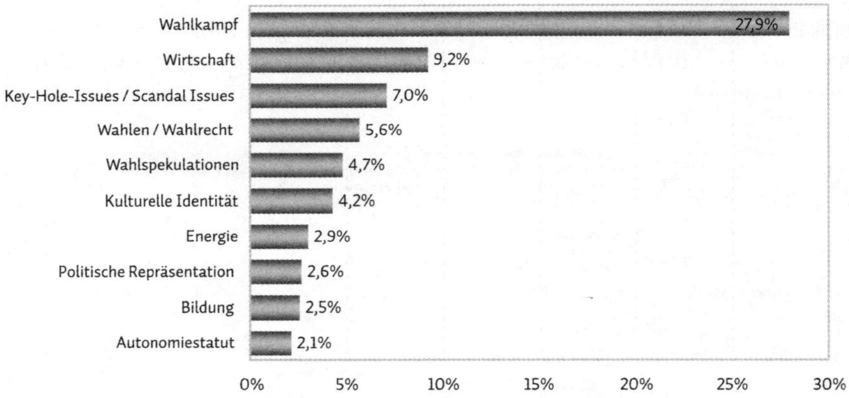

Quelle: MediaWatch: Inhaltsanalyse Tiroler und Südtiroler Landtagswahlkampf 2008.

Auch auf der inhaltlichen *frame*-Ebene wird das Bild der *game*-Zentrierung in der Berichterstattung bestätigt. Im Tiroler Landtagswahlkampf 2008 dominieren in 70,4 Prozent der untersuchten Beiträge die *game*-zentrierten Politik-Darstellungen. Im Nationalratswahlkampf 2006 ebenso, allerdings ist der Anteil hier mit 48,1 Prozent doch deutlich niedriger. Sachpolitische Diskussionen stehen im NR-Wahlkampf 2006 nur in 34,6 Prozent der Beiträge im Zentrum, im Landtagswahlkampf in Tirol sind es lediglich 21 Prozent. In Südtirol liegt der Anteil an *game*-zentrierter Berichterstattung mit

56 Prozent etwas niedriger als in Tirol, die *policy*-zentrierten Darstellungen übertreffen jene in Tirol um das Doppelte. Während die Strukturen im Nationalratswahlkampf 2006 und im Südtiroler Landtagswahlkampf bezüglich des *game*-Schemas also eher übereinstimmen, sind die politischen Diskussionen im Tiroler Landtagswahlkampf viel stärker *game*-zentriert, was vor allem auf das bereits oben erwähnte Wahlkampf-beherrschende Duell zwischen Dinkhauser und van Staa zurückzuführen ist.

Grafik 8: *game*- vs. *policy*-Zentrierung in der politischen Berichterstattung zu den Landtagswahlkämpfen in Tirol und Südtirol und den Nationalratswahlen 2006. In Prozent der Beiträge.

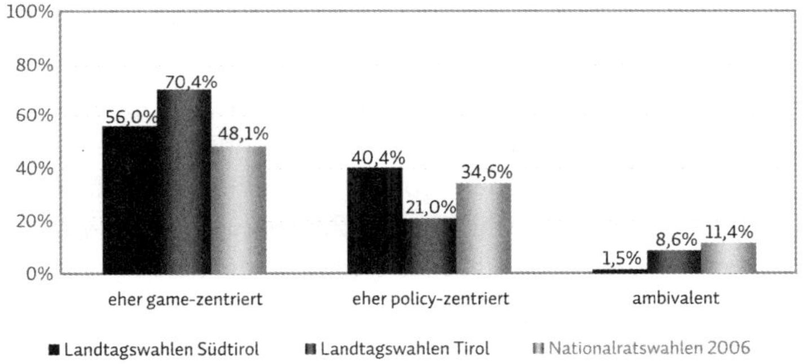

Quelle: MediaWatch: Inhaltsanalyse Tiroler und Südtiroler Landtagswahlkampf 2008; Lengauer/Pallaver/Pig (2007).

Zusammenfassung der Untersuchungsergebnisse

Der Tiroler Landtagswahlkampf 2008 wurde medial vom Duell Dinkhauser – van Staa geprägt, was sich vor allem in der hohen Präsenz der beiden Kandidaten zeigt. Zusammen erreichen Dinkhauser und van Staa fast 70 Prozent der medialen Präsenz. Aufgrund des offen ausgetragenen Konflikts weisen die beiden Kandidaten allerdings auch die negativsten Image-Werte aller Tiroler Spitzenkandidaten auf. Im Südtiroler Landtagswahlkampf kann Landeshauptmann Luis Durnwalder von seinem Amtsbonus und seiner politischen Vormachtstellung profitieren und dominiert das Präsenz-Ranking mit 47,2 Prozent der Nennungen. Außerdem kann Durnwalder – anders als van Staa – auf einen leicht positiven Image-Index verweisen. Bei der Themen-Analyse für Tirol zeigt sich, dass die Sachthemen – noch stärker als in Wahlkampfzeiten ohnehin üblich – von den metapolitischen Themen verdrängt werden. So liegt das erste Sachthema mit lediglich 2,9 Prozent der Beiträge auf Platz sechs des Themen-Rankings, und insgesamt finden sich unter den Top-10 Themen nur drei Sachthemen. Etwas anders präsentiert sich das Bild in Südtirol: Hier sind unter den Top-10 Themen insgesamt fünf Sachthemen zu finden. Auch die *game*-Zentrierung liegt im Tiroler Landtagswahlkampf mit 70,4 Prozent höher, als in Studien auf nationaler und internationaler Ebene beobachtet wurde, während Südtirol hier mit 56 Prozent eher dem auf Bundes-Ebene festgestellten Muster entspricht (48,1 Prozent im Nationalratswahlkampf 2006). Die Konflikt-Zentrierung und Skandalisierung ist in Tirol ebenfalls etwas stärker ausgeprägt: Der Anteil an Beiträgen, die überwiegend Konflikte behandeln, liegt bei 33 Prozent, der Anteil an Beiträgen, die zumindest teilweise skandalisierende bzw. moralisierende Elemente enthalten, bei 12 Prozent. Im NR-Wahlkampf 2006 waren 21 Prozent und im Jahr 1999 28 Prozent der Beiträge konfliktzentriert, und in beiden Jahren wurden jeweils sieben Prozent der Beiträge als skandalisierend vermittelt. In Südtirol lagen die Konflikt-Zentrierung bei 30 Prozent und der Skandalisierungsgrad bei lediglich drei Prozent der Beiträge. Somit kann zusammenfassend festgestellt werden, dass die Wahlkämpfe auf Landesebene durchaus die auf internationaler Ebene beobachteten Trends und Muster zur Entsachlichung, *game*-Zentrierung und Negativität aufweisen; im Fall des Tiroler Landtagswahlkampfes sogar oft noch deutlich ausgeprägter (*game*-Zentrierung, Skandalisierung, Konflikt-Zentrierung). Ob dies auf die spezifische Ausgangslage im Landtagswahlkampf 2008 zurückzuführen ist oder ob tatsächlich eine spezielle „Tiroler Medien-Logik" vorliegt, können erst weiterführende Wahlkampf-Analysen und -Vergleiche zeigen.

Anmerkungen

1 Mehrfachantworten waren möglich.

2 Zu metapolitischen Themen zählen Diskussionen zum Wahlkampf allgemein, zum Wahlkampfstil oder Wahlkampforganisation, aber auch Wahl- und Koalitionsspekulationen, Konflikte zwischen Parteien und Kandidat/inn/en, Meinungsumfragen oder Scandal-Issues.

3 Das Bauland in Tirol befindet sich vielfach im Besitz von Agrargemeinschaften: Gemeindegründe wurden in den 1950er-Jahren den Agrargemeinschaften über-

eignet. Gemeinden, die Bauland benötigten, mussten dies oft teuer zurückkaufen. Praktisch alle Parteien außer der ÖVP fordern daher die Rückabwicklung der Grundübertragungen. Der Bauernbund sieht in der Kritik an den Agrargemeinschaften einen Angriff gegen die Bauern.

Literatur

Deacon, David/Wring, Dominic/Billing, Michael/Downey, John/Golding, Peter/Davidson, Scott (2005). Reproting the 2005 U.K. General Election, Loughborough.

Filzmaier, Peter/Hajek, Peter (2007). Die Nationalratswahl 2006: Ergebnisse und Wahlverhalten, in: Filzmaier, Peter/Plaikner, Peter/Duffek, Karl (Hg.): Mediendemokratie Österreich, Wien.

Filzmaier, Peter/Plaikner, Peter/Duffek, Karl (Hg.) (2007). Mediendemokratie Österreich, Wien.

Jarren, Otfried/Sarcinelli, Ulrich/Saxer, Ulrich (Hg.) (1998). Politische Kommunikation in der demokratischen Gesellschaft. Ein Handbuch mit Lexikonteil, Opladen.

Lengauer, Günther/Pallver, Günther/Pig, Clemens (2007). Redaktionelle Politikvermittlung in österreichischen Wahlkämpfen, in: Plasser, Fritz/Ulram, Peter A. (Hg.): Wechselwahlen. Analysen zur Nationalratswahl 2006, Wien.

Lengauer, Günther (2007). Postmoderne Nachrichtenlogik. Redaktionelle Politikvermittlung in medienzentrierten Demokratien, Wiesbaden.

Maurer, Marcus (2003). Mobilisierung oder Malaise? Wie verändert die Politikdarstellung der Massenmedien die Rezipientenurteile über Politik?, in: Donsbach, Wolfgang/Jandura, Olaf (Hg.): Chancen und Gefahren der Mediendemokratie, Konstanz.

Plasser, Fritz/Ulram, Peter A.(Hg.) (2007). Wechselwahlen. Analysen zur Nationalratswahl 2006, Wien.

Plasser, Fritz (Hg.) (2004a). Politische Kommunikation in Österreich. Ein praxisnahes Handbuch, Wien.

Plasser, Fritz (2004b). Politische Kommunikation in medienzentrierten Demokratien: Einleitung, in: Plasser, Fritz (Hg.): Politische Kommunikation in Österreich, Wien, 21–35.

Schulz, Winfried (1997, 2008). Politische Kommunikation. Theoretische Ansätze und Ergebnisse empirischer Forschung, Wiesbaden.

Wilke, Jürgen/Reinemann, Carsten (2006). Die Normalisierung des Sonderfalls? Die Wahlkampfberichterstattung der Presse 2005 im Langzeitvergleich, in: Holtz-Bacha, Christina (Hg.): Die Massenmedien im Wahlkampf. Die Bundestagswahl 2005, Wiesbaden, 306–337.

Verena Langegger

Medien-Wahlkampf in Tirol

oder: „Griaß eich, I bin's, da Wurzner Joggl"

Die SPÖ sorgt mit ihrer Kampagne für Diskussionen, die ÖVP stellt – ganz dem Zeitgeist entsprechend – Videos ihrer Kandidaten auf die Internetplattform *YouTube*. ÖVP-Rebell Fritz Dinkhauser schafft trotz geringen Wahlkampf-Budgets und auch ohne öffentlich-rechtliche TV-Duell-Präsenz aus dem Stand 18,3 Prozent der Stimmen am 8. Juni. Was bleibt in Erinnerung von der Tiroler Landtagswahl 2008?

Zum einen sicher, dass vor der Wahl ein gänzlich anderes Team an der Macht ist als nach der Wahl. Dass Günther Platter nach seinem Wechsel vom Innenministerium auf den Landeshauptmannsessel zwei unter seinem Vorgänger Herwig van Staa in Tirol sehr beliebte Politikerinnen, Anna Hosp und Elisabeth Zanon, nicht mehr in seine Regierungsmannschaft holt. Zum anderen wird durch das Antreten des ÖVP-Insiders Fritz Dinkhauser der Wahlkampf großteils nicht von Themen bestimmt, sondern von persönlichen Untergriffen. Der Wahlkampf besteht hauptsächlich aus Untergriffen von Personen, die sich seit Jahrzehnten kennen, eben von Ex-Arbeiterkammer-Präsident Dinkhauser und Ex-Landeshauptmann Herwig van Staa.

In Erinnerung bleibt die Plakatkampagne der SPÖ. Am 28. April 2008 fahren die Granden der Tiroler Sozialdemokratie zu den Klängen einer neuen Tirol-Hymne am Innsbrucker Marktplatz auf, SPÖ-Chef Hannes Gschwentner will „Gas geben für das Land". Eine Partei-Positionierung, die in mehrerer Hinsicht missglückt: Wird „Motorradfahren" doch landläufig als „gefährlich" eingeschätzt. „Gas geben" erscheint in Zeiten von erforderlichem Klimaschutz wenig innovativ.

Medien im Wahlkampf

Das Fernsehen gilt unbestritten als wichtigstes Transportmedium für Politiker und ihre Botschaften. Besonders vor Wahlen wird eine Einflussnahme der Parteien auf den öffentlich-rechtlichen Rundfunk in Österreich deutlich. Fritz Dinkhauser, ÖVP-Rebell und Gründer des Bürgerforums, wurde, da mit seiner Bewegung nicht im Landtag vertreten, nicht zur „Tiroler Elefantenrunde" ins ORF-Studio am Rennweg geladen. Trotz vergleichbar kleinem Wahlkampfbudget erreichte Dinkhauser aus dem Stand 18,35 Prozent der Tiroler Stimmen.

„Visualität prägt den Charakter der sozialen und der politischen Welt." So analysieren Johannes Domsich und Christian Moser (2003, 585) in ihrem Aufsatz über die Wirkung politischer Plakate. Und es ist eben diese Vorherrschaft der Bilder, die von Wissenschaft, aber auch von Printmedien meist negativ bewertet und als „totalitär" beschrieben werden. Oft wird „drohende Telekratie" beschworen, die Oberflächlichkeit des „steten Bildflusses" gegeißelt. Eine diskursiv-inhaltliche Auseinandersetzung werde erschwert, die Kommunikationspolitik westlicher Demokratien werde immer mehr zu Info- und Politainment. Ein Faktum in der Tiroler Landtagswahl ebenso wie in anderer Dimension im US-amerikanischen Präsidentschaftswahlkampf.

Massiv überschätzt, wie die politikwissenschaftliche Forschung mittlerweile zeigt, ist das Internet. Von einer „Demokratisierung der Medien" (Möller 2006) wurde geträumt, geworden ist es – zumindest bis jetzt – die politische Partizipation von „Teilöffentlichkeiten". Zweifelsohne nutzen Politiker, auch Tiroler Politiker, das World Wide Web als Bühne. „Gesehen" werden sie dort aber nur von einem Ausschnitt der User (vgl. Siedschlag 2005, 17).

Peter Sloterdijk (2005) charakterisiert das Internet „als ein tragisches Instrument, weil es als Medium von leichten und globaldemokratischen Kommunikationen die illusionäre Folgerung unterstützt, die materiellen und exklusiven Güter müssten ebenso universalisierbar sein."

Was ebenfalls bleibt im Medienzeitalter, sind die Videos der ÖVP-Kandidaten auf *YouTube*. Allein das Video von ÖVP-Überraschungskandidat Schiedsrichter Konrad Plautz erlangt „Kultstatus". Ebenfalls sein Nachahmer „Wurzner Joggl", der kurz darauf mit seiner Persiflage der ÖVP-Wahlwerbung auf *YouTube* auftaucht.

Das Plakat im Tiroler Landtagswahlkampf

Am 13. März kündigt die Tiroler Landesregierung die Vorverlegung der Wahl von Oktober auf Juni an. Als offizieller Grund wird von Landeshauptmann Herwig van Staa (ÖVP) und seinem Stellvertreter Hannes Gschwentner (SPÖ) eine mögliche Neuwahl im Bund im Herbst angegeben – nach den Turbulenzen der Großen Koalition auf Bundesebene zu Ostern 2008. Inoffizieller Grund dürfte aber die Ankündigung von ÖVP-Rebell und (damals noch) Arbeiterkammer-Präsident Fritz Dinkhauser gewesen sein. Der Plan der Tiroler Regierungsparteien, mit einer Wahlvorverlegung und einem kurzen Intensivwahlkampf Fritz Dinkhausers Bürgerforum organisatorisch zu überfordern, sollte jedoch nicht aufgehen.

Nichtsdestotrotz stellt die Vorverlegung der Wahl die Parteimanager aller politischen Parteien vor eine große Herausforderung, sämtliche Parteien müssen den Wahlkampf so schnell wie möglich auf Schiene bringen. Die ÖVP fordert sofort nach Auflösung des Landtages zu einem „fairen Wahlkampf" auf. Landeshauptmann Herwig van Staa (ÖVP) schlägt vor, erst Anfang, Mitte Mai in einen Intensivwahlkampf zu treten.

ÖVP: Das schöne Land Tirol

Am 18. April startet die ÖVP ihren Wahlkampf mit der Affichierung von Plakaten. Die erste Serie wird unter dem Motto „Weil's jetzt reicht" präsentiert und zeigt unter dem Slogan „Gegen das Schlechtreden des Landes" die schönen Seiten des Landes: Die Tiroler Bergwelt, mit ihren Felsen und Seen, mit ihren Gipfel und Almen. „Schön anzusehen, könnte aber auch Tourismuswerbung sein. Ein Versuch, jeden anzusprechen, um den Status Quo zu erhalten. Keine Botschaften, die anecken, diese Plakate sollen nur einen Wohlfühleffekt vermitteln. Das funktioniert nun mal am besten mit Kindern, Tieren und Landschaften", so analysiert Kommunikationsberater Johannes Domsich in der Tageszeitung „Der Standard".

Erst kurz vor dem Wahltermin am 8. Juni wird das Konterfei des amtierenden, umstrittenen Landeshauptmannes Herwig van Staa – inmitten von Tiroler ÖVP-Funktionären – plakatiert. Und das obwohl die ÖVP ihren Wahlkampf ganz auf van Staa aufbaute, der vor allem Parteifunktionäre nach dem Motto „Ich oder das Chaos" zum Kreuzerl am vermeintlich richtigen Platz zu motivieren versuchte.

SPÖ: Flott am Motorrad

Die Tiroler SPÖ setzt ganz auf ihren Spitzenkandidaten Hannes Gschwentner. Er glüht auf den Plakaten „flott" auf seinem Motorrad durchs Land. „Das soll Jugendlichkeit signalisieren", analysiert Kommunikationsberater Domsich. Parallelen zur SPÖ-Kampagne in Oberösterreich für Erich Haider werden sichtbar: Dieser war mit der Assoziation „Stark wie ein Löwe, schlau wie ein Fuchs" in den Landtagswahlkampf 2003 gegangen.

Auch die Spitzenkandidaten der Tiroler Bezirke werden am Motorrad präsentiert. Ironie des Schicksals: Dem Verkehrssprecher der SPÖ Georg Dornauer aus dem Sellrain wird während des Wahlkampfes der Führerschein abgenommen. Mit 0,9 Promille war er alkoholisiert in eine Verkehrskontrolle geraten. Mit den Worten „Es tut mir leid, es war ein schwerer Fehler" entschuldigt sich Dornauer und gibt immerhin – professionell – bekannt, dass er sich nicht vorstellen könne, im nächsten Landtag erneut mit der Funktion des Verkehrssprechers betraut zu werden. Für weiteren Diskussionsstoff auf den roten Plakaten sorgen die salutierenden SPÖ-Funktionäre und ein kleiner Bub. Sogar parteiintern ist dieses Sujet umstritten: SP-Klubobmann Ernst Pechlaner empfindet es nicht als „zukunftsweisend".

Dass die Kampagne „mit einem Augenzwinkern" gesehen werden sollte, hätte SPÖ-Wahlkampfmanager Meinhard Eiter nicht nur im parteieigenen „Tirol-Spiegel" (2/2008) erklären sollen. Eiter: „Die Leute wählen uns nicht wegen unserer Plakate." Das Salutieren sei als „ironisches Servus" zu sehen. Werbung müsse polarisieren und „das tut diese Kampagne", so Eiter.

Die Grünen: „Mauern einreißen"

Die Grünen wollen im Land und in der Startkampagne eine politisch „schwarze ÖVP-Mauer" einreißen. In einer zweiten Plakatserie werden die Konterfeis der grünen Kandidaten plakatiert, wobei die eigentümliche Farbgebung am auffälligsten ist. So wirkt Spitzenkandidat Georg Willi außergewöhnlich blass auf grünem Hintergrund. Unglücklicherweise trägt Willi am Plakat ein orangefarbenes Hemd, was ihn zusätzlich optisch „krank" wirken ließ.

Das Bürgerforum: „Wählts Fritz"

Der ehemalige Arbeiterkammer-Präsident Fritz Dinkhauser entscheidet sich zum spätmöglichsten Termin, mit einer eigenen Liste bei der Landtagswahl anzutreten. Wegen akuten Geldmangels – Dinkhauser nimmt zur Finanzierung des Wahlkampfes selbst einen Kredit auf – plakatiert das Bürgerforum hauptsächlich weiße 16 Bogen Plakate mit der Homepage. Gegen Ende des Wahlkampfes wird das Zugpferd der Liste, Bürgerforum-Chef Fritz Dinkhauser, affichiert.

Die FPÖ: Blaue Wortspiele

Die Freiheitlichen „kupfern" ihre Plakate gänzlich von der Wiener FPÖ ab. „Warum das Zugpferd Heinz-Christian Strache nicht nützen?", argumentiert der freiheitliche Spitzenkandidat Gerald Hauser. Auch die aus dem Gemeinderatswahlkampf 2005 bekannte FPÖ-Terminologie wird im Tiroler Landtagswahlkampf übernommen. Slogans wie „Daham statt Islam" oder „Pummerin statt Muezzin" sollen auch in Tiroler Städten mit hohem Ausländeranteil wie Telfs, Hall, Landeck oder etwa Wörgl und Kufstein ziehen.

Die Macht des Fernsehens

Wie wichtig der TV-Auftritt im ORF, auch im ORF-Tirol ist, macht ÖVP-Landesgeschäftsführer und Wahlkampfmanager Hannes Rauch deutlich. Noch Anfang Mai will er sich auf keine Termine für Auftritte in den Bezirken festlegen, denn: Noch sei nicht fixiert, wann die Fernsehauftritte von Landeshauptmann van Staa stattfinden. Weiters sei noch kein Termin für die sogenannte „Elefantenrunde", die Konfrontation aller Tiroler Spitzenkandidaten, fixiert worden. Fixiert war Anfang Mai nur der ÖVP-Wahlkampfauftakt am 17. Mai in einem Festzelt in Wattens, gleich neben dem Firmengelände der Unternehmensgruppe Swarovski.

Im Mai finden im ORF-Studio am Innsbrucker Rennweg die Interviews der Spitzenkandidaten statt. Die Spitzenkandidaten aller im Landtag vertretenen Parteien präsentieren in der Bundesländersendung „Tirol Heute" im Gespräch mit Chefredakteur Christoph Sailer ihr politisches Programm.

Am 1. Juni, eine Woche vor der Landtagswahl, gibt es am Vormittag in einer „Pressestunde spezial" die sogenannte „Elefantenrunde" mit den Spitzenkandidaten aller Parteien. Eingeladen sind nur Vertreter der im Landtag sitzenden Parteien, so verlangt es die Einladungspolitik des ORF. Werden durch den ganzen Wahlkampf hauptsächlich Untergriffe zwischen Fritz Dinkhauser und Herwig van Staa in all ihrer thematischen Vielfalt (Angriffe von Dinkhauser auf Benedikt, den Sohn von van Staa, wegen eines Grundkaufs; Verwendung der Arbeiterkammer durch Dinkhauser für private Zwecke) von Tiroler Medien verbreitet, so steht im Mittelpunkt dieser ORF-Stunde durchaus auch Agenda Setting abseits von persönlichen Angriffen. Im Mittelpunkt der Diskussion stehen die Armutsgefährdung von Familien angesichts der Teuerungswelle, der Transitverkehr oder die Agrargemeinschaften.

Gegen die Einladungspolitik des ORF protestieren die KPÖ und das Bürgerforum. Die KPÖ spricht von einer Einteilung in „Wahlwerber 1. und 2. Klasse", Fritz Dinkhauser bezeichnet die Pressestunde als „demokratiepolitische Farce", das Informationsrecht der Bevölkerung werde mit den Füßen getreten.

Das Internet verzeiht nichts: Konrad Plautz auf *YouTube*

Die politische Relevanz des Internets

Seit dem Aufkommen des Internets in den neunziger Jahren werden seine politische Relevanz und seine neuen politischen Beteiligungsformen diskutiert. Die Literatur zeigt jedoch, dass der Computer das Verhältnis von Bürger und Staat nicht grundlegend gewandelt hat. Er hat nicht zu qualifizierter Bürgerbeteiligung geführt und es hat auch nicht die Informationsvormacht von Regierungseliten geschmälert (vgl. Siedschlag 2005, 12).

Konrad Plautz und der Wurzner Joggl auf YouTube

Eines hat das Internet aber gebracht. Politiker können ihre Pannen und Ausrutscher nicht mehr so leicht verstecken. Dank Handy- und Digitalkamera landet so einiges, was früher nicht an die Öffentlichkeit gelangte, auf der Internetplattform *YouTube*. Nicht nur entlarvende Amateurfilme, wie etwa „Die Macht des Erwin Pröll", der einen verbalen Ausrutscher des niederösterreichischen Landeshauptmannes auf einer Feier zeigt,[1] sondern auch professionelle Zusammenschnitte, etwa ein Ausschnitt der ORF-Sendung „Report". Bundeskanzler Alfred Gusenbauer informiert sich, mäßig öffentlichkeitswirksam, über das Befinden von Donawitz-Arbeitern.[2] Nicht zu vergessen der französische Staatschef Nicolas Sarkozy, betrunken beim G8-Gipfel.[3]

Highlight des Tiroler Landtagswahlkampfes 2008 ist das – übrigens professionell hergestellte – Präsentationsvideo des ÖVP-Überraschungskandidaten und UEFA-Schiedsrichters Konrad Plautz.[4] Das Video verschwand sogar während des Wahlkampfes von *YouTube*, wurde aber von der Internet-Gemeinde wieder veröffentlicht. Nach der Veröffentlichung des „Tiroler Weges" der ÖVP-Kandidaten auf *YouTube* folgen Nachahmer. Etwa der Tiroler Weg des „Wurzner Joggl".[5] Das Ziel von Parteistrategen, durch Einbindung des Internets politische Botschaften und Kandidaten auch einem jungen Publikum vorzustellen, kann sich also auch als Schuss nach hinten erweisen.

„Das wahre Gesicht des Erwin Pröll" wird im ersten Halbjahr 2008 übrigens an die 140 000 Mal angeklickt. Ebenfalls weit oben auf der *YouTube*-Hitlist von Politikerfettnäpfchen ist Alfred Gusenbauers „Gesudere" Sager: Wer ihn nicht im ORF gesehen hat, klickt ihn an, pro Monat durchschnittlich 30 000. Wie oft das Konrad-Plautz-Video im Internet angeklickt wird, ist schwer abzuschätzen, da das File zeitweise wieder aus dem Netz verschwand.

Wirkung

Das Plakat mobilisiert

Das Plakat ist neben dem Fernsehen und dem Internet das zentrale Bild-Schrift-Medium in der politischen Wahlkampfkommunikation (vgl. Domsich/Moser 2003, 592). In Wahlkampfspitzenzeiten ist das Land zugeklebt mit Plakaten aller Parteien. Diese Plakate haben immerhin ein Aktivierungspotenzial von 80 bis 90 Prozent, so der Politikwissenschafter Fritz Plasser (in: West 16, 2008, 27). Dem Plakat kommt im Wahlkampf wissenschaftlich betrachtet „mobilisierende Wirkung" zu: Die Menschen wissen durch die Plakatständer schlicht, dass eine Wahl ansteht. Umgekehrt könnte das Plakat und Werbung also generell nur als Tranquilizer für Management und

Marketing und politische Werbung im Speziellen eine kostspielige Motivationsaktion für Stammwähler und Wahlhelfer sein, geben Domsich und Moser (2003, 590) zu bedenken. Andererseits müsse es die Chance zur Kommunikation politischer Inhalte geben, seien sie doch „der Kitt im Konglomerat individueller Lebenskonzepte und Weltbilder" (Domsich/Moser 2003, 590).

TV – Die Macht der Bilder

Das Fernsehen und hier insbesondere die TV-Konfrontationen vor Wahlen sind trotz Kritik das wichtigste „Transportmedium" für Politiker und ihre Botschaften. Der ORF ist nicht nur Leitmedium in Österreich, er hat mit seinem öffentlich-rechtlichen Auftrag quasi Informationspflicht. Und zweifellos hat das Fernsehen mit seinen Ebenen Bild, Text und Ton die größte Wirkung auf seine Rezipienten.

Das überschätzte Internet

Es hat sich gezeigt, dass die Digitalität oder die Virtualität des Politischen keinen neuen Bewertungsmaßstab und kein neuartiges Anforderungsprofil für Handeln und Kommunikation liefert. Es gibt aber Vermutungen, wie sich das Internet auf die Partizipation auswirkt: Zum einen gibt es die Vision vom Internet als herrschaftsfreiem Raum, in dem sich die Bürger selbst organisieren. Zum anderen gibt es die Sorge vor einer Informationsdominanz und auf einseitiger Information gestützten elektronischen Populismus (vgl. Siedschlag 2005, 12). Theoretischer Wunschtraum: Das Internet soll nicht nur Partizipationsräume eröffnen, sondern auch effektive, kompetenzgestützte Problembewältigungen fördern und durch Top-Down-Kommunikation eine breite öffentliche Akzeptanz sichern.

Die Internet-„Teilöffentlichkeit"

Allerdings nutzt in der Realität nicht die gesamte Bevölkerung das Internet: Die Bevölkerung ist zersplittert in „Teilöffentlichkeiten", die die Online-

Möglichkeiten aber bei Weitem nicht nutzen, sich zu breit informieren oder sich bei Informationssuche nur an Eigeninteressen oder an der medialen Attraktivität der Angebote orientieren und damit gerade nicht staatsbürgerlich kompetenter und verantwortungsbewusster werden.

„Wenn sich Politik mit der Zeit von vornherein auf solche Teilöffentlichkeiten konzentriert und diese gezielt über Netzkampagnen anspricht, verbessert das Internet den Kontakt zur breiten Öffentlichkeit nicht, sondern schneidet ihn ab" (Siedschlag 2005, 17). Daher vollzieht sich politische Kommunikation im Netz aus Sicht der digitalen Demokratie nicht in einem herrschaftsfreien Raum, sondern baut auf bereits vorhandene Strukturen und Machtverteilung auf. Folglich bedeutet das, dass Technik nie politische Defizite behebt, sondern in Staat und Gesellschaft bereits angelegte Tendenzen akzentuiert.

Print-Tradition im Agenda Setting

Die Tatsache, dass sich „Klassiker" der Herstellung traditioneller Öffentlichkeit, also Internetauftritte von Qualitätszeitungen, auch im Internet großer Beliebtheit erfreuen, zeigt, dass nach wie vor noch die konventionell hergestellten Themen und Nachrichten im Vordergrund des Nutzerinteresses stehen (vgl. Abendschön 2005, 30). Es bedarf also offenbar immer noch einer zentralen Thematisierungs- und Filterfunktion der Massenmedien. Im Internet stellen sich ja erst einmal alle Informationen als gleichwertig dar, das professionelle mediale Agenda Setting der Medien fehlt.

Aus einer Untersuchung in Deutschland geht hervor, dass die Themen eines Leitmediums (FAZ) sich mit der untersuchten Online-Öffentlichkeit (politikforum) größtenteils decken. In manchen Bereichen werden in der Online-Öffentlichkeit aber deutlich mehr Themen abseits des Mainstreams behandelt (vgl. Abendschön 2005, 39). Ähnliches dürfte wohl auch für die Tageszeitung „Der Standard" und für seinen Onlineauftritt www.derstandard.at gültig sein. Wiewohl der Online-Standard sehr wohl nach Andruck der Zeitung Artikel übernimmt, werden auch eigenständige Themen recherchiert.

Zusammenfassung und Zahlen

Tragbare Bild- und Speichermedien haben die Jahrtausende währende Autorität über das mediale Bild gebrochen. Synchron zur Inflation der Bilder kommt es zur Inflation der Interpretationen. Daran schließt die Industrialisierung der Information an und beendet damit die Epoche der kollektiven Kommunikation. Wegen ihrer Mechanisierung degeneriert sie zu Medialisierung und bringt uns von der Epoche der Postmoderne in die Kultur der Postinformation (vgl. Domsich/Moser 2003).

Eine weitere Veränderung bringt das Internet mit der Möglichkeit, über Chats und Blogs sofort auf Politiker-Statements zu antworten, obwohl der Einfluss des Internets in Europa bzw. Österreich noch nicht annähernd die Bedeutung wie etwa in den USA erreicht hat. Allerdings besteht heute allgemein die Tendenz zu der Aussage, dass das Internet weder zu einem eigenen politischen Raum geworden ist noch dazu geführt hat, die Politik neu, also aktivbürgerschaftlicher oder basisdemokratischer, zu gestalten. Im Netz gibt es sogenannte „Ingroups“: Für sie besteht eine sehr gute Voraussetzung für diskursive Interaktion, während zwischen einzelnen Gruppen Diskursbarrieren bestehen. „Die kommunikative Konstruktion von Netzkultur integriert die Beteiligten, geht aber auch gleichzeitig in Richtung Inklusion und Exklusion derjenigen einher, die nicht in der Netzkultur sozialisiert sind bzw. nicht an ihr partizipieren“ (Döring 2003, 181). Dies fällt auch beim Lesen der Postings auf www.derstandard.at auf. Die Poster antworten und kennen sich offenbar untereinander, es scheint eine eigene Kommunikationskultur und -möglichkeit entstanden zu sein.

Das Internet bietet aber immerhin eine Plattform für Agenda Setting der im Internet präsenten Zivilgesellschaft gegenüber der Politik. Das Praxisproblem beim Agenda Setting im Internet ist aber ein „falsches Mainstreaming“. Die Internetforschung geht davon aus, dass Menschen dazu neigen, bei der Online-Informationssuche eine Informationsauswahl zu treffen, die ihre eigene Meinung pointiert. Demzufolge ist sowohl der Raum für Konfliktaustragung als auch der Raum für Kompromisse im Internet kleiner als bei herkömmlichem öffentlichem Agenda Setting (vgl. Siedschlag 2005, 22).

Interaktive Online-Tagebücher, also Weblogs oder Blogs, sind derzeit der letzte Schrei in der politischen Internetkommunikation. Sie bieten ihren Lesern die Möglichkeit zu Anmerkungen und Kommentaren und bilden damit eine „Plattform für Meinungs- und Informationsaustausch, deren Korrektiv die Gemeinde der Internetnutzer ist“ (Frankfurter Rundschau vom 23. 3. 2005, 23). Für den Bürger eröffnet sich also die Möglichkeit, eine stärkere und aktivere Stellung im politischen Kommunikationsprozess einzunehmen. Dies bedeutet eine Herausforderung für traditionelle Massenmedien. Trotzdem gelten diese immer noch als Hauptakteure in der Vermittlungsleistung der politischen Kommunikation. Ihre wichtigste Aufgabe besteht in Themenauswahl und Themensetzung.

Das politische Plakat ist also in erster Linie Meinung und Image, das Fernsehen Bild und Gefühl, die Zeitung Information. Bei der Gewichtung des Wahlkampfmixes (Plakate, Direct Mails, Internet), direktem Wahlkampf (persönliches Gespräch, Wahlveranstaltung) und dem politischen Wahlkampf in den Medien muss unterschieden werden. Eine Wechselwirkung zwischen den Einzelnen kann, so Domsich und Moser (2003, 594), nicht absolut quantifiziert werden. Als Faustregel gilt: 80 bis 90 Prozent der Wähler treffen ihre Wahlentscheidung aufgrund der medialen Berichterstattung und durch direkten Wählerkontakt, mit Werbemitteln werden 10 bis 20 Prozent der Wahlentscheidungen beeinflusst.

Für die Tiroler Landtagswahl haben den Kampf um die mediale Auseinandersetzung im Mai 2008 laut einer Studie der APA-Tochter *MediaWatch* in den Printmedien Landeshauptmann Herwig van Staa und Ex-AK-Chef Fritz Dinkhauser gewonnen. In Fernsehen und Radio herrscht (öffentlich-rechtliche Ausgewogenheit und private) Ausgewogenheit. Dominantes Thema im hart geführten Wahlkampf war das Antreten Dinkhausers mit einer eigenen Liste, dessen Auswirkungen auf das politische Kräfteverhältnis und mögliche Koalitionsverhandlungen.

Anmerkungen

1 Vgl. http://www.youtube.com/watch?v=GxOnpOAZXyQ (14. 10. 2008).

2 Vgl. http://www.youtube.com/watch?v=sdbQgTGakuk (14. 10. 2008).

3 Vgl. http://www.youtube.com/watch?v=1uxbOSHgz/A&A&feature=related (14. 10. 2008).

4 Vgl. http://www.youtube.com/watch?v=oiT2iu72fAo (14. 10. 2008).

5 Vgl. http://www.youtube.com/ watch?v=uOsuR_DKoec (14. 10. 2008).

Literatur

Abendschön, Simone (2005). Politische Online-Öffentlichkeit – abseits vom Mainstream der Printmedien?, in: Welt Trends. Zeitschrift für internationale Politik und vergleichende Studien, 27–42.
Domsich, Johannes/Moser, Christian (2003). Che bella figura. Wie Neues durch Altes schimmert. Über Wirkung und Funktion politischer Plakate, in: Khol, Andreas u. a. (Hg): Österreichisches Jahrbuch für Politik 2003, 585–605.
Frankfurter Rundschau vom 23. 3. 2005, 23.
Langegger, Verena (2008). Ruhe vor dem Sturm, in: West, Ausgabe 16, 2008.
Möller, Erik (2006). Die heimliche Medienrevolution. Wie Weblogs, Wikis und freie Software die Welt verändern, Hannover: Heise.
Siedschlag, Alexander (2005). Digitale Demokratie – Netzpolitik und Deliberation, in: Welt Trends. Zeitschrift für internationale Politik und vergleichende Studien, 11–26.
Peter Sloterdijk (2005). Im Weltinnenraum des Kapitals, Frankfurt/Main: Suhrkamp.
Tirol-Spiegel, Ausgabe 2, Juni 2008.

Internetquellen

http://www.youtube.com/watch?v=GxOnpOAZXyQ (14. 10. 2008).
http://www.youtube.com/watch?v=sdbQgTGakuk (14. 10. 2008).
http://www.youtube.com/watch?v=1uxbOSHgz/A&A&feature=related (14. 10. 2008).
http://www.youtube.com/watch?v=oiT2iu72fAo (14. 10. 2008).
http://www.youtube.com/ watch?v=uOsuR_DKoec (14. 10. 2008).

Abschnitt IV

Die Positionierung

Peter Bußjäger

Die Identität Tirols und die Europaregion

Bemerkungen zur Rolle Tirols im grenzüberschreitenden Kontext

Zur Einleitung: Ein Buch über die Identität Tirols in Europa

Die Einheit Tirols wird in politischen Reden nach wie vor beschworen. Auch Landeshauptmann Günther Platter hat in seiner Antrittsrede von einem „Gesamttirol" gesprochen, wobei dieses Gesamttirol freilich nicht in einer rückwärts gewandten Sicht als Rekonstruktion einer früher bestandenen Einheit, sondern als Grenzüberschreitung und Kooperation gleichberechtigter und gleich wichtiger Partner verstanden wurde (vgl. die Antrittsrede von LH Platter vom 1. 7. 2008).

Im Jahre 2007 erschien im renommierten Springer Verlag ein Buch über *Die Identität Tirols in Europa* (Pernthaler 2007). Sein Autor, der emeritierte bekannte Staatsrechtslehrer Peter Pernthaler, setzte sich darin in sehr umfassender Weise mit der Region Nordtirol-Südtirol-Trentino auseinander. Er stellte schon in seinem Vorwort fest, dass gegenüber der Dynamik der eigenen Identität der Landesteile die integrierenden Elemente immer mehr zurücktreten würden. Auch das Projekt einer rechtlichen Institutionalisierung der grenzüberschreitenden Zusammenarbeit in einer Europaregion Tirol-Südtirol-Trentino trage bisher wenig zur Integration der Landesteile bei.

Dem Buch war wenig mediale Aufmerksamkeit beschieden, was vielleicht an der scheinbaren Spröde juridischer Analysen liegen mag, die sich mit dem Begriff der Identität, der Region, der Einheit und dergleichen auseinandersetzten. Dies ist, wenn man den Gedanken „Gesamttirol" noch ernst nimmt, aus folgenden Gründen bedauerlich: Der Autor stellte nämlich in seinem Werk sein Konzept einer „Europäischen Regionalgemeinschaft Tirol" vor (Pernthaler 2007, 186–195). Demnach sollte die Europäische Regionalgemeinschaft Tirol aus Nordtirol (einschließlich Osttirol) und Südtirol bestehen. Mit dem Trentino würde eine „enge regionalpolitische Zusammenarbeit" vorgeschlagen (Pernthaler 2007, 187), also eine Art „privilegierte Partnerschaft", aber eben nur dies: Die Landeseinheit Tirols würde von Nordtirol und Südtirol gebildet (so auch Pernthaler 2006, 105).

Pernthaler bezweckt mit seinem Konzept, eine fortschreitende Integration der beiden Landesteile einzuleiten, die durch Kooperation herzustellen wäre. Landeseinheit würde demnach durch gleichgerichtete, aufeinander abgestimmte Kompetenzwahrnehmung erzeugt. „Im Endausbau der Europäischen Regionalgemeinschaft müssten *alle* autonomen Angelegenheiten und Vollzugsbereiche des nationalen und europäischen Rechts daraufhin überprüft werden, ob sie nicht besser und effizienter auf ‚interregionaler Ebene' geführt werden könnten. Es sollte also rechtlich eine *dynamische Zielformel* der ‚Gemeinschaftszuständigkeiten' verankert werden" (Pernthaler 2007, 192). Instrument zur Zielerreichung sollte eine Art konföderalistisches Vorgehen der beiden Landesteile im Wege gemeinsamer Regierungskonferenzen, gemeinsamer Landtage und dergleichen sein (vgl. Pernthaler 2007, 193).

Das Konzept ist weniger utopisch, als es den Anschein hat, beruht es doch auf traditionellen Formen informeller Zusammenarbeit, die ohne Weiteres für ein gemeinsames Vorgehen in weiten Bereichen der Kompetenzen der beiden Landesteile fruchtbar gemacht werden könnten. Die institutionellen Schranken eines akkordierten Vorgehens liegen freilich auf der Hand: Rechtlich müssten stets getrennte Regierungsentscheidungen und Landtagsbeschlüsse gefasst werden, was bei zwei verschiedenen politischen Entitäten, mögen auch ähnliche gelagerte Parteien zumindest den deutlich größten Mandatsanteil auf sich vereinigen können, niemals ganz einfach ist. Wollte man die Europäische Regionalgemeinschaft daher wirklich zum Leben erwecken, müssten sowohl auf europäischer wie auch auf nationaler Ebene wesentliche Schranken niedergerissen werden (vgl. Pernthaler 2007[7], 194f).

Es überrascht dennoch, dass die Politik Pernthalers Konzept der Weiterentwicklung des Verhältnisses der informellen Zusammenarbeit in der Europaregion überhaupt nicht aufgegriffen hat. Wenn man die Herstellung der Landeseinheit anstrebt, wie dies in der Präambel der Tiroler Landesordnung erfolgt, dann ist die Europäische Regionalgemeinschaft das entsprechende Instrument dazu. Möglicherweise ist das Konzept der Politik in der

Tat zu wenig bekannt, was in gewisser Weise bezeichnend wäre für den Verbalismus, der den Gedanken der Landeseinheit umrankt.

„Tausche Wien gegen Südtirol"?

Ein besonderer Ausdruck des Verbalismus, was die Landeseinheit betrifft, ist auch der in den vergangenen Jahren populär gewordene Leitspruch: „Tausche Wien gegen Südtirol", der auf Aufklebern und T-Shirts erhältlich ist und, wie unschwer im Internet zu recherchieren ist, insbesondere von der Jugend offenbar gerne nachgefragt wird.

Handelt es sich um sentimentale Erinnerung an die Landeseinheit ausgerechnet unter Jugendlichen, der die Zugehörigkeit zum österreichischen Staatsverbund gerne geopfert würde? Das wohl nicht, aber die saloppe Formulierung zeigt, dass der Gedanke der Landeseinheit nach wie vor in den Köpfen präsent ist, und nicht nur in den älteren.

Es ist aber nicht nur der Gedanke der Landeseinheit, sondern eben auch der Tiroler Identität. Dieses Identitätsgefühl kann womöglich nördlich des Brenners stärker ausgeprägt sein als südlich davon. Interessant ist aber vielmehr die Frage, ob sich daraus politische Rückschlüsse ergeben. Gibt es eine spezifische „Tiroler Politik"?

Dies ist nicht ganz von der Hand zu weisen. Es gibt spezifische Interessen Tirols in der Verkehrspolitik und dazu auch formulierte Standpunkte. Diese sind in gewisser Hinsicht auch alpenraumspezifisch und gelten zumindest bedingt auch für Südtirol.

Die Südtirolpolitik Tirols scheint allerdings wie jene Österreichs in den Geleisen des „business as usual" eingefahren. Dies steht hinter dem Satz: „Die Südtirolpolitik war im Berichtsjahr 2007 von Kontinuität in der Zusammenarbeit gekennzeichnet" (Institut für Föderalismus 2008). Diese Verwaltung des Bestehenden war in den letzten Jahren nur einmal ein wenig aufgewirbelt, als vom österreichischen Nationalrat mit den Stimmen von ÖVP, SPÖ, FPÖ und BZÖ der Entschließungsantrag für die Aufnahme der Schutzfunktion Österreichs für Südtirol in die geplante neue Verfassung angenommen wurde. Die Entschließung trug folgenden Wortlaut: „Der Nationalrat unterstützt bei einer Verfassungsreform die Aufnahme einer Bestimmung in die österreichische Bundesverfassung, welche die Schutzfunktion für die österreichische Volksgruppe in Südtirol verankert. Die Beachtung der Schutzfunktion anderer Staaten für ihre in Österreich lebenden Volksgruppen (Art. 8 Abs. 2 B-VG) soll gleichermaßen in die Bundesverfassung aufgenommen werden. Die Bundesregierung wird ersucht, in diesem Sinne vorzugehen" (Entschließung 212/E (XXXII. GP); vgl. auch Institut für Föderalismus 2007, 266).

Da das Projekt einer neuen österreichischen Bundesverfassung schon zum damaligen Zeitpunkt wenig Erfolgsaussichten besaß, konnte der Nationalrat gewiss leichten Herzens eine derartige Entschließung fassen, im Bewusstsein, niemals für ihre Einlösung auch gegenüber einem allenfalls irritierten Italien einstehen zu müssen. Der Protagonist der Entschließung war aber ein Tiroler mit Südtiroler Wurzeln, kein Geringerer als der frühere Nationalratspräsident Andreas Khol.

Die Regierung Prodi war durchaus positiv gegenüber der Südtiroler Autonomie eingestellt. Wie sich dies unter Berlusconi darstellen wird, kann zum gegenwärtigen Zeitpunkt noch nicht klar prognostiziert werden. Auch in die Begnadigung der ehemaligen Südtirol-Aktivisten kam zumindest ein bisschen Bewegung, indem sich der italienische Staatspräsident Napolitano dazu bewegen ließ, im August 2007 einen österreichischen Südtirol-Aktivisten zu begnadigen und vier weiteren Betroffenen, deren Strafen in den letzten Jahren verjährt waren, die noch verbliebenen Nebenstrafen zu erlassen (vgl. Institut für Föderalismus 2008). Dies sind jedoch nur Nuancen in einem Verhältnis, das sich im Wesentlichen als freundnachbarlich bezeichnen lässt.

Nicht nur die euroregionale Beziehung ist wesentlich von Verbalismus geprägt, sondern auch das Bestreben um die Verfolgung einer eigenständigen Politik gegenüber Wien. Österreichweit hat sich Tirol abseits des Verkehrsthemas kaum mit markanten Positionierungen profiliert. Es ist wohl ein Verbalismus zugunsten von Eigenständigkeit und Abgrenzung von der Zentrale „Wien" feststellbar, aber wenig tatsächlich eigenständige Politik.

Zwar leidet der österreichische Föderalismus generell darin, dass die Länder wohl mit mehr oder weniger markigen Worten ihrem Landesvolk Eigenständigkeit und Abgrenzung gegenüber Wien demonstrieren wollen, aber in der Realität kaum tatsächlich eigenständige Politik betreiben. Dies liegt nicht nur an eingeschränkten Kompetenzen. Regionale Politikfelder, in denen die Länder zwar nicht vollständig frei, aber doch wohl wesentlich mitgestalten können, verblieben dennoch genug: von der Raumordnung und den Naturgefahren über den Tourismus bis hin zur Bildungs- und Sozialpolitik. Vielmehr ist die Bereitschaft, tatsächlich eine eigenständige Politik zu betreiben, die auch zu einer gewissen Abgrenzung von der jeweiligen Bundespartei führen würde, relativ gering. So bleibt es auch hier beim Verbalismus und dabei, dass eine spezifische Tiroler Politik abseits des Verkehrsthemas kaum artikuliert wird.

Was ist „Tirol" in Europa?

Die Euregio Tirol-Südtirol-Trentino ist auf der europäischen Ebene durch ein eigenes Vertretungsbüro in Brüssel präsent. Als Symbol ist das Büro bestens geeignet, die Erfolgsgeschichte der europäischen Integration zu verdeutlichen und die Überwindung der Grenzen, so gut dies in einem noch immer von den Nationalstaaten geprägten Umfeld möglich ist, sichtbar zu machen. Das gemeinsame Büro ist ein Symbol einer virtuellen Landeseinheit, die rechtlich zwar nicht mehr existiert, aber noch gewisse identitätsstiftende Elemente aufweist.

Kritischer sieht die Bilanz aus, wenn man die Leistungsfähigkeit einer solchen Institution überprüft, die eine unter circa 230 vergleichbaren regionalen Einrichtungen darstellt (vgl. Staudigl 2006, 99). Sie ist primär eine Lobbying-Einrichtung, deren konkreter Erfolg nur schwer beurteilt werden kann (vgl. auch Staudigl 2006, 91ff). So verwundert es auch nicht, dass eine konkrete Erfolgsbilanz der Vertretung, die sich von der bloßen Auflistung von Tätigkeiten unterscheidet, nicht zu finden ist. Immerhin gelingt es, alpenraum- und tirol-spezifische Herausforderungen sichtbar zu machen, wenn beispielsweise im Vertretungsbüro in Brüssel ein umfassender Alpenzustandsbericht mit dem Titel „Verkehr und Mobilität im Alpenraum" präsentiert wurde. Damit gab es erstmals eine alpenweite Gesamtbetrachtung zum Schwerpunktthema Verkehr, die übrigens auch von allen Mitgliedern der Alpenkonvention gemeinsam getragen wird (vgl. Institut für Föderalismus 2008).

Die Möglichkeiten Tirols als einer Region eines der kleineren Mitgliedsstaaten der Europäischen Union, auf der europäischen Ebene als eigenständiger Akteur wahrgenommen zu werden, sind insgesamt bescheiden. Das Land wirkt in den verschiedenen Organen in und außerhalb der EU, die sich der Vertretung regionaler Interessen widmen, mit: Von der KGRE, dem Kongress der Gemeinden und Regionen Europas im Europarat, über die VRE, der Versammlung der Regionen Europas, eines losen Zusammenschlusses verschiedenster Regionen in und außerhalb der EU, der REGLEG, ein Zusammenschluss der Regierungen der Regionen in der EU mit Gesetzgebungshoheit, verschiedenen weiteren Organisationen bis hin zum Ausschuss der Regionen. Im Jahr 2009 wird Tirol den Vorsitz in der CALRE, das ist die Organisation der Parlamente der Regionen mit Gesetzgebungshoheit, innehaben.[1] Dies ist eine Chance, spezifische Tiroler Anliegen in Europa zu transportieren, wenngleich „nur" im Rahmen einer Organisation, die rechtlich nicht mehr als ein loser Zusammenschluss verschiedener Regionen mit ähnlicher institutioneller Ausstattung darstellt. Nicht viel anders ist der Umstand zu bewerten, dass Innsbruck mit dem Sekretariat der Alpenkonvention den Sitz einer internationalen Organisation stellt. Obgleich es sich bei der Alpenkonvention um ein völkerrechtliches Abkommen handelt, bei dem die Europäische Union lediglich einer von mehreren Vertragspartnern ist, so wird auch mit dem Sekretariat in Innsbruck und der Außenstelle ein Zeichen gesetzt: Tirol, Gesamttirol, als Herz des Alpenraumes und seiner Herausforderungen.

Die Wirkung des Outputs all dieser Aktivitäten ist, was in der Natur der Sache liegt, nur schwer messbar. Im Grunde handelt es sich bei den genannten Aktivitäten auf europäischer Ebene wie bei den Aktivitäten der Vertretungsbüros um ein allgemeines Lobbying für Anliegen von Regionen. Viel mehr als das gemeinsame Engagement für das Ziel, dem Subsidiaritätsprinzip in Europa zu einer stärkeren Beachtung zu verhelfen, ist unter diesen heterogenen Regionen nicht durchsetzbar (vgl. dazu auch Bußjäger 2007, 582–586). Weiters war bisher eine relativ starke Exekutivlastigkeit der europapolitischen Bemühungen ersichtlich. Die Beteiligung des Landtages blieb vergleichsweise bescheiden, obgleich die rechtlichen Instrumente vorhanden wären, die Regierung durch Landtagsbeschlüsse zu einem bestimmten Verhalten zu zwingen. Dies ist nicht nur Resultat der Tatsache, dass eine vom Parlament kreierte und vom Parlament abhängige Regierung stets danach trachtet, durch entsprechende Koalitionsbildung Widerstand im Parlament nach Möglichkeit auszuschalten, sondern auch des Umstandes, dass der Landtag strukturelle Probleme hat, auf dem schwierigen und unübersichtlichen Feld der Europapolitik die mit einem Informationsvorsprung und vor allem Expertenvorsprung ausgestattete Landesregierung tatsächlich zu kontrollieren.

Was kann die Europaregion?

Die Kooperation in der Europaregion läuft weitgehend über informelle Schienen. Das ist damit gemeint, dass „vor allem im Bereich der faktischen Kooperation [...] die Zusammenarbeit in der Europaregion ausgeweitet und vertieft wurde" (Ressortbericht von LH van Staa 2007, 34). Dieses Zitat eines Exekutivorgans der drei an der Europaregion beteiligten Länder wird noch wie folgt ergänzt: „Nach der übereinstimmenden Auffassung der drei Landeshauptmänner soll die gemeinsame Arbeit an konkreten Projekten gegenüber der nach wie vor problematischen institutionellen Fundierung der Vorzug gegeben werden, zumal ein geeignetes völkerrechtliches bzw. europarechtliches Instrumentarium für die Schaffung einer soliden rechtlichen Basis gerade in dieser Europaregion nicht vorhanden ist" (Ressortbericht von LH van Staa 2007, 34).

Die Möglichkeit des Abschlusses völkerrechtlicher Verträge, die den Partnern auf beiden Seiten des Brenners zur Verfügung stehen würde (vgl. Zeller 2006, 69), wurde bisher überhaupt nicht genutzt. Ein Grund für die Vorbehalte der Landeshauptmänner liegt wohl in den Interventionsmöglichkeiten der zentralen Ebene und deren Genehmigungsvorbehalten, die das völkerrechtliche Instrument für Akteure, die sich als Vertreter selbstbewusster Regionen sehen, völlig unattraktiv macht. Daneben spielt noch der Umstand eine – wenngleich nicht zwingende – Rolle, dass das 1. Zusatzprotokoll zum Madrider Abkommen, das auch die Errichtung grenzüberschreitender Einrichtungen mit Entscheidungsbefugnissen ermöglichen würde (vgl. Karl 2007, 92f), von Italien noch nicht ratifiziert wurde (vgl. Zeller 2006, 70).

Es ist bezeichnend, dass Tirol wie auch die anderen österreichischen Länder trotz intensiver grenzüberschreitender Kontakte vom Instrument des Art. 16 der Bundesverfassung (B-VG), das es ihnen erlauben würde, mit ausländischen Staaten oder deren Teilstaaten Länderstaatsverträge abzuschließen, bislang nicht Gebrauch gemacht hat. Dies ist umso interessanter, als seit der Verfassungsreform 2001 in Italien auch den italienischen Regionen diese Rechte zustehen (vgl. Zeller 2006, 69). Diesseits wie jenseits des Brenners bleibt der Abschluss des Staatsvertrages jedoch letztlich Bundesorganen bzw. Organen der Zentralregierung vorbehalten.

Es liegt auf der Hand, dass diese und andere Aufsichtsbefugnisse geradezu als Demütigung empfunden werden und daher, solange die Ziele auf eine andere Art ebenso erreicht werden können, tunlichst vermieden werden. Instrumente, die dazu zur Verfügung stehen, sind vor allem Verwaltungsvereinbarungen und privatrechtliche Verträge (vgl. dazu auch Müller

2006, 81). Der Verbindlichkeitsgrad der Verwaltungsvereinbarungen liegt zwar unter jenem eines Staatsvertrages, bietet den Partnern jedoch weitaus größere Flexibilität und vor allem die Gewissheit, dass keine Interventionen von zentralen Stellen erfolgen.

Als eine gewisse Koordinierungsstelle auf parlamentarischer Ebene fungiert der Dreier-Landtag (vgl. dazu näher Siegele 2007, 127–158). Diese Versammlung der Landtage Tirols, Südtirols und des Trentino ist zwar davon geprägt, dass die Behandlung kontroverser Themen tunlichst vermieden wird und daher kaum eine echte parlamentarische Diskussion und Atmosphäre entsteht, immerhin ermöglicht sie es doch, öffentlichkeitswirksam jene Themen in den Vordergrund zu rücken, die in der Europaregion gemeinsam und abgestimmt bearbeitet werden sollen. Der Dreier-Landtag bildet daher sozusagen ein Verbindungsglied zwischen den auf exekutiver Ebene vorbereiteten Projekten und der Öffentlichkeit (vgl. kritisch zur Leistungsfähigkeit des Dreier-Landtags Pahl 2006, 148).

In seiner Sitzung vom 18. April 2007 fasste der Dreier-Landtag insgesamt 24 Beschlüsse in den Bereichen Verkehrspolitik, Wissenschaft und Kultur, Gesundheitswesen, Jugend, Entwicklungszusammenarbeit, Umwelt und Energie bis hin zu Landwirtschaft und Erhaltung des ländlichen Raums. Auch wenn der Verbindlichkeitsgrad der Beschlüsse gering und die Beschlüsse wenig kontrovers sind, so ist der Dreier-Landtag immerhin doch die Bühne, auf welcher die Europaregion Konturen gewinnt.

Zur Artikulierung europapolitischer Anliegen ist der Dreier-Landtag freilich strukturell schon deshalb nicht geeignet, weil seine Tagungskadenzen viel zu groß sind, als dass er rechtzeitig auf Rechtsetzungsvorhaben und andere Projekte der Europäischen Union reagieren könnte. Auch um Projekte und Anliegen in die Europäische Union hineinzutragen, ist er zu unflexibel. Hier könnte nur eine Geschäftsordnungsreform zu einem echten Fortschritt führen, die aber nicht in Sicht ist.

Die Europaregion ist wohl noch nicht an der Grenze ihrer Leistungsfähigkeit angelangt. Eine gewisse Chance kann in der Implementierung der Verordnung der EU über den Europäischen Verbund für territorale Zusammenarbeit (EVTZ) liegen, doch ist diese Einrichtung hauptsächlich auf die Gewährleistung einer einheitlichen Verwaltung grenzüberschreitender Programme im Rahmen der Strukturfonds zugeschnitten. Als völkerrechtliches Instrument einer institutionalisierten grenzüberschreitenden Zusammenarbeit scheint die Verordnung nicht geeignet.

Die Euregio mit Südtirol und dem Trentino ist im Übrigen nicht der einzige Zusammenschluss, der sich mit dieser Bezeichnung schmückt: Es gibt die Euregio Inntal als Zusammenschluss der Tiroler Bezirke Kufstein und Kitzbühel sowie der Landkreise Rosenheim und Traunstein, weitere Euregios mit klingendem Namen sind die Euregio Via Salina (Außerfern, Allgäu, Kleinwalsertal/Bregenzerwald), die Euregio Zugspitz-Wetterstein-Karwendel.

Etwas in den Hintergrund getreten ist gegenüber den gut gedeihenden Euregios die ARGE ALP. Es scheint, als fehle das leitende Konzept hinter dem Kooperationsorgan und als ob diese frühe Form der grenzüberschreitenden Kooperation der Alpenländer überhaupt den Zenit ihrer Bedeutung überschritten hätte (vgl. Bußjäger 2007, 586f).

Die Zukunft der Identität Tirols

Es ist schwierig, hinter allen Beschwörungen der Landeseinheit eine Identität Tirols in der Zukunft festzumachen. Allen Prophezeiungen zum Trotz sind nationalstaatliche Grenzen, auch wenn sie in der Realität kaum noch zu sehen sind, von einer erstaunlichen rechtlichen Dauerhaftigkeit. Die Zugehörigkeit der beiden Landesteile zu zwei verschiedenen Staaten wird soweit absehbar auch die Zukunft prägen. Um diese Grenzen tatsächlich zu überwinden, wäre mehr als nur Verbalismus nötig, sondern visionäre Kraft und ein in die Zukunft weisendes Konzept, wie es die eingangs vorgestellte Überlegung Peter Pernthalers durchaus sein könnte. Allein, diesseits wie jenseits des Brenners dürfte es an der Bereitschaft zur Umsetzung scheitern.

So werden die beiden Landesteile weiterhin unterschiedliche Wege gehen und nur durch lose rechtliche Klammern wie der Euregio oder dem Dreier-Landtag zusammengehalten sein. Die gemeinsame Sprache, die gemeinsame Kultur werden wohl auch in Zukunft für einen gewissen Zusammenhalt sorgen, der aber nicht überschätzt werden sollte.

Anmerkung

1 Der Tiroler Landtagspräsident Herwig van Staa wurde in der Plenarversammlung der CALRE am 3./4. 11. 2008 im Baskenland zum Vorsitzenden der CALRE gewählt.

Literatur

Bußjäger, Peter (2007). Regionen mit zwei Geschwindigkeiten? Mythos und Realität des Europas der Regionen, in: Europäisches Zentrum für Föderalismusforschung (Hg.): Jahrbuch des Föderalismus 2007, Baden-Baden, 574–588.

Institut für Föderalismus (2007) (Hg.). 31. Bericht über den Föderalismus in Österreich (2006), Wien.

Institut für Föderalismus (2008) (Hg.). 32. Bericht über den Föderalismus in Österreich (2007), Wien (in Druck).

Karl, Wolfram (2007). Multilateraler und bilateraler völkerrechtlicher Rahmen, in: Hammer, Stefan/Bußjäger, Peter (Hg.): Außenbeziehungen im Bundesstaat, Wien, 89–96.

Müller, Thomas (2006). Verfassungs- und völkerrechtliche Eckpunkte für eine interregionale grenzüberschreitende Zusammenarbeit aus österreichischer Sicht, in: Laimer, Simon M. M. (Hg.): EUREGIO – quo vadis?, Wien, Bozen, Graz, 75–81.

Pahl, Franz (2006). Werdegang und Status der Europaregion Tirol, in: Laimer, Simon M. M. (Hg.): EUREGIO – quo vadis?, Wien, Bozen, Graz, 143–148.

Pernthaler, Peter (2006). Die Zukunft der Tiroler Identität in Europa, in: Laimer, Simon M. M. (Hg.): EUREGIO – quo vadis?, Wien, Bozen, Graz, 105–111.

Pernthaler, Peter (2007). Die Identität Tirols in Europa, Wien, New York.

Siegele, Josef (2007). Grenzüberschreitende Zusammenarbeit der Landtage, insbesondere durch die Gemeinsamen Landtage Tirol – Südtirol – Trentino, in: Bußjäger, Peter (Hg.): Beiträge zum Länderparlamentarismus. Zur Arbeit der Landtage, Wien, 127–161.

Staudigl, Fritz (2006). Erfolgreiches Lobbying aus der Perspektive der Regionen, in: Laimer, Simon M. M. (Hg.): EUREGIO – quo vadis?, Wien, Bozen, Graz, 91–103.

Zeller, Karl (2006). Die rechtlichen Grundlagen für eine verstärkte Zusammenarbeit in der Europaregion Tirol, in: Laimer, Simon M. M. (Hg.): EUREGIO – quo vadis?, Wien, Bozen, Graz, 65–74.

Gottfried Rainer

Zwischen allen Stühlen

Die schwierige wirtschaftliche, politische und gesellschaftliche Situation Osttirols

Seit 1920 liegt die Stadt Lienz am längsten aller in Italien entspringenden Flüsse. Eine wenig bekannte geographische Kuriosität, von der man nicht in der Schule erfährt, sondern etwa durch die Lektüre einer Etappenbeschreibung des Giro d'Italia in der „Gazzetta dello Sport". Die Etappe nach Osttirol führte ein Stück entlang der Drau, die in Südtirol entspringt, Lienz durchfließt und nach 749 km in Kroatien in die Donau mündet.

Die Grenzziehung der Siegermächte des Ersten Weltkriegs brachte neben Südtirol auch den Bezirk Lienz in eine Sonderposition. Man kann nicht sagen, dass er sich inzwischen darin bequem eingerichtet hat (wie es den materiell besser situierten Südtirolern oft zum Vorwurf gemacht wird). Weniger, weil die 2020 Quadratkilometer des Bezirks zwischen 632 und 3798 Metern Seehöhe liegen, woraus hervorgeht, dass der Siedlungsraum knapp ist und Almen, Fels und Eis vorherrschen. Das eigentliche Problem Osttirols – abgemildert besteht es noch – war lange Zeit die Abseitslage: abgetrennt vom eigenen Bundesland, ohne Verbindung nach Norden, im Westen eine Staatsgrenze, arme Nachbarn im Osten, die nächste größere Stadt 135 km fern, hinter zwei Gebirgsketten und im Ausland: Udine. So kam der Fortschritt mit Verspätung.

Kostspielige Straßenträume

Erst als mit der Felbertauernstraße das Tor nach Norden aufgegangen war (1967), begannen sich Industriebetriebe anzusiedeln. Die deutschen Urlauber ersparten sich endlich große Umwege. Der Schengen-Vertrag beseitigte 1998 die Grenzbalken am Übergang zum italienischen Staatsgebiet – ein weiterer Schritt aus der Isolation.

Die Anführer des Bezirks erblickten dessen Heil weiterhin vor allem im Ausbau der Zufahrtsstraßen. Als sie 1980 unkoordiniert nichts weniger als eine Pustertal-Schnellstraße forderten, trieb ihnen Landesvater Eduard Wallnöfer höchstpersönlich die teuren Flausen aus. Andere vermeintliche Problemlösungen, wie den Plöckentunnel und eine Alemagna-Route über Osttirol, drehten den Regionalpolitikern die Bürger ab. Die Transitproteste im Inntal hatten sie wachsam gemacht.

Auf diese Weise liegt Lienz noch immer nicht an einem bedeutenden Verkehrskreuz mit entsprechender Feinstaubausbeute. Und kann sich trotzdem (im Hinblick auf Schadstoffgrenzwerte: gerade deshalb) über fast 1600 Arbeitsplätze im Liebherr-Werk und über einen Hochtechnologiebetrieb wie den Großdrucker-Hersteller Durst freuen, der nun drangeht, ein hypermodernes Forschungszentrum zu errichten.

Im Winter aber beweisen die Pkw-Kolonnen aus Ljubljana, Zagreb und Graz, die sich auf der Fahrt in die schicken Südtiroler Skigebiete durch Lienz stauen, dass die Gäste ein attraktives Ziel auch auf normal ausgestatteten Straßen unbeirrbar anpeilen.

Asketisch, fromm, patriarchalisch?

„Die Osttiroler sind in Tirol das, was die Tiroler innerhalb Europas sind: asketisch, fromm, konservativ, patriarchalisch, nüchtern." Die Halbwertszeit dieses vom Schriftsteller Hans Weigel erstellten Befunds war schon lange vor seinem Tod 1991 erreicht. Inzwischen hat die Charakterisierung allenfalls nostalgischen Wert, besteht aber keine Wahrheitsprobe mehr. Asketisch? Weigel, schau oba! Am besten an einem Samstag um 4 Uhr früh aufs Lienzer „Bermudadreieck". Fromm? Früher war der Bezirk Lienz Priesterlieferant, heute betreuen ihn Seelenhirten aus Afrika, Brasilien und Polen. Konservativ? Für die ÖVP Osttirols haben die Wahlen in der letzten Zeit nur noch Enttäuschungen gebracht. Patriarchalisch? Mit Brigitte Tegischer und

Helga Machne hat der Bezirk Lienz schon zweimal Frauen ins Parlament geschickt; Machne stand Lienz zudem als Bürgermeisterin vor. Nüchtern, im Sinne von besonnen, rational? Akzeptiert.

Weigels pointiertes Urteil über den Menschenschlag an Isel und Drau stammt wohl noch aus der Nachkriegsära. Einer Zeit, in der zwar Mütter mit zehn und mehr Kindern geehrt wurden, die von den Bauernhöfen Weichenden aber keine Arbeitsplätze vorfanden. So wurden sie zwangsläufig zu Wirtschaftsflüchtlingen. Sie verließen ihre Heimat, oft ohne jede Ausbildung, auf der Suche nach Arbeit.

Metternich'sche Anmaßungen

Die Behörde sah es in Osttirol länger als in anderen Landesteilen als Pflicht an, Einheimische und Urlauber durch rigorose Kontrollen der Sperrstunde und der Tanzverbote vor sittlichen Gefahren zu schützen. So durchsuchte im Virgental einmal die Gendarmerie jenseits der Sperrstunde den Oberstock eines Gasthofes nach heimlichen Zechern. Die Gäste protestierten gegen die Ruhestörung, der Wirt beschwerte sich. Und fand sich darauf wegen „Verleumdung der Gendarmerie" vor Gericht wieder. Der Innenminister, Otto Rösch hieß er, stoppte den Revancheakt der Obrigkeit.

Ein anderes Mal zahlte ein Wirt Strafe für die Vermessenheit, die Plakate für einen (gegen saftige Gebühr) genehmigten Tanzabend in der Fastenzeit nicht nur im Umkreis seines Betriebes angeschlagen zu haben. In der Folge stellte sich heraus, dass man im übrigen Tirol nicht einmal mehr von der Existenz eines landesgesetzlichen Tanzverbots wusste.

Die Nulltoleranz der Behörde erwies sich für das zarte Pflänzchen des Osttiroler Fremdenverkehrs als nicht gerade förderlich.

Maut als Fluch und Segen

Nach der Eröffnung der Felbertauernstraße wurde Osttirol zunächst von Gästen überschwemmt. Hauptsächlich allerdings von Adria-Reisenden, weil die Brennerautobahn noch nicht fertiggestellt und die Tauernautobahn erst in Planung war. Die Nächtigungszahlen schossen in die Höhe.

Seit vor 15 Jahren fast 2,3 Millionen Übernachtungen registriert wurden, sinkt die Zahl wieder. Die Gemeinde Sölden (3400 Einwohner) weist mehr Nächtigungen aus als ganz Osttirol (circa 50 000 Einwohner, Tendenz derzeit gleichbleibend). Nur jede zwanzigste Logiernacht in Tirol entfällt auf den Bezirk Lienz.

Wochenend-Skitourismus konnte sich aufgrund der Abseitslage nicht entwickeln. Auch die Maut am Felbertauern schreckte Kurzzeitgäste ab. In wütenden Medienkampagnen wurden die Straßenherren als „Mautvögte" und „Wegelagerer" beschimpft. Dann, 1992, gründete die Felbertauernstraße AG über Betreiben des damaligen Landesrats Wendelin Weingartner die Osttirol-Investmentgesellschaft (OIG). Hotel- und Liftbauten wurden mit Mautgeldern gefördert. Die Straßengesellschaft wandelte sich daraufhin in den Augen ihrer Kritiker vom Blutsauger zur Melkkuh.

Von Nachteilen durch Straßengebühren konnten Touristiker im restlichen Tirol mangels Bedrohungsszenarios lange Zeit nicht einmal albträumen. Sie schreckten erst 1997 bei der Einführung der Autobahnvignette auf.

Wenn Kitz an der Drau läge

An mangelnder Geländeeignung für den Skilauf liegt der touristische Entwicklungsrückstand Osttirols nicht, wie die bestehenden Wintersportorte beweisen. Mit dem üblichen Berserkertum ließe sich eine Reihe von „Skischaukeln" anlegen. Wer aber baute die Hotels? Und woher würden die Gäste kommen? Es liegt eben nicht Deutschland vor der Haustüre.

Wäre Kitzbühel zu dem geworden, was Kitzbühel ist, wenn es die periphere Lage von Lienz aufwiese? Andersherum: Was hätten die Lienzer mit dem Standortvorteil von Kitz zuwege gebracht? Ein reizvolles Gedankenspiel, wegen des unsicheren Faktors Mensch aber wahrscheinlich auch von einem gut gefütterten Rechner nicht zu lösen.

Als Domizil für Promis scheidet Lienz jedenfalls schon deshalb aus, weil der nächste Flughafen „eine halbe Ewigkeit entfernt ist" (so der Radprofi Bernhard Kohl).

In voller Härte bekommen die Nachteile der Abseitslage jene Menschen zu spüren, die ohnehin ein schweres Los zu meistern haben. Krebspatienten aus Osttirol legen zur täglichen Strahlenbehandlung bei 40 Fahrten nach Klagenfurt eine Strecke zurück, die der Distanz Tirol-China entspricht.

Permanenter Aderlass

Das durch seine geographische Position bedingte Handicap des Bezirks Lienz ist evident, aber nicht änderbar. Als Folge spielt der Tourismus wirtschaftlich nicht die erste Geige. Sowohl das Gewerbe als auch die Industrie beschäftigen wesentlich mehr Mitarbeiter. In den Fabriken finden rund 3000 Menschen Ganzjahresstellen. Viele davon führen nebenher die ererbte Landwirtschaft. Die Zahl der Vollerwerbsbauern ist auf etwa 400 geschrumpft.

Dem Handel verschaffen wie in Innsbruck auch in Osttirol die vielen Kunden aus Südtirol und Italien ein florierendes Zusatzgeschäft. Einen Radweg wie jenen an der Drau hat aber kein anderer Bezirk in Tirol: Bis zu 3000 Gäste pro Sommertag spült er zur Freude der Wirte und Händler in die Lienzer Innenstadt.

Wenn von der Wirtschaft des Bezirks Lienz die Rede ist, führt am Pendlerthema kein Weg vorbei. In den Siebziger- und Achtzigerjahren war von bis zu 5000 Bezirksauspendlern die Rede. Politiker benützten diese Zahl im Streit um den Bau des Großkraftwerks Dorfertal-Matrei, um das Projekt als unverzichtbar hinzustellen. Tatsächlich hätte das Heer von Bauarbeitern in den Tauerntälern ein paar Jahre Arbeit „vor der Haustüre" gehabt. 1989 wurde das Vorhaben, das 16 Jahre jede andere Entwicklung blockierte, endgültig abgeblasen.

Rund 20 Jahre später ist immer noch von „mehreren tausend Bezirksauspendlern" die Rede. Genaues weiß weder das Arbeitsmarktservice noch die Wirtschaftskammer. Zweifel sind angebracht: Längst hat der Pillenknick auf die berufstätigen Jahrgänge durchgeschlagen.

Virgen, die ausgeprägteste Pendlergemeinde und früher ein großer Exporteur von Bauarbeitern, gibt seine Pendlerzahl mit 300 an – 14 Prozent der Ortsbevölkerung. Weit mehr als die Hälfte der 300 würde laut einer Befragung im Heimatbezirk arbeiten – bei Vorhandensein „adäquater", also gut bezahlter Arbeitsplätze.

Schmerzlicher Aderlass

Die Pustertaler zog es im Unterschied zu den Tauernbewohnern immer schon mehr zum Staat und zum Studium als zum Bau. Sie murrten nicht, sondern infiltrierten still und flächendeckend das gesamte Land als Zöllner und Gendarmen, Lehrer, Beamte und Priester.

Klar ist in Osttirol: Wer Karriere machen will, muss weg. So hielten es früher der Erfinder Simon Stampfer, der Maler Albin Egger und der Theologe und Erzbischof Andreas Rohracher. Der Lienzer als Architekturpreisträger in New York, der Kartitscher als Universitätslehrer in England, der Gaimberger als Majonäsekönig in Holland sind beliebige heutige Beispiele. Dass die meisten Studierenden für den Bezirk verloren gehen, bedeutet allerdings einen schmerzlichen Aderlass.

„Grundverschieden von Kärntnern"

Sind sie nun eigentlich richtige Tiroler, die vom Innsbrucker Zentralraum so weit entfernten Bewohner der Region an Drau und Isel, von deren Hauptort das Landhaus gleich weit entfernt ist wie die Adria? Nun, das Relief lässt in Osttirol keinen Zweifel an einem „Land im Gebirge" aufkommen. Und jede Herabwürdigung als Tiroler 2. Güteklasse würde den Großteil der Einwohnerschaft schwer beleidigen.

1945 wurde das Verlangen nach einer Heimkehr zu Tirol in glühenden Worten dokumentiert. Sieben Jahre zuvor war der Bezirk von Hitler zum Gau Kärnten geschlagen worden. Aus einer der Bittschriften der Bürgermeister an die Tiroler Landesregierung: „Die gesamte bodenständige Bevölkerung von Osttirol erfüllte diese gewaltsame Lostrennung von unserem Mutterlande Tirol [...] mit größtem Kummer. Wir haben uns unter der vergangenen siebenjährigen Kärntner Naziherrschaft immer fremd gefühlt. Unsere traditionelle und kulturelle Einstellung ist zu grundverschieden von der kärntnerischen, als daß erwartet werden kann, daß es jemals zu freundschaftlichen Bindungen kommen könnte."

1947 war es so weit, die Rückgliederung nach Tirol wurde als patriotisches Fest begangen. Irritation 50 Jahre später: Landesregierung und Bezirksführung erblickten keinerlei Anlass zur Besinnung auf dieses landesgeschichtliche Ereignis. Erst nach weiteren zehn Jahren war der politischen Elite wieder nach Feiern zumute, also wurde im Jahr 2007 „60 Jahre Osttirol wieder bei Tirol" begangen.

Die Aschenbrödel-Tradition

Nach der Rückgliederung haben sich die Osttiroler dennoch bald vor allem gegenüber den Südtirolern von Innsbruck nachteilig behandelt gefühlt: „Denen wird das Geld hineingestopft!" Das Gefühl, oft links liegen gelassen zu werden, ist immer noch verbreitet. Empörung flammte vor Jahren auf, als die Zahl der täglichen Direktzüge zwischen Lienz und Innsbruck von vier auf zwei reduziert wurde.

Tatsächlich gibt es Beispiele sonder Zahl, bei denen auf den separierten Bezirk schlicht vergessen wurde: in Prospekten, in Berichten, bei schriftlichen Bewerbungen um Aufnahme in Schülerheime (wegen der seltsamen Postleitzahl), ja selbst bei der Bergrettung, als Osttirol dabei noch den Status einer selbstständigen Landesleitung besaß. Und was war das für Mühe, in Nordtirol zu verankern, dass Tirol beim Glocknerkreuz, also im Bezirk Lienz, dem Himmel am nächsten ist! Gerade um 28 Meter höher ist der Großglockner als die Wildspitze in den Ötztalern, Teufel aber auch!

Übrigens wurde das „Aschenbrödel"-Dasein des „Pusterthals" schon um das Jahr 1900 in einem Bericht beklagt. Und 1924 vergaß das Landesfremdenverkehrsamt in mehreren Publikationen schlichtweg auf Osttirol. Eine Gedankenlosigkeit, die sich noch oft wiederholen sollte.

Ein Paznauner fern von Tirol

Im Lauf der Zeit lernten die Osttiroler, bei vermeintlicher oder tatsächlicher Benachteiligung laut genug zu schreien. Der Touristiker Franz Theurl schaffte es sogar, im Landhaus verständlich zu machen, dass die Osttirol-Werbung eine Sonderdotierung benötige. Weil man unter Tirol von München bis Flensburg eben ausschließlich den geographischen Bereich von Nordtirol versteht.

Doch diese leicht eingeschränkte Tirol-Sicht findet man nicht nur außerhalb der Landesgrenzen vor. Im Sommer 2008 erkundigte sich ein Bergwanderer aus Galtür auf dem Zettersfeld bei Lienz über das Liftangebot. „Woher kommen Sie denn?", spann der befragte Einheimische das Gespräch fort. „Aus Tirol." Dort befinde er sich immer noch, erfuhr der Paznauner daraufhin. Offenbar wähnte er Lienz Kärnten oder der Steiermark zugehörig.

Keine Sezessionisten

Bei ihrem ersten Besuch im südöstlichen Landesteil staunen manche Besucher aus Nordtirol über die schmucken Dörfer und das pulsierende Leben in Lienz. Sie hatten sich offenbar auf ein alpines Albanien, ein Prekariat in malerischen Kulissen, eingestellt. Aber Fleiß und Findigkeit haben im Verein mit angemessener Unterstützung sichtbare Auswirkungen gezeitigt.

Allein von 1995 bis 2005 sind 82 Millionen Euro Förderung von Land, Bund und EU nach Osttirol geflossen. Der Bezirk erhielt in diesem Zeitraum 37 Prozent der Tiroler Regionalförderung. Mit jedem Zuschuss verfestigt sich allerdings auch ein verbreitetes Bild. Die Osttiroler werden von manchen Landsleuten als Handaufhalter angesehen. Lassen sie sich etwa gar ihre Treue zum Land finanziell abgelten?

Von Zeit zu Zeit taucht über den Stammtischen im Schatten der Tauern und der Lienzer Dolomiten tatsächlich die Idee vom zehnten Bundesland auf. Ernst genommen wurden diese krausen sezessionistischen Gedankengänge nie. Abgesehen von den verfassungsrechtlichen Hindernissen: Seit wann spalten sich, ohne ethnische Gründe, Förderregionen ab? Üblicherweise wollen die Reicheren jene loswerden, die ihnen „auf der Tasche liegen".

Lockrufe aus dem Nachbarland

Obwohl für die Osttiroler das Kärntner Tor bei Nikolsdorf die unverrückbare Landesgrenze ist, kam es doch von Zeit zu Zeit zu halbernsten Kärntner Anbandelungsversuchen. Nicht ganz fern liegend insofern, als viele Kärntner im nahen Osttiroler Raum leben. Der Zuzug begann um 1870 mit dem Bau der Pustertal-Eisenbahn und setzt sich fort. An die 1000 Personen pendeln täglich von den Dörfern des Möll-, Drau-, Gail- und Lesachtales in den Lienzer Zentralraum ein, viele siedeln sich irgendwann nahe dem Arbeitsplatz an. Außerdem haben Generationen von Kärntner Handelsreisenden genetische Spuren hinterlassen. Eine Verbindung besteht auch durch die Kärntner-Osttiroler-Fußballliga.

Als aber 1972 der Kärntner ÖVP-Politiker Stefan Knafl im Fernsehen vorsichtig sein Bedauern darüber kundtat, dass Osttirol nicht zu Kärnten gehöre, holte er sich eine Abfuhr. Ein Lockruf des Kärntner SPÖ-Landeshauptmanns Leopold Wagner etliche Jahre später erfuhr ebenso barsche Zurückweisung.

Von der traditionellen Bindung zum Stammland abgesehen: Man ist im Bezirk Lienz gut über die Kärntner Verhältnisse informiert, kennt den Umgang mit dem Landesvermögen und die Kaufkraftdaten des Nachbarn – alles keine Indizien dafür, dass Osttirol finanziell bei Kärnten besser aufgehoben wäre.

Die reichen Brüder im Westen

Für materiell Abwägende ist der Anschluss an Südtirol und damit an Italien eine Denkmöglichkeit: „Da würd's uns am besten gehen." Beeindruckend, wie das Südtiroler Pustertal in den letzten Jahrzehnten den Bezirk Lienz überholt hat. Weil im Nachbarland keine Arbeitskräfte mehr aufzutreiben sind, die Behörden gemächlich arbeiten und die Immobilienpreise ins Unerschwingliche steigen, ist bereits eine Reihe von Südtiroler Betrieben nach Osttirol ausgewichen, voran die Schnittenfabrik Loacker und die Drucker-Fertigung Durst.

So froh man bezirksoffiziell über diese rund 350 Arbeitsplätze ist und so sehr auch immer wieder die Verbundenheit mit Südtirol betont wurde und wird: Wenn es ans Eingemachte geht, nämlich um Marktanteile, dann hört das Gesäusel auf. Als Südtiroler im Sommer 2008 daran gingen, ein Einkaufszentrum in Lienz zu begründen, machte die eingesessene Kaufleutevereinigung mobil – gegen „italienische Investoren".

Vor vielen Jahren wurden auf Initiative des damaligen Bezirkshauptmanns Othmar Doblander regelmäßige Treffen der Bürgermeister des Südtiroler Pustertals und Osttirols initiiert. Fraglich aber, ob sich die grenznahe Jugend im Sillianer „Rancho" oder in den Discos von Innichen und Toblach nicht zwangloser näherkommt als die Honoratioren. Auch die Sportklubs auf beiden Seiten des Hochpustertals pflegen einen regen Austausch. Die Krampusvereine kommunizieren im Internet und wünschen einander in fortgeschrittenem Hochtal-Dialekt „a coola Saison".

Wo's zum „Centro" geht

Von Herzen gern wären manche Osttiroler Touristiker im Boot der Südtirol-Werbung – um leichter an die italienischen Gäste heranzukommen. Um die bemüht man sich besonders: als Etappenort des Giro d'Italia, durch eine Partnerschaft mit Görz, durch Advent-Auftritte in Treviso und vor allem durch die erfolgreiche Vermarktung des Radwegs an der Drau.

Italienisch-Sprachoffensive in Ehren, aber „Centro"-Hinweise (zumal in Orten, in denen nicht einmal ein Gasthaus zu finden ist) und die ständige Betonung des „südländischen Flairs" von Lienz seien liebedienerisch, würdelos und dumm, meinen inzwischen sogar durchaus italophile Lienzer Bürger. „Die suchen doch Tiroler Authentizität bei uns, nicht einen Abklatsch ihrer Heimat."

Zu einem bezeichnenden Fauxpas kam es bei einer Feier im Lienzer Durst-Werk. Der Dekan begrüßte die Südtiroler Firmenbesitzer und Manager als „amici italiani". Durst-Geschäftsführer Richard Piock, vormals Südtiroler Schützenkommandant, fasste sich entsetzt an die Stirn und wandte sich kopfschüttelnd zur Seite.

Das vermaledeite „Ost"

Wo Österreichs Staatsgebiet bei Sillian anfängt, steht, seit Jahren durch das riesige Holzlager eines Südtirolers fast verdeckt – treffliche Symbolik, wie Zyniker meinen –, eine Tafel mit der Aufschrift „Osttirol". Diese Tafeln wurden an allen Einfahrtsstraßen in den Bezirk aufgestellt, nachdem deutsche Presseleute expliziert hatten: Millionen Deutsche fahren durch eure Gegend, ohne zu wissen, dass dies Osttirol ist. Macht euch bemerkbar!

Jahre später lösten gute Ratschläge deutscher Journalisten einen ganz anderen Effekt aus. „Ost" klinge nach Kolchose, Plattenbau und Zehnmannzimmer statt nach Freiheit, Ferienglück und Wellnesslandschaft, hieß es. Namensvorschläge purzelten plötzlich durcheinander. Der Hotelier und Tourismusfunktionär Josef Kreuzer plädierte für das geographisch präzisere, doch verwirrende „Südost-Tirol". Das Lienzer Stadtmarketing bannte mit der Aufschrift „ehemals Grafschaft Görz" etwas vom Glanz längst vergangener Tage auf Werbemittel.

Natürlich frettet man mit dem althergebrachten Namen weiter. In der begründeten Hoffnung, dass der schale Beigeschmack des Wortteils „Ost" mehr und mehr schwindet und der Zusammenbruch des Kommunismus so auch für den Bezirk Lienz eine spezielle Heilswirkung entfaltet.

Tirolische Dreifaltigkeit

Dabei gibt es den Begriff „Osttirol“ seit 171 Jahren, wenngleich er erst nach 1920 zum gängigen Namen für den bei Österreich verbliebenen Rest Südtirols wurde. Der Historiker Martin Kofler ist in seinem Buch *Osttirol. Vom Ersten Weltkrieg bis zur Gegenwart* der Entstehungsgeschichte des Bezirksnamens gründlich nachgegangen und weist die erste Nennung 1837 nach. 1886 gab es schon ein „Osttiroler Wochenblatt“.

Nachdem der Bezirk zum Gau Kärnten geschlagen worden war, erfand zwar der Baedeker eilfertig den Begriff „Hochkärnten“, außer Schwang kam „Osttirol“ aber auch bei den Nazis nicht. Eine NSDAP-Monatsschrift für Frontsoldaten nannte sich „Osttiroler Heimat“, und die 1942 eingerichtete Sammlung auf Schloss Bruck wurde „Osttiroler Heimatmuseum“ genannt.

„Wer nicht nur von Süd- und Nordtirol spricht, sondern auch das ‚Ost‘ erwähnt, [...] beweist Minderheitenbewusstsein und ein etwas gebildeteres Tirol-Verständnis“, meint der Südtiroler Journalist Florian Kronbichler ironisch (in: *Tirol an Isel und Drau*, Arunda 3/2005). Allerdings sei eine solche Dreiteilung „überkorrekt und penetrant wie das ‚Innen‘ hinter jedem Maskulinum.“

Dem pflichten die OsttirolerInnen selbstverständlich nicht bei, sie bestehen auf der tirolischen Dreifaltigkeit. Und betonen, mehr als ein Bezirk, nämlich ein Landesteil zu sein. Konsensfreudige Politiker gestehen ihnen dies zu, jedenfalls bei Auftritten in Osttirol, etwa bei der jährlichen Osttirol-Messe, bei der Lienz sogar regelmäßig zur „Messestadt“ erhoben wird. Kostet nichts und freut die Zuhörer.

„Herrgottswinkel“ war einmal

Für das osttirolische Selbstbewusstsein müsste wieder einmal ein Olympiasieg her. An den Jubel beim Empfang Pepi Stieglers nach seiner Torlauf-Goldmedaille kann sich nur mehr die Generation 50 plus erinnern: Man schrieb 1964. Ein ähnlich emotionales, identitätstiftendes Gemeinschaftserlebnis gab es im Bezirk seitdem nicht mehr.

Osttirol kann sich nicht mit kühnen Attributen schmücken. Stolz vermittelnde wirtschaftliche Rekorde und aufsehenerregende Kulturereignisse spielen sich anderswo ab. Auch die Goldene Nabelschnur des geburtenreichsten Bezirks hat Osttirol inzwischen abgegeben. Bei der Landtagswahl 2008 traf nicht einmal mehr der Superlativ „schwärzester Bezirk des Landes" zu. Die ÖVP blieb erstmals unter 50 Prozent, um den Rest der Stimmen balgten sich – Reihenfolge nach dem Erfolg – Freiheitliche, Liste FRITZ, Sozialdemokraten und Grüne. In den Bezirken Reutte und Landeck schnitt die Volkspartei besser ab als in ihrer früheren Domäne Osttirol. Bei der Nationalratswahl im September gab in der Stadt Lienz nur mehr jeder sechste Wahlberechtigte der Volkspartei seine Stimme (womit sie freilich immer noch an der Spitze lag).

Fernsehen, Internet, Tourismus zeigen ihre nivellierende Wirkung. Normalität kehrt ein im früheren Herrgottswinkel Tirols. Die Jungbauern laden nach dem Preismähen zur „After Contest Party". Der Lienzer Gemeinderat überlegt sich angesichts ausufernden Vandalentums, ob weiterhin ein halbes Dutzend Lokale im Zentrum bis 6 Uhr früh offen halten soll. In Nussdorf-Debant nimmt wieder einmal ein Tabledance-Lokal Anlauf. Kaum zu glauben, dass vor zweieinhalb Jahrzehnten noch Sittenstrenge vor dem Lienzer Volkshaus einen Sühne-Rosenkranz beteten, während im Saal das harmlos-lustige Aufklärungsstück „Was heißt hier Liebe?" aufgeführt wurde.

Vergessene „Alleinstellung"

Maßgebliche Politiker Osttirols machen sich unterdessen Sorgen, weil im Land Ungleiches gleich behandelt werde. Gemeint: Erschließungsverbote dürften nicht deshalb auch in Osttirol gelten, weil im Ötztal, am Arlberg, in Kitzbühel schon zu viel Natur beansprucht worden sei. Unter solchen Voraussetzungen könne der Bezirk niemals touristisch aufholen. Das hat Logik. Doch hat dem Bezirk Lienz Landeshauptmann Wendelin Weingartner einst auch ans Herz gelegt, den Entwicklungsrückstand als Chance zu nützen, um die Fehler anderer Regionen zu vermeiden und einen eigenständigen Weg zu suchen. „Betont eure Alleinstellungsmerkmale!", empfahl Weingartner.

Doch kreative Lösungen sind unter den aktuellen Initiativen kaum zu entdecken. Der geniale Slogan „Kommen Sie zu uns, wir haben nichts" fand sich als Titel begeisterter Reportagen über das noch naturbelassene Innervillgraten in großen Zeitungen wieder. Jetzt muss die mit dem Europa-Nostra-Diplom ausgezeichnete Sehenswürdigkeit „Wegelate"-Säge ums Wasser bangen, weil die Talbäche endlich Strom abliefern sollen. Das Vorzeige-Festival Villgrater Kulturwiese wurde ohnehin schon 1996 im Zuge einer Konterrevolution gebrandschatzt.

In der Tauernregion bemühen sich Mandatare darum, das Flugverbot im Nationalpark Hohe Tauern aufzuheben. Beobachter rechnen mit dem baldigen Antrag auf Heli-Skiing. In Prägraten schiebt sich die Fassung für ein im Winter fast wasserloses „Öko"-Kraftwerk an den Rand des Nationalparks heran und giert nach einem weiteren Bach.

In der Gemeinde Kals a. G., die sich erst vor zwei Jahren in einer AV-Broschüre dreizehnseitig als Bergsteigerdorf vorgestellt hat, besteht „ersichtlich der Wille zum Wandel von einem traditionellen Bergsteigerdorf zu einem technisierten Tourismusort". So steht es im Naturschutzbescheid des Landes zu einem Kraftwerksprojekt.

Da passt es ins Bild, dass der wenig ansehnliche Prägrater Mullitzkogel, der gegen gutes Geld auf den Namen eines Wurstproduzenten umgetauft wurde, auf der Homepage der Osttirol-Werbung als ein „Wahrzeichen des Bezirks" bezeichnet wird. Gegenüber dem Großglockner eine Majestätsbeleidigung.

Stefan Kappacher

Tirol – ein unrundes Rundgemälde

Distanz und Nähe oder: Betrachtungen anlässlich eines Heimaturlaubs

Von Wien aus betrachtet, kommt einem Tirol mitunter ein bisschen eigentümlich vor. Aber auch von der Bergstation der neuen Hungerburgbahn aus betrachtet, gibt es was zum Staunen. (Ein Tiroler in Wien, der Läufer ist und auf Heimaturlaub, der muss da einfach hinauf. Und hinunterschauen.)

Da kommt einem Tirol dann so richtig modern entgegen. Die neue Hungerburgbahn der Zaha Hadid kann den Berg hinauf- und hinunterfahren und dann auch noch auf ebener Trasse weiter bis ins Stadtzentrum. Wenn denn jemand mitfährt. Sie soll ja nicht so beliebt sein, die neue Hungerburgbahn. Und das Glas für die Dachkonstruktionen der wie Gletscherzungen anmutenden Haltestellen soll leicht zerbrechen und noch dazu aus China geliefert worden sein. Ja dann. Da verstehen sich die Tiroler und die Wiener wieder. In die Stelzenhäuser der Zaha Hadid am Donaukanal, da will auch keiner einziehen. Aber vielleicht wird das im Jubiläumsjahr 2009 ja alles anders.

Da will sich Tirol laut offiziellem Programm als Europaregion präsentieren, die mehr drauf hat als Schützenfolklore und Andreas-Hofer-Kult, der vor 200 Jahren mit der Schlacht am Bergisel begonnen hat. Der aus dem Amt gewählte Herwig van Staa hat sich dazu als Landeshauptmann auch ein neues Museum in den Kopf gesetzt, das Geschichte und Zukunft Tirols in einen größeren europäischen Rahmen stellt. Ein hehrer Plan. Aber schnell wird ein Glaubenskrieg daraus, der sich am Rundgemälde über die dritte Bergisel-Schlacht von 1809 entzündet. Die Riesenleinwand soll aus einer baufälligen Rotunde in ungünstiger Verkehrslage hinauf auf den Bergisel gebracht werden. Ein würdiger Platz, sollte man meinen.

Ausgerechnet das Bundesdenkmalamt durchkreuzt die Pläne zur Tiroler Vergangenheitsbewältigung: Das Rundgemälde müsse dort bleiben, wo es ist. Auch wenn ernst zu nehmende Fachleute sagen, dass die tausend Quadratmeter Leinwand nie richtig in die Rotunde hineingepasst haben und deshalb dort auch nicht nachhaltig restauriert werden können. Ein unrundes Rundgemälde also. Irgendwie symbolisch für die politische Lage in Tirol. Machen wir einen Rundgang.

Szene 1: Aussi aus die Staudn

Ganz prominent im Vordergrund: Ein Aufständischer namens Fritz Dinkhauser bringt sich in Stellung und mischt mit einem Häuflein kampferprobter Mander die Landespolitik auf. Ende der ÖVP-Absoluten, die SPÖ nur noch drittstärkste Kraft im Land. Ein Sensationserfolg, den man in Wien staunend zur Kenntnis nimmt. Fritz Dinkhauser ist dort zwar kein Unbekannter, aber er hat sich als ÖVP-interner Nörgler vom Dienst schon längst abgenützt. Der Kampfruf: „Aussi aus die Staudn" – mehr ist nicht in Erinnerung geblieben. Und Redaktionen, die etwas auf sich halten, bieten Dinkhauser schon lang keine Bühne mehr. Und jetzt das. Privilegien von Agrargemeinschaften? Vormachtstellung des Bauernbundes, der eine verschwindende Bevölkerungsgruppe vertritt, in Tirol aber mehr Mitglieder hat als der Arbeitnehmerflügel ÖAAB? Dass es einer halben Parteispaltung bedarf, um in der Tiroler Volkspartei einen Landeshauptmann möglich zu machen, der aus dem ÖAAB kommt – das ist von außen schwer nachzuvollziehen. Dinkhauser selbst ist aus dem Machtspiel in Tirol rasch wieder draußen. Wenn er überhaupt jemals eine Chance hatte, drinnen zu sein.

Szene 2: Der Alpen-Obama

Weil die Haubitzen aber noch warm sind vom Gefecht, stürzt sich Dinkhauser auch gleich noch in den Nationalratswahlkampf. Als eine Art Alpen-Obama, der zwar einen Vertrag mit den Bürgern verspricht, aber nie sagen wird, was da genau drinnen steht. Als sich der Pulverdampf verzogen hat, bleiben genau 1,8 Prozent für die Liste FRITZ übrig. Ganze 86 000 Stimmen bundesweit. Insgesamt nur um ein Drittel mehr, als Dinkhauser bei der Landtagswahl allein in Tirol gewinnen konnte. Nur ein kleiner Bildausschnitt. Eine Fußnote der Geschichte.

Szene 3: Entsatz aus Wien

Hinter einer Geländekante gedeckt wartet Günther Platter das Ende der Schlacht ab. Der gewiefte Zammer Ex-Gendarm ist mit einem Trupp Getreuer herbeigeeilt, um bei der Verteilung der Beute dabei zu sein. Und diesmal ist Platter wirklich dabei. Er kriegt seinen Traumjob und wird Landeshauptmann. Von Wien aus gesehen bestätigt sich, dass hier ein Tiroler Ränkespiel über die Bande perfekt geklappt hat: Platter kommt nach der Wahl 2002 überraschend als Verteidigungsminister nach Wien. Bei Regierungsbildungen werden immer jede Menge Namen genannt, aber dieser Name steht damals auf keiner der vielen Ministerlisten. Platter hat zuvor im Kampf um die Nachfolge von Wendelin Weingartner den Kürzeren gegen Herwig van Staa gezogen. Jetzt wird er mit tatkräftiger Mithilfe des damals noch mächtigen Exil-Tirolers Andreas Khol Minister und Van Staa ist den größten Widersacher los. 2006 schrammt Platter dann haarscharf am Ende seiner Ministerkarriere vorbei. Er wird sogar Innenminister. In beiden Ämtern fällt Günther Platter als disziplinierter Vollstrecker der ÖVP-Linie auf. Als Politiker mit Ideen und Visionen eher nicht. Dennoch ruft Tirol. Und von dort dringt bald die Kunde nach Wien, dass der verbindliche und freundliche Ex-Minister manchmal auch ziemlich hart sein kann.

Szene 4: Das Damen-Opfer

Schwarze Mander machen keine Gefangenen. Eine einprägsame Szene. Elisabeth Zanon, beliebte Landeshauptmann-Stellvertreterin und wie Platter aus dem ÖAAB, lehnt sich noch am Abend der Landtagswahl weit aus dem Fenster. Sie wolle Landeshauptfrau werden, sagt Zanon im Fernsehen und begeht damit öffentlich politischen Selbstmord. (Sag nie laut, dass du etwas werden willst, steht im kleinen Einmaleins des politischen Taktierens.) Das politisch interessierte Österreich staunt. Immerhin ist Elisabeth Zanon länger als ein Jahrzehnt auch stellvertretende ÖVP-Bundesparteichefin gewesen. Wie Zanon später erzählt, hat sie diesen Schritt am Wahlabend bewusst gesetzt. Bevor sie sich von den Parteifreunden hinterrücks umbringen lasse, falle sie lieber in offener Schlacht, so Zanon. Sie hat die Lage richtig eingeschätzt. Zanon fliegt aus der Landesregierung, und der neue Landeshauptmann soll sich ihr gegenüber nicht lange mit Erklärungen aufgehalten haben. Dass mit Anna Hosp eine weitere bewährte Frau aus der Landesregierung gehen muss, wird auch außerhalb der Landesgrenzen aufmerksam registriert.

Szene 5: Fern vom Außerfern

Frauen in der Tiroler Volkspartei, eine Miniatur unten am Bildrand. Auf der bundespolitischen Bühne hat es das 1995 schon einmal gegeben. Unvergesslich die völlig unerfahrene und überforderte Außerfernerin Sonja Moser, die als Familienministerin nach Wien geschickt wird. Die Bundespartei gesteht den Tiroler Freunden einen Ministerposten zu, und die Tiroler Volkspartei schickt eine fesche Lehrerin aus Reutte. Die in Wien, aber auch in Innsbruck keiner kennt. Außer dem damals mächtigen Landesrat Ferdinand Eberle, der selber aus dem Außerfern kommt. Er schickt Moser bedenkenlos ins Feuer, für das sie nicht geschaffen ist. Moser scheitert nach nur 15 Monaten und wird für drei Jahre noch mit einem Nationalratsmandat versorgt. Um dann in der politischen Versenkung zu verschwinden. Auch 13 Jahre danach kein Ruhmesblatt für die Verantwortlichen, die mittlerweile freilich auch schon in der Versenkung verschwunden sind.

Szene 6: Der Kommissar

Noch ein Detail des Tirol-Gemäldes: Hinter den Mauern eines abgeschiedenen Gehöfts sitzt gut abgeschottet ein ehemaliger EU-Landwirtschaftskommissar. Franz Fischler braucht nur wenig Platz auf dem Bild, obwohl er auch in der Heimat das Zeug zu einem großen Politiker hätte. In zehn Jahren als Kommissar in Brüssel hat sich Fischler durch Kompetenz und klare Worte über die Parteigrenzen hinweg einen Namen gemacht. Doch er denkt nicht daran, sich in der österreichischen oder gar Tiroler Politik zurückzumelden. Er wird wissen warum.

Szene 7: Der starke Mann

Auch Heinz-Christian Strache und der zwei Wochen nach der Nationalratswahl tödlich verunglückte Jörg Haider tauchen auf dem Schlachtenbild auf. Die Rechtsparteien FPÖ und BZÖ haben in Tirol bei der Nationalratswahl auch diesmal wieder sehr gut abgeschnitten, obwohl die Grünen in Tirol traditionell stark sind und Fritz Dinkhauser bei dieser Bundeswahl in Tirol mit doch fast neun Prozent ein immer noch respektables Ergebnis eingefahren hat. Dem Reporter aus Wien im Wahlkampfeinsatz werden die Bilder vom Strache-Auftritt vor dem Goldenen Dachl noch lange in Erinnerung bleiben. Jugendliche, die dem FPÖ-Chef Arme und Hände entgegenstrecken und ihm dabei wie einem Erlöser zujubeln. Auch das ist Tirol.

Im Freiheitskampf von 1809 haben die Tiroler am Ende gegen die Bayern verloren. Das sieht man auf dem Rundgemälde aber nicht. Heute geht es den Bayern nicht besser als den Tirolern, wenn man die dominierenden Parteien betrachtet. Die CSU hat einen Totalabsturz erlebt, den niemand für möglich gehalten hätte. Und für die Tiroler ÖVP ist es kein Trost, dass sie diesen Totalabsturz in mehreren Etappen vollzogen hat. Die Landes-SPÖ ist mitgefallen, fast in den Abgrund. Und beide Verlierer klammern sich jetzt aneinander. Noch haben sie zusammen ja eine Mehrheit. Dabei hätte sich die ÖVP nach dem Verlust der Absoluten den Koalitionspartner nach Belieben aussuchen können. Alle Optionen waren offen.

Von der Hungerburgbahn-Bergstation aus betrachtet, könnte es im September 2009 noch mehr zum Staunen geben. Ginge es nach dem Willen mancher Südtiroler Schützenfunktionäre, dann würde wie schon 1984 eine überdimensionale Dornenkrone durch die Straßen Innsbrucks getragen werden. Die Befürworter wollen den Umzug zum Gedenken an Landeshelden und Freiheitskampf mit einem Hunderte Kilogramm schweren Statement gegen die Teilung das Landes schmücken. Die Tiroler Politik hat ein Machtwort gesprochen und Nein gesagt. Dornenkrone und Europaregion vertragen sich nicht. Die Tiroler Bevölkerung ist nach einer Umfrage aus dem September 2008 in dieser Frage dreigeteilt: Ein Drittel ist dafür, ein Drittel dagegen, einem Drittel ist es egal. Der Beobachter in Wien ist verwirrt. Wie fern ist dieses Tirol denn auch heute noch von Europa?

Schluiferer, schau oba.[1]

Anmerkungen

1 Anmerkung für Nicht-Tiroler: Unter dem Pseudonym Sepp Schluiferer ist 1909 – hundert Jahre nach Andreas Hofer – das Büchlein *Fern von Europa* erschienen. Eine bitterböse Satire, die die Eigentümlichkeit der Tiroler geißelt. Verfasser war der in Kufstein tätige Lehrer Carl Techet, ein gebürtiger Wiener. Nach seiner Enttarnung wurde Techet extrem angefeindet und zog es vor zu flüchten. Sein Buch war in Tirol lange Zeit nicht erhältlich. Es wurde erst 1984 – dem Jahr der Dornenkrone – mit großem Erfolg in der Edition Löwenzahn neu aufgelegt.

Heinrich Neisser

Die Europäische Union am Scheideweg

Lissabon als Gütesiegel

Das im Dezember 2001 unter belgischer Präsidentschaft in Laeken stattgefundene Gipfeltreffen des Europäischen Rates hat eine „Erklärung über die Zukunft der Europäischen Union" beschlossen, die als Neuorientierung des europäischen Integrationsprozesses gedacht war. In ihr ist ausgeführt, dass sich der europäische Einigungsprozess „am Scheideweg" befindet.[1] Gemeint war damit, ob ein Fortschreiten der Integration wie bisher in kleinen Schritten erfolgen soll oder – als Alternative – die Schaffung der Struktur einer politischen Gemeinschaft, die auf der Basis von Demokratie, Transparenz und Effizienz arbeitet, die Zukunft bestimmen soll. Letzteres sollte in Form einer europäischen Verfassung geschehen, die im Rahmen eines Konventes ausgearbeitet werden sollte. Diese Konventsmethode[2] verband Repräsentanten der europäischen Ebene (Vertreter der Kommission, Mitglieder des Europäischen Parlaments) mit Vertretern der Mitgliedsstaaten (Vertreter der Regierungen der Mitgliedsstaaten und der nationalen Parlamente). Auch Vertreter zivilgesellschaftlicher Organisationen wurden in den Dialog miteinbezogen. Der Konvent, dem lediglich eine vorbereitende Funktion zukam, legte einen Entwurf einer Vertragsverfassung vor, der in der anschließenden Regierungskonferenz zum Teil geändert, jedoch am 29. Oktober 2004 von den Staats- und Regierungschefs unterzeichnet wurde (vgl. ABl 2004 C 310 1).

Erstmals lag damit ein Dokument vor, das auf der Grundlage eines von den Mitgliedsstaaten unterzeichneten völkerrechtlichen Vertrages eine Grundordnung der Union formulierte, die durchaus geeignet war, als Rahmen den europäischen Einigungsprozess weiterzuführen und auch im Hinblick auf die immer größer werdende Union die Möglichkeit einer Vertiefung dieses Prozesses zu geben.

Der Ratifikationsprozess dieses Verfassungsvertrages zerstörte die Euphorie vieler Europapolitiker. Zwei Gründerstaaten des europäischen Einigungsprozesses, nämlich Frankreich und die Niederlande, sprachen sich in Referenden gegen die Annahme dieses Verfassungsvertrages aus. Die folgende Lähmung des europäischen Einigungsprozesses wurde euphorisch als Nachdenkphase bezeichnet. Es ist ein unbestreitbarer Verdienst der deutschen Ratspräsidentschaft, in der ersten Hälfte des Jahres 2007 die Auseinandersetzung über einen Grundvertrag wieder in Gang gesetzt zu haben. Mit großem Einsatz und politischem Geschick initiierte die deutsche Bundeskanzlerin Angela Merkel die sogenannte Berliner Erklärung vom 25. März 2007, die am 50. Jahrestag der Unterzeichnung der Römischen Verträge ein klares und glaubhaftes Bekenntnis zur europäischen Einigung ausdrückte. Die folgenden Bemühungen, einen Reformvertrag zustande zu bringen, der zwar krampfhaft das Wort Verfassung vermied, inhaltlich aber weite Teile des Vertrages über eine europäische Verfassung übernahm, waren erfolgreich. Unter der nachfolgenden portugiesischen Präsidentschaft wurde am 13. Dezember 2007 der sogenannte Lissaboner Vertrag unterzeichnet, der einen geänderten Unionsvertrag sowie Änderungen des Europäischen Gemeinschaftsvertrages, der nunmehr Vertrag über die Arbeitsweise der Europäischen Union hieß, umfasste.[3]

Das in Irland im Juni 2008 durchgeführte Referendum über den Lissaboner Vertrag brachte ein klares Nein der irischen Bevölkerung. Damit ist zumindest im Augenblick dieser Ratifikationsprozess gescheitert. Er war bisher nur in jenen Mitgliedsstaaten erfolgreich, in denen die Ratifikation lediglich durch die nationalen Parlamente erfolgte. Allerdings gibt es in vielen Staaten eine starke und zunehmende europakritische öffentliche Meinung, die die nationalen Regierungen und Parlamente bewog, Referenden so weit wie möglich aus dem Weg zu gehen.

Die bisherige Entwicklung hat gezeigt, dass der in der Zukunftserklärung von Laeken apostrophierte „Scheideweg" neue Dimensionen erhalten hat. Er betrifft nämlich nicht mehr nur die strategische Entwicklung der europäischen Integration in die eine oder die andere Richtung, sondern es wird immer mehr der „Austritt" aus der Union thematisiert. Dies gründet zweifellos in einer stärker gewordenen Europaskepsis in den öffentlichen Meinungen der Mitgliedsstaaten. Trotz dieser skeptischen Grundströmung kann man jedoch annehmen, dass noch eine klare Mehrheit in der Bevölkerung für die Zugehörigkeit zur Union besteht. Dennoch soll man die

Perspektive der Austrittsmöglichkeit nicht ausklammern. Dabei genügt es nicht, sich auf die Existenz einer Austrittsklausel in den Verträgen zu berufen.[4] Man muss sich auch darüber im Klaren sein, dass eine Argumentation mit der Austrittsklausel kaum ausreicht, um grundsätzliche Europagegner zu bekehren. Hat doch das Referendum in Irland gezeigt, dass keiner der überzeugten Gegner von seiner Gegenstimme durch die Möglichkeit eines Austrittes abgehalten wurde. Eine Argumentation für Europa muss in einem begründeten und differenzierten Argumentationsprozess die Folgen einer Abkoppelung der Europäischen Union bewusst machen.

Damit ist die kommunikative Herausforderung der Union und der Mitgliedsstaaten in eine neue Phase getreten. Ob der Lissaboner Vertrag – wie manche behaupten – ein „Gütesiegel" sei, muss in einem komplexen Prozess vermittelt werden. Informationskampagnen allein reichen nicht aus. Es muss vielmehr die Europäisierung unseres Lebens und unserer Gesellschaften deutlich gemacht werden.

Ratifikationsmalaise

Die Phase der Schwierigkeiten bei der Ratifikation von EU-Verträgen hat bereits unmittelbar nach der Einigung über den Vertrag von Maastricht begonnen. Offenbar haben schon damals die Regierungen unterschätzt, dass mit substanziellen Schritten zu einer politischen Union die öffentliche Meinung vor allem der Frage des Souveränitätsverlustes der Mitgliedsstaaten eine erhöhte Bedeutung zumaß. Schon der Ratifikationsprozess des Vertrages von Maastricht hat das Risiko von plebiszitären Entscheidungen offenbart. Das vom französischen Staatspräsidenten Mitterand ohne verfassungsrechtliche Notwendigkeit veranlasste Referendum vom 20. September 1992 über diesen Vertrag brachte eine knappe Mehrheit für die Annahme des Vertrages (50,3 Prozent). Größer waren die Schwierigkeiten mit Dänemark, wo in einer am 2. Juni 1992 durchgeführten Volksabstimmung 50,7 Prozent der Stimmbürger das Vertragswerk ablehnten, was Nachverhandlungen notwendig machte. Da dadurch Dänemark vor allem Sonderregelungen bei der Verwirklichung der Währungsunion und bei der Teilnahme an einer beabsichtigten gemeinsamen Verteidigungspolitik erreichen konnte, stimmte das dänische Stimmvolk am 18. Mai 1993 neuerlich ab und genehmigte den Vertrag von Maastricht mit einer Mehrheit von 56,8 Prozent.

Auch im Ratifikationsverfahren des Vertrages von Nizza brachte ein Plebiszit eine unterwartete Überraschung. In Irland wurde durch ein verfassungsmäßig gebotenes Referendum der Vertrag zunächst abgelehnt (53,9 Prozent stimmten dagegen), erst eine Wiederholung der Abstimmung führte zu einem positiven Resultat. Die Gegenleistung der Europäischen Union bestand darin, dass in einem Annex Irland seine Neutralität zugesichert wurde.

Die volle Wucht der negativen Referenden traf jedoch den Vertrag über eine Europäische Verfassung (vgl. ABl 2004 C 310 1). Sowohl in Frankreich (am 29. Mai 2005) als auch in den Niederlanden (am 1. Juni 2005) zeigten die Abstimmungen eine deutliche Ablehnung: In Frankreich stimmten 54 Prozent dagegen (Wahlbeteiligung von 69,4 Prozent), in den Niederlanden waren es 61,6 Prozent (Wahlbeteiligung von 93 Prozent). Vor allem in Frankreich war das Ergebnis durch eine Protesthaltung gegen die etablierten Parteien und durch die Ablehnung von Präsident Chirac bedingt. Chiracs Bemühungen, eine Ablehnung zu verhindern, scheiterten. Seine Argumente, dass eine Ablehnung des Vertrages Frankreichs Position in der Europäischen Union schwächen werde und den Weg zu einem „ultraliberalen" Europa öffnen würde, erzielten keine besondere Wirkung (vgl. Frankfurter Allgemeine Zeitung vom 27. 4. 2005, 1).

Diese Referenden, die eine Ratifikation des Verfassungsvertrages verhinderten, waren offensichtlich auch Ausdruck einer zunehmenden europapolitischen Skepsis bei den Völkern der Mitgliedsstaaten. Derartige Entwicklungen betreffen die alten und die neuen Mitglieder der Union in gleicher Weise. Die negativen Verfassungsvoten ereigneten sich mit Frankreich und den Niederlanden in zwei Gründerstaaten des europäischen Integrationsprozesses. Die Ablehnung des Lissabon Vertrages durch ein konstitutionell gebotenes Referendum in Irland am 12. Juni 2008 (53 Prozent stimmten dagegen bei einer Wahlbeteiligung von 53 Prozent) erfolgte in einem Lande, das vor allem in seiner wirtschaftlichen Entwicklung einer der größten Gewinner des europäischen Einigungsprozesses war. Das negative Referendum wirkte wie ein Schock und erzeugte EU-weite Bedenken und Unsicherheit über den weiteren Verlauf des europäischen Einigungsprozesses.

Ohne auf Einzelheiten einzugehen, muss jedoch festgehalten werden, dass eine Strategie, nach einem fehlgeschlagenen Referendum in einem Mitgliedsstaat durch Nachverhandlungen oder sonstige Konzessionen oder Erklärungen die nationale Öffentlichkeit zu beeinflussen, kein zukunftsweisender Weg sein kann. Die permanente demokratische Legitimierung des europäischen Integrationsprozesses ist unvermeidbar. Sie kann sinnvollerweise nur durch ein Instrumentarium erfolgen, für das der luxemburgische Ministerpräsident Jean Claude Juncker immer wieder eintritt: nämlich durch eine gesamteuropäische Volksabstimmung oder Volksbefragung. Dass diese Idee immer wieder thematisiert wird, ohne dass die entsprechenden EU-weiten Grundlagen geschaffen werden, zeigt nicht nur die Schwerfälligkeit der Union, sondern auch die Distanz in den Mitgliedsstaaten, der EU die Chance eines bedeutenden Demokratisierungsschrittes zu geben.

Die französische EU-Präsidentschaft oder Sarkozysmus als Zukunftsstrategie

Es gab in der Vergangenheit des europäischen Einigungsprozesses immer wieder Perioden, in denen sich für die EU-Ratspräsidentschaft das Tor zu historischen Augenblicken öffnete. Auch die Erwartungen an den französischen Vorsitz im Europäischen Rat und im Rat der Minister waren hoch. Sie wurden durch das selbstbewusste Verhalten des französischen Staatspräsidenten gestärkt, der schon lange vor Beginn der französischen Präsidentschaft am 1. Juli 2008 für seine halbjährige Vorsitzführung ein ehrgeiziges Programm verkündete. Die Schwerpunkte betrafen eine gemeinsame Einwanderungspolitik, eine gemeinsame Agrarpolitik, die Folgen des Klimawandels (mit der Alternative der Atomenergie) sowie Impulse für eine europäische Verteidigungspolitik. Auch die Idee einer Union für den Mittelmeerraum, eine Spezialität à la Sarkozy, fehlte ebenso wenig wie die Verheißung, bis Ende des Jahres 2008 den Vertrag von Lissabon durchzusetzen.

Im Zeitpunkt der Fertigstellung dieses Beitrages ist die französische Ratspräsidentschaft in vollem Gange. Sarkozy hat bisher vor allem in zwei Bereichen gepunktet, wo dies nicht vorhersehbar war. Es betraf dies eine wirksame Vermittlungspolitik im Georgienkonflikt sowie ein relativ erfolgreiches Krisenmanagement in der internationalen Finanzkrise, wo sich die europäischen Staaten doch noch zu einem gemeinsamen Vorgehen durchringen konnten. Damit hat der französische Staatspräsident, dessen Europapolitik oft einen zwiespältigen Charakter aufweist, an Prestige gewonnen. Viele seiner Regierungskollegen in anderen Ländern wollen ihn wieder am Steuer des europäischen Schiffes sehen: „Sarkozy, encore une fois." Das wünschen sich viele – es ärgert die Tschechen, die am 1. Jänner 2009 für die erste Hälfte dieses Jahres die Präsidentschaft übernehmen werden und denen man wenig Erfolg zutraut.

Eine endgültige Beurteilung des französischen Vorsitzes kann im Augenblick noch nicht erfolgen, doch ist nicht zu bestreiten, dass der französische Staatspräsident mit einem außergewöhnlichen Aufwand zur Lösung von Problemen beiträgt. Er hat durch sein Verhalten bestätigt, dass Treffen des Europäischen Rates die „Stunde des Vorsitzes" sind (Hayes-Renshow/Wallace 2006, 178). Er hat damit seine Repräsentation im Kollegenkreis gefestigt. Er hat ein hohes Engagement und die Fähigkeit bewiesen, einen Konsens bei den Mitgliedsstaaten herbeiführen zu können. Sein Prestige wurde sowohl national als auch international gestärkt (vgl. Wessels 2008, 181).

Diese Umtriebigkeit von Sarkozy hat geradezu zu einem neuen Stil der Präsidentschaft geführt, den man als „Sarkozysmus" bezeichnen kann. Er erweist sich jedoch nicht immer als erfolgreich, sondern kann auch kontraproduktiv sein, wenn ohne entsprechende Sensibilität vorgegangen wird. Der nach dem Fehlschlag des irischen Referendums in Irland durchgeführte Besuch des Ratsvorsitzenden, der „zuhören und verstehen" wollte, erwies sich als kontraproduktiv. Die Meinung Sarkozys, dass Irland noch einmal über den Lissaboner Vertrag abstimmen müsse und eine Neuverhandlung des Vertrages nicht stattfinden werde, wurde als Ausdruck der Arroganz empfunden, den die Iren nicht akzeptierten. Wenn Sarkozy in Zukunft seine beeindruckende Umtriebigkeit mit Sachkenntnis und Einfühlungsvermögen verbindet, könnte er wahrscheinlich aus der französischen Ratspräsidentschaft heraus essentielle Beiträge zum europäischen Integrationsprozess leisten.

Alternativstrategien – Optionen

Die Frage, wie es in Zukunft weitergeht, gehört zum Repertoire der Europadiskussion. Nach jedem enttäuschenden Ereignis, wie etwa der negativen Referenden über den EU Verfassungsvertrag in Frankreich und den Niederlanden oder dem Fehlschlag der irischen Volksabstimmung über den Lissaboner Vertrag, rufen die europäischen Granden zur Nachdenkpause auf. Zwischen Orientierungszwang und Ratlosigkeit hin und her pendelnd versucht man Zeit zu gewinnen. Als Reaktion auf die irische Verweigerung hat der Europäische Rat auf seinem Gipfeltreffen am 19./20. Juni 2008 Folgendes festgehalten:

„Der Europäische Rat ist sich darin einig, dass mehr Zeit erforderlich ist, um die Lage zu analysieren. Er nimmt zur Kenntnis, dass die irische Regierung sowohl intern als auch mit den übrigen Mitgliedsstaaten intensive Beratungen führen wird, um ein gemeinsames weiteres Vorgehen vorzuschlagen" (Schlussfolgerungen des Vorsitzes zur Tagung des Europäischen Rates in Brüssel, CONcl2, 11018/08).

Ob die Strategie des Überlegens und des Wartens EU-weit Erfolge bringen wird, kann im Augenblick nicht beurteilt werden. Offensichtlich will die Mehrheit der Mitgliedsstaaten an der Umsetzung des Lissaboner Vertrages festhalten. Das bedeutet, dass die Ratifikation in den Ländern, in denen die Parlamente allein zustimmen, mit großer Wahrscheinlichkeit durchgeführt werden wird. Allerdings muss dabei das irische Problem gelöst und der Boden für ein neues Referendum vorbereitet werden. Wie dies geschehen soll, erscheint gegenwärtig noch unbestimmt. Es gibt allerdings Anzeichen dafür, dass nach dem Muster früherer Vorgangsweisen Konzessionen gemacht werden, die in Irland einen positiven Ausgang eines neuerlichen Referendums möglich machen können. So wird etwa die Möglichkeit ventiliert, die vorgesehene Reduktion der Mitglieder der Kommission auf zwei Drittel der Zahl der Mitgliedsstaaten zunächst nicht umzusetzen, sondern auch weiterhin jedem Mitgliedsstaat das Recht einzuräumen, einen Kommissär zu nominieren. Ob eine solche Strategie auch in Zukunft erfolgreich sein wird, muss hinterfragt werden. Die negative Grundhaltung in den Mitgliedsstaaten der Union ist offensichtlich weitaus komplexer, als dass sie mit einer Einzelmaßnahme beeinflusst werden kann. Die Europäische Union befindet sich seit dem negativen irischen Referendum zum Lissaboner Vertrag in einer Sackgasse, aus der sie so schnell nicht herausfinden wird. Es wäre daher ernsthaft zu überlegen, die Vertragsdiskussion im Augenblick nicht zu einem Hauptpunkt der europäischen Agenda zu machen. Vielmehr sollte man politischen Maßnahmen den Vorrang geben, die aus aktuellen Entwicklungen heraus notwendig erscheinen. Im Mittelpunkt steht dabei die internationale Finanzierungskrise, in der die Europäische Union zumindest partiell erfolgreich agierte, ohne dass sie die notwendigen Rechtsgrundlagen zur Regelung der Finanzmärkte besitzt. Mit einem starken Solidaritätsbewusstsein der Mitgliedsstaaten und einer Bereitschaft zu einer substantiellen Koordination lässt sich auf politischem Weg eine Menge erreichen, was erst nachträglich institutionalisiert und verrechtlicht wird. Die Theorie des Funktionalismus hat auf dieses Phänomen besonders hingewiesen und dieses zum Erklärungsmodell des europäischen Integrationsprozesses gemacht: „form follows function" (Rosamond 2000, 34).

Erfolge und Fortschritte in der Geschichte der europäischen Einigung waren wesentliche Elemente einer Legitimation des Integrationsprozesses. Durch ihre Leistungen wird die Union als supranationale Gemeinschaft legitimiert. Glaubhafte Beiträge zur Lösung der Finanzkrise, eine die Energieversorgung sichernde Politik, ein gemeinsames Vorgehen gegen den Klimawandel und seine Folgen, erfolgreiche Vermittlungsversuche in Krisenregionen und -situationen – das alles hat legitimationsfördernde Wirkung und kann auch die Europäische Union aus dem Wellental einer kritischen öffentlichen Beurteilung wieder herausführen.

Schließlich soll noch auf eine weitere Perspektive hingewiesen werden. Die Verantwortlichen in der Europäischen Union sollten sich bemühen, der Bürgerschaft der Mitgliedsstaaten eine klare Orientierung über die Grundsätze und Ziele des Einigungsprozesses zu geben. Sowohl der Verfassungsvertrag als auch der Lissaboner Vertrag können aufgrund ihrer textlichen Kompliziertheit und Unverständlichkeit den Menschen kaum nähergebracht werden. Eine Grundsatzerklärung, die etwa als Weiterführung der Berliner Erklärung vom 25. März 2007 ein klares Bekenntnis zu einem demokratischen Europa formuliert, könnte eine Grundlage einer gesamteuropäischen Volksabstimmung bzw. Volksbefragung sein und die Legitimation für den europäischen Einigungsprozess an sich verstärken.

Trotz vieler europakritischer, ja sogar europafeindlicher Stimmen ist der europäische Einigungsprozess nicht mehr widerrufbar, er kann auch nicht mehr in eine rückläufige Bewegung umgekehrt werden. Er ist „irrevocable" (Neisser 2008, 257). Das bedeutet nicht, dass er eine permanente geschlossene und systematische Weiterentwicklung erfährt. Es gibt viele Indizien, die darauf hinweisen, dass die Integration in Zukunft weitaus differenzierter verlaufen wird, als es bisher der Fall war. Unterschiedliche Geschwindigkeiten werden als Notwendigkeit wohl akzeptiert werden müssen, andererseits findet ein breit gefächerter Prozess einer Europäisierung statt, der die europäische Integration und die nationalen Entwicklungen verbindet und substanzielle Transformationsprozesse auslöst (vgl. Neisser 2008, 256).

Die kommunikative Herausforderung

Zukunftsstrategien der europäischen Integration sind per se Kommunikationsaufgaben. Sie dienen vor allem dazu, der Öffentlichkeit bewusst zu machen, was der Integrationsprozess bedeutet und was er leistet. Dazu braucht es eine europäische politische Öffentlichkeit, die bis heute nur ansatzweise existiert. Sie ist eine Sphäre, in der sich politisch relevante Meinung bildet und artikuliert. Sie gewährleistet einen Meinungsaustausch in einem öffentlichen Raum, in dem die Ausgestaltung der Europäischen Union nicht nur von politischen Eliten erörtert wird, sondern dessen Funktion die Beteiligung der Bürgerschaft an einem demokratischen Prozess ist (vgl. Pausch 2006, 189ff).

Die Herstellung dieser Öffentlichkeit beruht auf einer geteilten und komplexen Verantwortlichkeit. Sie betrifft die Institutionen und Akteure auf der Ebene der Union, aber auch andererseits die Institutionen und Akteure in den Mitgliedsstaaten, vor allem die Medien. Die bisherigen Erfahrungen haben gezeigt, dass die traditionelle Information über Europa wenig Wirkung zeigt, ja manchen sogar als sinnlos erscheint. EU-Information erfolgt durch die Produktion von Hochglanzbroschüren, Informationsblättern, „eindringlichen" Foldern und dergleichen. Diese Methoden mögen nicht wertlos sein, sie können aber nicht das einzige Mittel sein, um die kommunikative Herausforderung des europäischen Einigungsprozesses zu bewältigen. Europa muss ein Thema des alltäglichen politischen Diskurses werden. Die agierenden Politiker – Regierungsmitglieder, Parlamentarier auf allen Ebenen, kommunale Repräsentanten – müssen eine aktive Rolle spielen. Der direkte Kontakt mit dem Volk ist unverzichtbar.

Ein gemeinsamer Dialog von Gegnern, Befürwortern und Gleichgültigen ist erforderlich, wobei das vorrangige Ziel darin bestehen muss, Bewegung in die Gruppe der Gleichgültigen zu bringen. Man wird in Zukunft damit rechnen müssen, dass es zu einer „Europäisierung" der „Anti-Europäer" kommen wird. Das Beispiel des irischen Referendums zeigt, dass die irischen Gegner nicht nur moralische Unterstützung von den EU-Gegnern anderer Länder erhalten haben. Wenn die bereits merkbare Absicht mancher Exponenten von Anti-Europabewegungen verwirklicht werden kann, die im Jahr 2009 stattfindende Wahl zum Europäischen Parlament zu einer Grundsatzentscheidung pro oder contra EU umzufunktionieren, werden auch europäische Regierungen ein böses Erwachen erleben.

Die Europadebatte muss in Hinblick auf die nächstjährigen Wahlen zum Europäischen Parlament Konturen gewinnen. Es ist zu hoffen, dass alle diejenigen, die für die Bewahrung des Fortschrittes, der durch den europäischen Einigungsprozess erzielt wurde, eintreten, eine klare Position beziehen. Das Europa der Werte wird oft zu einem Europa der Wörter. Auch eine klare Sprache wäre für einen europäischen Dialog eine Voraussetzung. Die Europäische Union sollte eine verschleiernde, technokratische Wortwahl vermeiden, durch die Information oft zur Desinformation wird. Sie sollte anstelle einer herunterspielenden, verharmlosenden Semantik klar sagen, was sie anstrebt.

Damit hängt eine zentrale Fragestellung zusammen, die angesprochen werden muss: Es ist die Frage der Finalität. Wie lang kann die Union noch versuchen, ihrer Bürgerschaft zu erklären, was Europa bedeutet, ohne die Finalität zu konkretisieren? Was will die Union? Was ist ihr Endziel?

Mehr denn je scheint die Antwort darauf gegenwärtig im Hinblick auf völlig divergierende Vorstellungen der Mitgliedsstaaten unmöglich zu sein. Das ist bedauerlich. Als der frühere deutsche Außenminister Joschka Fischer am 12. Mai 2000 an der Humboldt Universität in Berlin unter dem Titel „Vom Staatenverbund zur Föderation – Gedanken über die Finalität der europäischen Integration" (http://whi-berlin.de/documents/fischer.pdf) einen bemerkenswerten Vortrag hielt, schien eine Grundsatzdebatte über die zukünftige Gestalt Europas in Aussicht. Er betonte dabei, dass Finalität die Bewegung auf ein bestimmtes Ziel bedeute und nicht als entwicklungsoffen zu verstehen sei (vgl. Hrbek 2001, 35ff). Abgesehen von einigen französischen Repliken zeigte sich kein europäischer Politiker an einer solchen Debatte interessiert. Manchmal hat man den Eindruck, dass die politischen Akteure der Union sich geradezu vor einer solchen Diskussion fürchten, die die strategischen Perspektiven der kommenden Jahrzehnte thematisiert. Der Gedanke einer Föderation als eigenständige Kreation für ein Ziel der europäischen Einigung, die weder dem klassischen Klischee vom Staatenbund noch vom Bundesstaat entspricht, wäre es wert einer groß angelegten Debatte unterzogen zu werden. Bei allen Unterschieden der Ziel- und Leitvorstellungen ist eine Finalitätsdiskussion unvermeidlich. Nicht nur aus intellektuellen Gründen, um die Bedürfnisse einer Elite zu befriedigen, sondern im Besonderen, um dem demokratischen Prozess neue Impulse zu geben.

Anmerkungen

1 Erklärung von Laeken vom 15. Dezember 2001 „Die Zukunft der europäischen Union", vgl. http://www.europe-web.de/europa/03euinf/10counc/laeken.htm.

2 Zum Konvent und zur sogenannten Konventsmethode vgl. Busek/Hummer (2004).

3 Der Lissaboner Vertrag behielt also den Dualismus zwischen Unions- und Gemeinschaftsvertrag, bei Letzterem allerdings mit einem geänderten Titel, bei.

4 Der Unionsvertrag sieht in der durch den Lissaboner Vertrag vorgesehenen Neufassung des Artikels 31 vor, dass jeder Mitgliedsstaat der Union seinen Austritt beantragen kann. In diesem Fall ist eine Vereinbarung zwischen dem Europäischen Rat und jenem Land, das auszutreten beabsichtigt, abzuschließen, in der die näheren Modalitäten festgelegt werden und auch der Rahmen für die zukünftigen Beziehungen zur Union bestimmt wird.

Literatur

Busek, Erhard/Hummer, Waldemar (Hg.) (2004). Der Europäische Konvent und sein Ergebnis, Wien.

Hayes-Renshow, Fiona/Wallace, Helen (Hg.) (2006). The Council of Ministers, 2. Auflage, Houndmills/New York.

Hrbek, Rudolf (2001). Europäische Föderation durch Verfassungsvertrag. Joschka Fischers Leitbild und der Beginn einer neuen europapolitischen Orientierungsdebatte, in: Roland Hierzinger/Pollack, Johannes (Hg.): Europäische Leitbilder. Festschrift für Heinrich Schneider, Baden-Baden, 35–50.

Neisser, Heinrich (2008). Die europäische Integration – eine Idee wird Wirklichkeit, Innsbruck.

Pausch, Markus (2006). Die europäische Öffentlichkeit im konstitutionellen Prozess, in: Puntscher-Riekmann, Sonja/Herzig, Günter/Dirninger, Christian (Hg.): Europa Res Publica. Europäischer Konvent und Verfassungsgebung als Annährung an eine europäische Republik?, Wien, Köln, Weimar.

Rosamond, Ben (2000). Theories of European Integration, Houndmills/London.

Wessels, Wolfgang (2008). Das politische System der Europäischen Union, Wiesbaden.

Abschnitt V

Die Gesellschaft

Hannah und Maria Crepaz

2034 …

oder was auch immer sein wird[1]

So lange hat kein Tiroler für Freiheit gekämpft, eigentlich war das mit 1809 recht bald vorüber, doch machte das anderen Mut – so tönt es heute noch aus Büchern –, aber sicher hat von den Wackeren damals kaum einer ahnen können, dass davon heute noch so viele Nutzer, oder – im Slang von heute: Nussen(nutzen)schnupfer, darin Vorteile finden: ach, all die bemühten, offiziell bezahlten (oder auch nicht) Aktivitäten des Gedenkens und der Zukunfterei! Vor 50 Jahren war das anders, blu-bo noch lebendig, Österreich gerade frei, die Generation der Gestandenen (Schützen, stehgewohnte Aufstehmandln) fand es wichtig. Die knapp nach dem Krieg Geborenen hatten diese Träume nicht. (Was später einen Kulturbeamten des Landes fast zum Weinen brachte in der Frage, wer wohl 2009 noch des Hofer Andre und seiner tapferen Mannen gedenke? Er muss nicht weinen. Es gibt sie noch, die Gedenkwirtschaft.) Wie aber soll dieses werden: „50 Jahre nach Orwell"?

Gerhard Crepaz

Ein Szenarium einer entfernten Zukunft zu machen ist generell, freundlich ausgedrückt, unmöglich. Dies sieht man an unserer heutigen Politik, die nur noch kurz- und mittelfristig und ganz selten langfristig geplant wird. Manager lernen zwar langfristig vorauszuplanen, machen dies aber nur noch auf bis zu drei Jahre, mit dem Wissen, dass dieser Vorausblick nur selten der Wirklichkeit entspricht. Sicher ist, dass man die Zukunft in einer turbulenten Zeit nicht vorhersehen kann. Klar ist auch, dass man Regionen und Länder nur mehr im globalen Zusammenhang wahrnehmen kann und nicht als „*Tirol, Tirol nur Du allein …*".

Man kann für die Zukunft Positives träumen oder auch eine Vorstellung der Zerstörung beschreiben, die sich sehr oft als recht realistisch herausstellt, wenn man zum Beispiel an George Orwells 1984 denkt. Eine Fiktion, die dem Realen in Vielem nicht nachsteht: Bei der Düsseldorfer Pflegemesse „Rehacare" 2008 wurde die Zukunft der Altenpflege vorgestellt. Diese soll, geht es nach den ausstellenden Firmen, vor allem in der Automatik liegen: Betten, die sich von selber senkrecht aufstellen; ein MTP – Mealtime Partner, der alte Menschen mit einem Rotationssystem mit drei Schalen füttert; oder auch ein Kuschelroboter, die Robbe Paro, die laut ihren Erfindern alten Menschen Zuneigung schenkt.

Oder auch die ungewünschte Kritik an den zu mächtig gewordenen Massenmedien, die man aus einer „live-to-tape" Sendung – eine ideale Erfindung unserer geregelten Medien, Ungewünschtes für immer zu vernichten – leider nicht mehr löschen konnte, da in den Zeitungen, die bei dieser Show zum Deutschen Fernsehpreis anwesend waren, bereits über Marcel Reich-Ranickis Ablehnung des Deutschen Fernsehpreises 2008 für sein Lebenswerk geschrieben wurde. So ein Drama, da hat ja wirklich nicht irgendeiner, sondern der deutsche Literaturprophet gegen den steten Verfall der Medien gewettert. Was hat dies mit uns zu tun oder auch mit 2034? Es ist die Situation unserer Gesellschaft, diejenige Europas und natürlich auch Tirols als „Herz der Alpen" und „Herz Europas". Klar auch, dass eine sehr kritische Reaktion auf die Ablehnung des Preises der im Medium ZDF arbeitenden Journalistin Elke Heidenreich zu ihrem bereits selber angekündigten Rausschmiss führte, das Motto: „Man beißt nicht die Hand, die einen füttert!" Und überhaupt, Kritik ist nicht nötig, wir sind und bleiben die Besten!

Welcome to the real world …?

1961 wurde György Ligeti im Rahmen seines Kurses über Neue Musik in Alpbach darum gebeten, eine zehnminütige Rede über die Zukunft der Musik zu halten. Ligeti wies diese Bitte ab, da er davon überzeugt war, keine Ahnung von der Zukunft der Musik zu haben. Am Ende konnten ihn die Veranstalter jedoch überreden, eine Rede zu halten, stellten ihm aber alle Mittel frei. Ligeti entschied sich für zehn Minuten Schweigen. Das Publikum reagierte mit Tumult. (Ligeti meinte später, er habe nie eine komplexere Partitur Neuer Musik gehört.) Karl Kraus begann im Sommer 1933 seine *Dritte Walpurgisnacht* mit dem berühmten Satz: „Mir fällt zu Hitler nichts ein" – um dann über 280 Seiten folgen zu lassen. Solche Beispiele gibt es unzählige. Wir wollen es weder Ligeti noch Kraus nachmachen und haben uns daher nach längerem Überlegen und nach all den Krisen, die über uns gekommen sind, darauf geeinigt, ein fiktives Gespräch zu führen.

Ein Interview zwischen den verantwortlichen Politikern, das sich 2034 abspielt. Wir haben uns generell für eine positive Sicht von 2034 und danach entschieden, vielleicht naiv, aber die Hoffnung stirbt zuletzt.

Der Blick zurück

1. Die Kultur hatte lange Zeit zu kämpfen mit Anbiederung und dem Dasein als Bittstellerin. Wie konnte diese politische Steuerung überwunden werden?

Wir als Politiker hatten die Aufgabe, uns umzustellen und uns auch als Politiker auszubilden. Wir verwalten das Geld der anderen, was wir lange Zeit missachtet haben. Wenn es zu finanziellen Krisen kommt, wie im Herbst 2008, wird auch über das Geld aller bestimmt. Kunst und Kultur ist ein Grundnahrungsmittel des Menschen. Um es mit den Worten Nietzsches zu sagen: „Kultur ist Einheit des künstlerischen Stils in allen Lebensäußerungen eines Volkes." Es hat uns viel Zeit und viele Katastrophen gekostet, dies einzusehen. Menschen, die in der Kultur und im Sozialen arbeiten, sind die Basis für die Weiterentwicklung der Gesellschaft und so auch ein nicht zu ersetzender Teil. Über die Gleichschaltung der Medien, der Events, der Masse hat man die Randgruppen immer weiter an den Rand gestellt. Man gab keinem die Chance, an etwas zu arbeiten oder auch sich selber und seinen kulturellen Hintergrund positiv aktiv und kreativ einzubinden.

2. Zu Beginn des 21. Jahrhunderts waren alle relevanten Lebensbereiche mit dem Terminus „-tainment" – Unterhaltung – verknüpft: Infotainment als das bekannteste Beispiel. Bleibt der Kultur allein die Unterhaltung? Wie gelang die Überwindung der Reduktion auf oberflächliche Unterhaltung?

Der grundsätzlichen Veränderung der Lebenssituation und der politischen Gewichtung von Kunst und Kultur ist es zuzuschreiben, dass man sich wieder dem Essenziellen gewidmet hat. Zu Beginn des 21. Jahrhunderts war Bildung zwar generell ein Anliegen, aber die Form der Vermittlung von Bildung und der Wille zur Unterstützung durch den Staat ist verloren gegangen. So wurde zum Beispiel in Italien unter Berlusconi 2008 eine Senkung der Bildungsausgaben von 20 Prozent beschlossen, über deren Konsequenzen muss man sich nicht unterhalten ... Im Vordergrund standen Zahlen, Auslastungen und Einschaltquoten, manipulierte oder prozentuelle Zahlen, wie zum Beispiel die Einschaltquoten beim Fernsehen.

Die Idee des „-tainment", die ja nicht als einzige Mode über den Ozean zu uns geschickt wurde und sich wie eine Seuche verbreitet hatte – Masse ist Macht und Geld zur selben Zeit –, hat sich mit der Zeit ausgelebt. Die Frage nach der Versicherungssumme, des Besucherflusses und des Ultimativen einer Ausstellung oder eines anderen Events wurde von inhaltlichen Fragen abgelöst.

Jeder Mensch hat ein Anrecht auf Qualität. Was haben wir von Quantität, wenn der Inhalt austauschbar ist? Auch in der Wirtschaft zählen neue, differenzierte Modelle, die sich nicht nach Masse, sondern nach der Ausdauer und Qualität richten. Ich sehe das als den einzigen Weg. Ohne die Arbeit mit dem Essenziellen hätten sich keine neuen Lebensformen entwickeln können.

3. *Geiz ist geil! So hieß es zu Beginn des 21. Jahrhunderts. Ein Werbeslogan, der Glückseligkeit bei Wirtschaft und Konsumenten hervorzurufen schien. Gilt Geiz noch immer als erstrebenswert?*

Die Devise „Geiz ist geil" hat die Menschen nicht sehr weit gebracht. Im neuen Denken heißt es umsichtig wirtschaften und handeln in allen Belangen. Die meisten Kultur- und Sozialeinrichtungen taten das immer schon – zum Teil schon aufgrund ihrer knappen Ressourcen. Heute muss man den Weitblick sowohl in finanziellen und wirtschaftlichen Belangen als auch in den Ressourcen wie Strom, Wasser, Natur, Verkehr bewahren. Geiz entwickelte sich zu Beginn des 21. Jahrhunderts zum Unwort, als Motto der Ich-AG, dem puren Egoismus wurden Tür und Tor geöffnet! Die Gesellschaft scheint sich jedoch wieder auf Werte wie Solidarität zu besinnen, da die Spirale des Egoismus und des „jeder gegen jeden und ich für mich allein" nicht mehr weiterzudrehen war. Die Gefahr lauert aber überall, wir sind noch nicht angekommen. Für die Wirtschaft ist Qualität wichtig.

4. *Der Geiz war zu Beginn des 21. Jahrhunderts definitiv keine Prämisse für die Wirtschaft. Gewirtschaftet wurde nach dem Motto: sich holen, was undenkbar scheint. Die Finanzkrise 2008/09 brachte einen Reinigungsprozess. Welche Konsequenzen wurden gezogen?*

Ja, das hat uns der Börsenkrach 2008/09 deutlich gemacht. Die Entwicklung diente vor allem einigen wenigen Profiteuren, die dann noch mit Abermillionen für den Crash belohnt wurden. Verständlich, dass der Großteil der Menschen darüber voller Unmut war. Niemand lässt sich diese Ungerechtigkeit auf Dauer gefallen, das zeigen die Revolten der Geschichte. Die Konsequenzen: Die Staaten haben sich wieder ihrer Aufsichtspflicht besonnen und üben Kontrolle auf Banken und Börsen aus. Die Menschen schauen mehr darauf, dass ihr angelegtes Geld sicher ist, und lassen sich nicht mehr so schnell durch versprochene Seifenblasenrenditen einlullen. Ob der Korruption und der Gier mancher Menschen Einhalt geboten werden kann, ist fraglich, denn Profiteure kennt jedes System.

5. *Nicht erst seit Sigmund Freud suchen wir nach dem Sinn des Lebens.*
Einkaufszentren wurden zu Österreichs beliebtesten Freizeitparks.
Warum konnte die Freude am Dasein letztlich im Konsum nicht gefunden werden? Bzw. welche Alternativstrategien entwickelten sich?
Traten Wirtschaft und Politik als Förderinnen auf?

Eine Gesellschaft, der die ethischen Werte genommen wurden, sucht ihr Glück im Konsum. In den Einkaufstempeln vermeinten die Menschen jene Wärme zu finden, die sie im Alltag verloren hatten. Der Kaufrausch gab immer kürzer den Kick und den Halt, den die Menschen brauchten oder besser gesagt nicht brauchten, um sich glücklich zu fühlen. Aber irgendwann hat man dann alles, was man vermeintlich braucht, und die Konsumgüter werden zu Müll. Man muss neues Glück und neue Befriedigung suchen, dabei stößt man unweigerlich auf Werte, die einem Halt geben: andere Menschen, Gespräche, Bücher, Kunst und Ethik. Nach kurzem Schock haben auch Politik und Wirtschaft die Zeichen der Zeit gesehen und versucht, Strategien zur Sinnfindung mitzuentwickeln. Ohne Konsum bricht das Wirtschaftssystem zusammen, aber die Zukunft der Wirtschaft lag in der Maxime Qualität vor Quantität. Die Politik erkannte, dass man ohne Investition in Bildung die falschen Weichen für die Zukunft stellt.

6. *Kunst und Kultur an der Grenze der wirtschaftlichen Realität.*
Bleibt die Kultur noch immer in der direkten Abhängigkeit zur Wirtschaft?

Ohne Kunst und Kultur gibt es keine Wirtschaft und die Wirtschaft ist Motor für eine Weiterentwicklung von Kunst und Kultur. Es hat sich mittlerweile eine Art Symbiose der beiden Gebiete entwickelt, die sich nicht mehr in den Bereichen des Events und der Massen abspielt, sondern Teil eines Gesamtbildes von Betrieben ist. Der Mensch als Element der Entwicklung einer gut funktionierenden Wirtschaft, was sich in unseren Projekten widerspiegelt.

Bereits 2005 sprach die damalige deutsche Kulturstaatsministerin Christina Weiss beim Kongress „Musik als Wirtschaft II" in Berlin über die Kulturförderung als Investition und nicht als Subvention. Was für die Politik gilt, das gilt auch für die Wirtschaft. Eine Investition in Kunst und Kultur, bei der Basis beginnend, ist der einzige Weg, in Europa eine wissende und kreative Gesellschaft zu unterstützen. Durch die Gesellschaft entsteht eine Offenheit über die Grenzen hinweg, die Einbindung der unterschiedlichen kulturellen Denkweisen. Dieses Verständnis wirkt in alle Bereiche des Lebens.

7. Jedem Politiker sein Denkmal! Diese Maxime war lange Jahre das Motto der Politiker. Auch der Kulturpolitiker. Und dies auf Kosten der Inhalte. Wie gelingt es, Gebäude mit Inhalten zu füllen?

Vielleicht waren die Politiker nur der Begeisterung guter Architektur zum Opfer gefallen und hatten deshalb zu schnell neue Bauten hingestellt, ohne zuerst die Inhalte zu bestimmen. Da hatte auch die Finanzkrise 2008/09 ihr Gutes. Welcher Politiker unterliegt nicht der Versuchung, ein Museum oder eine Konzert- oder Mehrzweckhalle mit seinem Namen den folgenden Generationen zu hinterlassen? Das ist ja das einzig Bleibende. Heute sollte der persönliche Vorteil in den Hintergrund gestellt werden. Mit Kulturvermittlern wird inhaltlich an Bauten gearbeitet, die dringend notwendig sind. Sie sind keine Fremdkörper mehr, sondern stehen in einem kulturellen, sozialen und wirtschaftlichen Kontext. Bevor es kein stimmiges Konzept gibt, ist ein Bauwerk für Kunst und Kultur sinnlos.

Der Horizont 2034

1. Müssen sich Verantwortliche in Politik, Wirtschaft und Kultur heutzutage den Vorwurf der Sozialromantik gefallen lassen, wenn sie wieder „Werte" in den Vordergrund ihrer Überlegungen und Handlungen rücken?

Die Devise „Alles ist gleichwertig" war 2008/09 sehr stark ausgeprägt, man hatte Bedenken zu werten. Heute ist man sich bewusst darüber, dass Politik, Wirtschaft und Kultur ohne Werte wie soziales Denken, Qualität vor Quantität zu stellen, Bildung … nicht auskommt. Ich erinnere mich in diesem Zusammenhang an ein Zitat von Karl Kraus, der sich schon zu seiner Zeit gegen die Gleichmacherei und die Scheu vor Wertung wehrte: „Wenn die Sonne der Kultur niedrig steht, werfen selbst Zwerge Schatten."

2. Kreativität ist ein solcher Wert, über den breite Diskussionen geführt werden. Ist Kreativität nicht längst altmodisch und langweilig?

Kreativität ist die Basis eines funktionierenden Wirtschaftsbetriebes, nach der Finanzkrise von 2008/09 und den darauf folgenden Einbrüchen wurde das mehr denn je sichtbar. Es ist sinnlos, ein Gefüge künstlich neben der Realität aufbauen zu wollen, man muss versuchen mit dem Hier und Jetzt zu arbeiten und gleichzeitig in die Zukunft zu schauen. Wer keine Kreativität besitzt, der ist in unserer derzeitigen Welt verloren, kann sich nicht wirklich erhalten.

Kunst und Kultur entsteht vor allem durch Kreativität und nicht durch das Einsetzen von Automatismen, die Geld und Menschen in Bewegung setzten. Karl Kraus hatte ein schönes Bild dafür gefunden, als er sagte: „Künstler ist nur einer, der aus der Lösung ein Rätsel machen kann."

3. Welche Rolle spielen dabei Kulturvermittler? Können sie sich vom gewinnorientierten Denken befreien?

In diesem Zusammenhang sollte man die Frage stellen, was bedeutet gewinnorientiert? Gewinne ich auch dann, wenn ich jene Kunst vermittle, die Qualität beinhaltet? Was ist Gewinn und wie wird Gewinn bewertet? Tatsache ist, dass es diesen Terminus schon vor der „Verökonomisierung" der Welt gegeben hat und sich dieses Wort nicht auf die Formeln G = E – K oder G

= *DB* - *Kf* reduzieren lässt. Ein Kulturvermittler hat auch die Aufgabe kleine Schritte zu setzen und auf Vergessenes aufmerksam zu machen. So waren Aktionen wie „Jedem Kind ein Instrument" (2008) oder das 1975 von José Antonio Abreu gegründete „Simón Bolívar Jugendorchester Venezuela" (dieses aus einem staatlichen Fonds geförderte Orchester hat das Ziel, Kindern und Jugendlichen – insbesondere solchen aus schlechten sozialen Verhältnissen – eine fundierte musikalische Ausbildung zu ermöglichen und ihnen eine Lebenschance zu geben) sehr erfolgreich.

4. *Woran lässt sich der Erfolg der Kultur messen? Sind es Frequenzen, Eintritte, Massenaufläufe?*

Masse ist seit Langem kein Kriterium mehr. Nur weil Tausende Menschen täglich einen Burger verdrücken, muss das nicht gleichzeitig bedeuten, dass dies mit Qualität verbunden ist. Sicher gibt es kulturelle und künstlerische Elemente, die mehr Menschen anziehen, aber das soll nicht bedeuten, dass eine Kunstform, die weniger Menschen erreicht, weniger wert ist – wo wir wieder bei dem Thema der Wertigkeiten wären. Man soll Kunst nicht mit einem Markt vergleichen, das gehört der Vergangenheit an. Frühere Künstler wie Damien Hirst oder auch Jeff Koons, die sich mit ihren nicht mehr wie zu Beginn kritischen Kunstwerken am „Markt" zu unglaublichen Summen verkauften, haben nicht mehr Wert als jene Künstler, die sich mit Inhalten auseinandersetzten und darauf verzichteten, sich die Kunstwerke von ihren Galeristen ersteigern zu lassen, um Masse vor der Qualität walten zu lassen.

Zukunftsweisende Kunstsparten haben noch nie die Massen angezogen, waren aber für die Entwicklung wichtig. Die musikalischen Urgroßväter wie Ligeti und Stockhausen haben durch ihre mühsamen technischen Klangexperimente neben der ernsten Musik auch die Popularmusik sehr geprägt.

5. *Kultur ist nicht alles, aber in allem ist Kultur – könnten wir in Anlehnung an den griechischen Philosophen Aristoteles formulieren, der diese Aussage für die Politik traf. Lässt sich Kultur wirklich für alle Lebensbereiche ge- oder auch missbrauchen?*

Kultur ist ein sehr weiter Begriff und trifft deshalb auf fast alle Lebensbereiche zu. Ganz wichtig ist die Kultur des Miteinander-Umgehens, das ist auch sehr wichtig in der Politik, besonders: Wie gehe ich mit Kontrahenten um? Dass Einstellungen und Werte auch missbraucht werden, zeigt die Menschheitsgeschichte, besonders auch unsere jüngere Vergangenheit. Wenn Kultur den Stellenwert in der Gesellschaft erreichen soll, der ihr zusteht, müssen sich auch Politiker mit diesen Grundideen identifizieren. Theodor Heuss, deutscher Bundespräsident in den 1950er-Jahren, sagte über die Verbindung von Politik und Kultur: „Mit Politik kann man keine Kultur machen, aber vielleicht kann man mit Kultur Politik machen."

6. Bereits in den Schulen wird 2034 den Themen Kunst und Kultur breiter Raum gegeben, indem die sieben Künste wieder in den Lehrplan aufgenommen werden. Wie ist dieses Erleben bei jungen Menschen beobachtbar?

Wir können darauf stolz sein, dass wir es geschafft haben, Kunst und Kultur wieder als Basis in die Schulen zu bringen. Kinder und Jugendliche haben viel Kreativität, das alte Schulsystem hat diese Kraft eingedämmt. Dass Ausbildung etwas kostet, ist klar, aber es muss uns die Ausbildung auch etwas „wert" sein, damit wir in der Zukunft „Gewinne" machen, die sowohl sozial wie auch rechnerisch gemessen werden können.

Bourdieu hat bereits 1979 in seinem Buch *Die feinen Unterschiede* an Beispielen empirisch bestätigt, dass über die Gesellschaft, über die Sozialisierung Geschmack und daraus auch kulturelles Interesse entsteht.

7. Aber ist Bildung im Zeitalter, wo ohnedies alles schon am Plafond der technischen Entwicklung angelangt ist, überhaupt noch eine relevante Größe? Wenn ja, warum schon?

Technik allein hat ohne Bildung keinen Stellenwert. Alles, was in dieser Welt entwickelt wird und wurde, ist aus etwas Vorhergehendem entstanden. Ohne das Wissen um die Dinge kann man nichts entwickeln, ohne Gesamtsicht gehen das Detail und die Zusammenhänge verloren.

Aus der Geschichte können wir lernen, was und wie wir funktionieren und welche Fehler begangen wurden. Wenn man nicht die Entwicklung als Einheit sehen kann und die Gründe, aus welchen die Krisen entstanden sind, dann kann man auch nicht gegensteuern, sondern wird mit Sicherheit in die bereits erlebten Katastrophen hineinschlittern.

8. Ein Faktum wird sich nie ändern: Kultur kostet!
Wie sieht es mit dem modernen Mäzenatentum aus?

Ja, auch diese Untugend, das der Kultur vorzuwerfen, zieht sich durch die Geschichte. Dies zeigt sich schon im Ausdruck „Subventionierung". Alle anderen Bereiche unseres Gemeinwesens werden finanziert, nur im Agrarbereich und in der Kultur spricht man von Subventionen. Dass Kultur Geld braucht, ist klar. Modernes Mäzenatentum und Unterstützung durch die Wirtschaft sind in unseren Breitengraden nicht so üblich, aber deshalb umso wichtiger. Wir müssen Konzepte entwickeln, die für beide Seiten zufriedenstellend sind. Das Wichtigste ist, dass die Kunst und Kultur trotz Mäzenatentums frei bleiben.

9. Wie kann es der Kultur gelingen, sich dem direkten Einfluss des Geldes zu entziehen? Wer ist letztlich Auftraggeber? Wem muss Rechenschaft gegeben werden?

Künstler und Kulturvermittler müssen da Charakter zeigen, um nicht der Verlockung des Geldes zu erliegen. Auftraggeber müssen der Kunst den Freiraum lassen, den sie braucht, denn ohne diesen kann Kunst nicht entstehen. Es ist auch die Aufgabe von Kunst, Widerstand zu leisten und nicht nur affirmativ zu sein.

10. Allenthalben wird vom 21. Jahrhundert als dem Jahrhundert der Frauen gesprochen. Wo wird das Thema Partnerschaft gelebt?

Diese Frage betrifft viele Bereiche:

Partnerschaft in der Arbeit: Frauen sind perfekte Netzwerkerinnen, die ihre Fäden quer über die Welt spannen und die verschiedensten Bereiche verbinden – nicht mehr nur allein im Sozialbereich.

Soziale Partnerschaft: Frauen hatten nur ungefähr 150 Jahre Zeit, ihre neuen Rollen in der Gesellschaft zu erobern und zu definieren. Dass Frauen das so schnell schafften, verunsicherte die Männer. Jetzt scheint es, dass diese dadurch gezwungen wurden, sich selbst zu positionieren – im Beruflichen und im Privaten. Aufgaben wurden übernommen, die jahrzehntelang verpönt waren, das Schlagwort der vaterlosen Gesellschaft wurde damals geboren. Inzwischen übernehmen Männer ihren Part in der Erziehung und im täglichen Leben. Frauen können dadurch ihre Fähigkeiten besser einsetzen, weil die Vielfachbelastung wegfällt.

Private Partnerschaften sind dadurch entspannter und funktionieren leichter, aber trotzdem müssen alle ständig an Verbesserungen arbeiten.

Anmerkung

1 Dieser Text ist eine Zusammenarbeit von Maria und Hannah Crepaz mit freundlicher Unterstützung von Birgitt Drewes und einem Eingangskommentar von Gerhard Crepaz.

Ulrike Reisner

Fremden-Verkehr

Anmerkungen zum Wechselspiel von Tourismus und Transit

Was wird aus dem „Fremden-Verkehr"?

Im Tourismusland Tirol sind viele Verkehrsprobleme hausgemacht. Statt sich um tragfähige, überregionale Lösungen zu bemühen, hat die Politik jahrzehntelang nur mit hohem Aufwand das Land erschlossen. Aus volkswirtschaftlicher Sicht eine große Bürde, die schwer auf den Schultern der nächsten Generationen lasten wird.

Aus der Sicht des Tiroler Tourismus waren und sind gute Verkehrslösungen eine Überlebensfrage. Gute Verkehrslösungen entscheiden darüber, ob, unter welchen Bedingungen und zu welchen Kosten Menschen ins Land reisen können. Wird der Verkehr in und nach Tirol aufwändig und teuer, wird sich dies zuerst negativ auf das Tourismusaufkommen auswirken. Gerade für die Tiroler Regionen, in denen in den vergangenen Jahrzehnten aufgrund der massiven Förderung der Freizeitwirtschaft keine differenzierte wirtschaftliche Entwicklung stattgefunden hat, steht demnach viel auf dem Spiel.

Wirtschaftsmotor Tourismus

Betrachtet man die Zahlen, wird deutlich, wie sehr man in Tirol auf den Wirtschaftsfaktor Tourismus baut und vertraut. In kaum einem anderen Land in den Alpen sind der Anteil dieser Branche am Bruttoinlandsprodukt sowie die Tourismusintensität (das heißt das Tourismusaufkommen im Verhältnis zur Einwohnerzahl) höher als hier. Tirol wird nur vom Schweizerischen Graubünden übertroffen. Ein sehr plastischer Vergleich sei an dieser Stelle gestattet: Mit 8,5 Millionen Ankünften checkt alle 3,7 Sekunden ein Gast in einem Tiroler Beherbergungsbetrieb ein. Die amtliche Statistik weist für die Tourismusbranche eine jährliche Investitionssumme von rund 600 Millionen Euro aus. Pro Jahr werden derzeit 42 Millionen Übernachtungen verzeichnet, 25000 Betriebe leben direkt von der Freizeitwirtschaft. Von den circa 53000 Beschäftigten arbeiten mehr als zwei Drittel im Hotel- und Gaststättengewerbe. Tirol zeichnet mit sechs Milliarden Euro für mehr als die Hälfte aller österreichischen Deviseneinnahmen aus dem Tourismus verantwortlich.

Vor allem im Winter sind die Betten in den gehobenen Hotelkategorien gut ausgelastet. Zuletzt konnte man in Tirol in der kalten Jahreszeit etwa fünf Millionen Ankünfte und 25 Millionen Übernachtungen verbuchen. Die Tiroler Seilbahnwirtschaft hat in den letzten Jahren Millionen-Euro-Beträge in den Ausbau der Förderkapazitäten der Bahnen und Pisten sowie in die Beschneiung investiert. Unbestritten ist, dass ein Gutteil des touristischen Umsatzes in Tirol zwischen Dezember und April gemacht wird. Im Sommer hingegen stagnieren die Übernachtungszahlen. Hier sinken auch die Umsätze, was vor allem kleinere, weniger gut ausgestattete Betriebe oder Regionen abseits der großen Tourismuszentren deutlich zu spüren bekommen. Allein im Kernmarkt Deutschland hat der Tiroler Tourismus in den vergangenen zehn Jahren mehr als acht Prozent verloren, das sind jährlich über zwei Millionen Übernachtungen.

Über die Frage, welchen Beitrag der Tourismus tatsächlich zum Bruttoinlandsprodukt leistet, scheiden sich seit Jahren die Geister. Offiziellen Angaben zufolge beläuft sich die touristische Wertschöpfung zurzeit auf rund drei Milliarden Euro, wovon 2,6 Milliarden auf den Nächtigungstourismus, der Rest auf den Ausflugstourismus entfallen. Experten weisen darauf hin, dass die Tücke dieser Wertschöpfungsberechnungen vor allem in der sauberen Abgrenzung liegt: Welche Umsätze im Land werden wirklich direkt vom Tourismus induziert, bei welchen muss dieser Zusammenhang in Frage gestellt werden? Ein weiterer Vergleich sei an dieser Stelle erlaubt: Die abgesetzte Produktion der gesamten Tiroler Industrie liegt derzeit bei rund 8,6 Milliarden Euro. Auch ein Grund, warum Fachleute die Wertschöpfungsangaben für den Tiroler Tourismus als „sehr optimistisch" bezeichnen. In jüngeren Untersuchungen ist zu lesen, dass knapp ein Fünftel der landesweiten Wertschöpfung direkt oder indirekt auf das Konto der Freizeitwirtschaft geht. Einzuräumen ist in diesem Zusammenhang allerdings, dass es einzelne Orte und kleine Regionen gibt, wo dieser Wert durchaus auf bis zu zwei Drittel steigen kann.

Milliardenschwere Infrastrukturen

Auf stagnierende Gästezahlen und sinkende Umsätze reagierte die Branche seit den 1990er-Jahren mit massiven Investitionen. Investitionen, die allerdings nicht nur privat, sondern vor allem auch seitens der öffentlichen Hand getätigt wurden. Vor allem in Regionen mit hohem Wintersportanteil wurden neue Räume erschlossen, Straßen und Parkplätze gebaut, Ver- und Entsorgungseinrichtungen geschaffen, Lawinenverbauungen errichtet, Grund und Boden zur Verfügung gestellt. Die gute Entwicklung der Tiroler Seilbahnwirtschaft ist, neben allem unternehmerischen Geschick, nicht zuletzt auch auf dieses Engagement der öffentlichen Hand zurückzuführen. Solange die Kassen der Gemeinden, aber auch die der Länder und des Bundes gefüllt waren, ging dieses Konzept scheinbar auch auf. Seit aber Sparpakete, Maastricht-Kriterien und der Wegfall der Getränkesteuer die öffentlichen Haushalte belasten, fehlt immer öfter das Geld für diese Erschließungs- und Infrastrukturleistungen. Dennoch wird der Tourismus seitens der Politik – wider besseres Wissen – immer noch nahezu flächendeckend gefördert. Dabei verzerrt der Anspruch, überall im Land vergleichbare touristische Voraussetzungen mit hochwertigen Infrastrukturen zu schaffen, nicht nur den Markt und behindert einen gesunden Wettbewerb, er kostet die Volkswirtschaft auch ein Vermögen.

Politisch gesehen muss man sich in Tirol die Frage stellen, ob der wirtschaftliche Beitrag, den die Tourismusbranche leistet, diesen massiven Einsatz öffentlicher Mittel in die Infrastrukturen, allen voran in das Straßennetz, rechtfertigt. Die Ökonomie greift hier zu einem einfachen Modell und stellt die sozialen Kosten dem sozialen Nutzen gegenüber. Das heißt: Ist der soziale Nutzen, der von der Tourismusbranche auf andere Bereiche ausstrahlt – auf Arbeitsplätze, Einkommen, Gesellschaft oder Umwelt – so groß, dass die Politik die enormen sozialen Kosten, die beispielsweise für die Errichtung und Instandhaltung der Infrastrukturen aufgebracht werden müssen, guten Gewissens argumentieren kann?

Ein anderer Blickwinkel macht deutlich, in welchem Spannungsfeld sich die Tiroler Infrastrukturpolitik tatsächlich bewegt. Im Sommer 2005 war im

Westen Österreichs mehr als deutlich zu sehen, welche Schäden ein Hochwasser in alpinen Lagen anrichten kann: Ganze Straßenabschnitte wurden weggerissen, Lawinengalerien unterspült, Brücken beschädigt und das Versorgungssystem der Gemeinden schwer in Mitleidenschaft gezogen. Der Schaden war gewaltig, der Reparatur- und Wiederherstellungsaufwand – bedingt durch Witterung und Standort – enorm. So wie andere Alpentäler auch ist Tirol aufgrund intensiver touristischer Nutzung seit Jahrzehnten übererschlossen, die Ver- und Entsorgungseinrichtungen sind nicht auf die üblichen Einwohnergleichwerte, sondern zusätzlich auf die maximale Belegung der Gästebetten ausgerichtet. Dazu kommt der finanzielle Aufwand für Lawinengalerien, Hangsicherungen und Parkplätze, um den Verkehr in die Bergregionen bei jeder Witterung bewältigen zu können. Starkwetterereignisse wie jenes im Sommer 2005 machen deutlich, dass selbst die modernste technische Infrastruktur binnen Stunden von Naturgewalten zerstört werden kann. Die Wiederherstellung ist aufwändig und teuer.

Das sollte den verantwortlichen Politikern zu denken geben, denn das Land ist, nicht nur touristisch, vom Funktionieren dieser Basis-Infrastrukturen abhängig. Vor allem im Umwelt- und Verkehrsbereich werden die Regionen entlang des Alpenhauptkammes tief in die Tasche greifen müssen, wenn verhindert werden soll, dass entlegenere Gebiete (ähnlich wie in Italien oder Frankreich) unbewohnbar werden. Tatsache ist, dass der Schutz des Lebens- und Freizeitraumes Alpen bereits jetzt Milliarden Euro verschlingt, die in Schutzwälder, in die Pflege von erosionsgefährdeten Wassereinzugsgebieten, in die Renaturierung von Flüssen, in Schutzbauten und Frühwarnsysteme investiert werden müssen. Allein der Gesamtwert aller bisher in den Alpen errichteten Schutzbauten wird auf mehrere Hundert Milliarden Euro geschätzt, und es besteht die Gefahr, dass diese Bauten aufgrund ihres enorm hohen Instandhaltungsaufwandes zur Altlast für die kommenden Generationen werden.

Sonderfall Fremden-Verkehr

Im Transit- und Urlaubsland Tirol sind die Verkehrsinfrastrukturen besonderen Belastungen ausgesetzt. Entsprechend engagiert, problembewusst und lösungsorientiert, könnte man meinen, muss der verkehrspolitische Ansatz des Landes sein. Das Gegenteil ist der Fall. Angesichts der (zumindest zeit- und abschnittsweisen) Überlastung der Straßen stellt man sich unwillkürlich die Frage: Sind es die LKWs, die den Urlaubsverkehr blockieren? Oder geht der Verkehrskollaps auf Tirols Transitrouten auf Kosten der Freizeitreisenden? Die Politik, so scheint es, hat kein wirklich griffiges Konzept gegen die Blechlawinen, die sich über den Brenner oder andere Pässe wälzen. Im Gegenteil – sie hat ein recht eindimensionales Bild von Ursache und Wirkung, weil sie zwischen „gutem" und „schlechtem" Verkehr unterscheidet. Gut ist der Verkehr dann, wenn er Gäste ins Land bringt. Transit, egal ob im Güter- oder Individualverkehr, ist hingegen unerwünscht.

Die Freizeitwirtschaft kann ohne Verkehr nicht existieren. Andererseits muss gerade der Tourismus ein Zuviel an Verkehr verurteilen. Ein Zuviel an Verkehr wirkt sich negativ auf die Umwelt aus und führt zu Behinderungen auf den Durchzugsrouten. Vor allem der Gütertransit und die damit verbundenen Lärm- und Schadstoffemissionen werden im Tourismusland Tirol immer wieder zur Zielscheibe. Man fürchtet um die leichte Erreichbarkeit des Landes und seiner Tourismusdestinationen. Man fürchtet, dass gerade vor dem Hintergrund steigender Energiekosten und knapper Ressourcen das Urlaubsprodukt an Attraktivität und Wettbewerbsvorteil verlieren könnte. Und man fürchtet natürlich auch den damit verbundenen Imageschaden.

Geht es um die Zukunft des Verkehrs in Tirol, wird von politischer Seite gerne der Ruf nach „mehr Nachhaltigkeit" laut – ein Begriff, der so inflationär verwendet wird, dass er rasch zur Worthülse verkommen kann. Natürlich geht es auch im Verkehr um eine gewisse Balance zwischen ökonomischen, ökologischen und sozialen Interessen. Die Länder des Alpenbogens sind hier als Schnittpunkte wichtiger Transitrouten und beliebte Urlaubsdestinationen besonders gefordert. Sie müssen gewaltige Verkehrsströme logistisch bewältigen können, diese sollen aber die Freizeitregionen möglichst wenig belasten. Wenn die Politik Nachhaltigkeit fordert, muss sie sich die Frage gefallen lassen, warum sie raumordnerisch die Errichtung von Gewerbegebieten oder Einkaufszentren in einer Art und Weise zulässt, die den Verkehr steigert, statt ihn in vernünftige Bahnen zu lenken. Die Politik muss sich die Frage gefallen lassen, warum auch kleinere Seitentäler mit hohem Aufwand verkehrstechnisch erschlossen werden, dann aber das Geld (oder der Wille) für die Errichtung beispielsweise der begleitenden Parkplätze fehlt. Sie muss schlussendlich aber auch der Tatsache ins Auge sehen, dass in Tirol – vor allem durch die Freizeitwirtschaft – Verkehr in erster Linie „hausgemacht" ist. Diesem Phänomen mit blinder Erschließungswut zu begegnen ist politisch fahrlässig und volkswirtschaftlich nicht zu rechtfertigen!

Blinde Flecken

Die Tiroler Verkehrspolitik hat sich über viele Jahre viel zu wenig damit befasst, wie sich das Verkehrsaufkommen und die Verkehrsinfrastrukturen rund um das Land verändert haben. Wenn beispielsweise von deutscher Seite Autobahnen bis unmittelbar an die Grenzen herangeführt werden (wie die A7 Richtung Füssen oder die A95 Richtung Garmisch-Partenkirchen), für die damit verbundenen Verkehrsströme auf Tiroler Seite aber die Kapazitäten fehlen, muss es zu Belastungen in diesen Regionen kommen. Die Tiroler Verkehrspolitik hat sich aber auch zu wenig um neue Technologien und ihren Einsatz gekümmert. Sie hat es bis dato versäumt, die Auswirkungen des Freizeit- und Ausflugsverkehrs im Detail zu untersuchen. Und sie hat nur unzureichend auf die Beseitigung von politischen Restriktionen (Fall des Eisernen Vorhangs, EU-Beitritt, Schengen-Abkommen) und die damit verbundenen Auswirkungen auf die Verkehrsströme (vor allem die Intensivierung der Ost-West-Achse) befasst. Die scheinbar einzige Antwort, die die Tiroler Verkehrspolitik in den vergangenen Jahrzehnten auf diese Umstände hatte, war der Ausbau des Verkehrsnetzes im Land selbst. Was dabei übersehen wurde, ist die Tatsache, dass neue Verkehrswege grundsätzlich neuen Verkehr anziehen, statt ihn zu vermeiden oder zumindest zu entzerren. Die negativen Folgen dieser Politik für das Land sind enorm. Durch die unwiederbringliche Vergeudung von räumlichen Ressourcen fehlen diese an anderer Stelle, beispielsweise für die Erschließung für Gewerbe und Industrie.

Am Beispiel des land- und forstwirtschaftlichen Wegebaus in Tirol lässt sich darstellen, wie kurzsichtig die Tiroler Politik in Bezug auf das Thema Verkehr & Tourismus vielfach gehandelt hat. Millionen Euro wurden in den Ausbau dieser Wege investiert, die damit verbundenen Eingriffe in die Landschaft sind enorm. Die erste fatale Konsequenz dieser Erschließung besteht in einem zusätzlichen Verkehrsaufkommen, teilweise bis in Almen- oder Naturschutzregionen. Eine weitere, nicht zu unterschätzende Auswirkung dieses Ausbaus kommt vonseiten des Freizeitsports und des Tourismus. Denn durch den starken Anstieg an Mountainbike-Strecken müssen diese land- und forstwirtschaftlichen Wege aufgrund der Haftung der Wegehalter instand gehalten werden. Damit wird eine Maßnahme, die vonseiten der Politik als „Einmal-Zuschuss" budgetiert war, auf einmal zum Dauerposten in den Haushalten der Gemeinden und Tourismusverbände. Ein Luxus, den sich das Tourismusland Tirol leistet, denn früher hätte man wohl kaum ein solches Wegenetz errichtet, es hätte sich schlichtweg nicht gerechnet.

Daher ist es politisch, um dies noch einmal zu unterstreichen, hoch an der Zeit, sich die ernsthafte Frage zu stellen, ob sich das Land diese zu einem Gutteil hausgemachte Verkehrssituation volkswirtschaftlich überhaupt noch leisten kann! Viele Jahre lang war es politisch nicht opportun, die Frage nach der Kosten-Nutzen-Relation der Verkehrseinrichtungen zu stellen. Zu schwer wog das raumordnerische Argument, überall im Land den Menschen gute Voraussetzungen zum Leben und Arbeiten bieten zu wollen. Doch heute ist die Frage nach der Dimensionierung der Tiroler Verkehrsinfrastrukturen nicht nur berechtigt, sondern ihre kritische Betrachtung, wie gesagt, hoch an der Zeit. Die Politik muss, lieber früher als später, Lösungen ermöglichen, um die Verkehrsinfrastrukturen besser auszulasten. Sie muss rasch die Weichen stellen, damit mit neuer Technologie und professionellem Verkehrsmanagement Verkehrsströme besser gelenkt werden können. Denn für einen weiteren Ausbau, daran besteht kein Zweifel mehr, fehlen die räumlichen und finanziellen Ressourcen.

Mobilität & Freizeitwirtschaft

Die Technologiegespräche beim diesjährigen Europäischen Forum Alpbach widmeten sich unter anderem der Frage, wie es mit dem Verkehr weitergehen kann und soll: Bis zum Jahr 2020, so die Berechnungen der Experten, wird der Anteil des Verkehrs an allen CO_2-Emissionen von 25 auf 50 Prozent steigen – es sei denn, es werden sofort effektive Gegenmaßnahmen gesetzt. Doch die Einführung neuer Technologien ist teuer und der viel zitierte Paradigmenwechsel geht in der Praxis nur langsam und mühselig vor sich. Seit Jahrzehnten bauen unsere Wirtschaftskonzepte auf niedrige Transportkosten, davon haben auch Tirol und andere alpine Destinationen profitiert. Der Gast setzt sich ins Auto und fährt los. Kein Wunder, dass sich die verkehrsbedingten CO_2-Emissionen in Österreich zwischen 1990 und 2004 verdoppelt haben. Dafür sorgt die Zunahme der privaten Mobilität: Der Freizeitverkehr boomt, die Urlaube werden kürzer und häufiger, Einkaufs- und Vergnügungszentren in der städtischen Peripherie erzeugen gewaltige Verkehrsströme.

Die Europäische Union hat diese exzessiven Auswüchse des Freizeitverkehrs im Visier und pocht bis 2020 auf eine Reduktion der Emissionen um ein Fünftel. Erreicht werden soll dies durch eine Erhöhung des Anteils erneuerbarer Energien sowie eine Steigerung der Energieeffizienz. Auch birgt das verbesserte Management der Verkehrsflüsse einiges an Potenzial, wenn man beispielsweise an die volkswirtschaftlichen Kosten von Staus denkt. Bei den alternativen Kraftstoffen und Antriebstechnologien kann bestenfalls ein Szenario der schrittweisen Einführung bzw. Umstellung als realistisch angesehen werden. Es ist vorhersehbar, dass in den kommenden Jahren Druck vonseiten der Autoindustrie kommen wird. Die zuletzt veröffentlichten Quartalsergebnisse beispielsweise der US-amerikanischen Hersteller mit Absatzeinbrüchen von 25 Prozent und mehr werden nicht ohne Folgen bleiben.

Wenn in Tirol verhindert werden soll, dass das Land seine Infrastruktur- und Tourismuspolitik auf Kosten der künftigen Generationen betreibt, sind rasch Maßnahmen zu setzen. So brauchen wir genaue Daten und Informationen darüber, welche Defizite die Verkehrsinfrastruktur in Tirol – lokal, regional und überregional – aufweist. Wir brauchen vor allem für die touristischen Ballungszentren mit „Schwerpunkt Winter" konkrete, überregionale Verkehrslösungen sowie Finanzierungskonzepte dafür. Wir müssen uns um innovative Formen der kombinierten Mobilität bemühen, um die Verkehrsengpässe vor allem an Wochenenden sowie zu bestimmten Tageszeiten bewältigen zu können. Und wir müssen uns überlegen, welche Anbindung an die wichtigen Verkehrsdrehscheiben der Nord-Süd- sowie der Ost-West-Achse sinnvoll und realisierbar sind.

Wie gesagt, der Paradigmenwechsel geht nur langsam vor sich. Immer noch messen Politiker und Touristiker mit verschiedenerlei Maß, wenn es um die Urlauber und ihre verkehrstechnischen Bedürfnisse geht. Der Politiker kalkuliert kurzfristig, will das Volk nicht verärgern und legt sich lieber mit der Transportwirtschaft an. Der Touristiker ist hingegen nur dann bereit, sich für verkehrspolitische Belange stark zu machen, wenn es um sein eigenes Geschäft geht. Für die freizeittouristische Erschließung ist in Tirol kein Tal zu eng, kein Berg zu hoch, um Platz für den gewünschten Fremden-Verkehr zu schaffen. Doch wenn es Tirol nicht gelingt, sein Verkehrsproblem in den Griff zu bekommen, wird sich das sehr rasch negativ auf das ganze Land und seine Wirtschaft auswirken. Daher stünde es der Tiroler Politik gut zu Gesicht, würde sie sich auf europäischer Ebene für Verkehrslösungen stark machen, die die Erreichbarkeit langfristig – möglichst ohne ökologischen oder volkswirtschaftlichen Kollaps – sichern.

Eine abschließende Bemerkung am Rande sei erlaubt: Verkehr ist ein gewaltiger Wirtschaftsfaktor. Im Grund verdienen gerade Länder wie Tirol am Verkehr (und am „Fremden-Verkehr"), und das seit vielen Jahrzehnten. Nicht zuletzt deshalb müsste das Land sehr interessiert sein an neuen Technologien und Verkehrsinfrastrukturen, an innovativem Verkehrsmanagement und modernen Informationssystemen. Das schafft schließlich auch neue Arbeitsplätze, dynamisiert die Wirtschaft und öffnet interessante Perspektiven für die alpinen Regionen.

Georg Schärmer, Bernd Wachter

Im Herrgottswinkel

Das Zusammenleben der Religionen zwischen Dornenkrone und Minarett

Tirol wird häufig auch das „Heilige Land“ genannt. Im Gespräch mit Tirolerinnen und Tirolern stößt das „Heilige“ durchaus auf Interesse, auch wenn meist unklar bleibt, was denn nun konkret darunter verstanden werden kann. Jugendlichen und Erwachsenen sind in Tirol – so wie in vielen anderen europäischen Ländern – etliche Lebensbereiche „heilig“: ihre Familien, der Freundeskreis, die Sehnsucht nach einem geglückten Leben, die Sicherung der Arbeitsplätze oder etwa der Schutz der Natur. Die Pastoraltheologin Regina Polak (2006) spricht von „Signalen der Wiederkehr der Religion“. In zahlreichen wissenschaftlichen Diskussionen und Beiträgen war seit Mitte der 80er-Jahre des vorigen Jahrhunderts von der Renaissance des Religiösen oder sogar vom „Megatrend Spiritualität“ zu hören und zu lesen. Daniel Bell spricht von „the return of the sacred“. Aus dem Blickwinkel einer soziokulturellen Betrachtungsweise erteilt der Zukunftsforscher Mathias Horx (2005, 261) der Religion primär drei Funktionsweisen zu: Weltordnung, Tröstung und Machtbannung. Religion gibt dem Leben eine bestimmte Struktur. Rituale prägen den Ablauf eines Jahres.

In Tirol haben religiöse Rituale immer noch eine große Bedeutung: Advent, die Weihnachtszeit, Fasching oder die Fastenzeit geben dem Leben eine bestimmte Note. Eine zentrale Kompetenz der Religion ist sicherlich die „Tröstung“. Mathias Horx spricht von der moderierenden Funktion der Religion. Religion gebe dem Leid „auf die eine oder andere Weise Sinn“ (Horx 2005, 261). In vielen Tiroler Dörfern werden die Felder gesegnet. Auch bei der Eröffnung von öffentlichen und privaten Einrichtungen (von Hochschulen bis Banken) wird nach dem Segen gesucht. Bürgermeister und Pfarrer oder auf Landesebene Landeshauptmann und Bischof (oft auch gemeinsam mit der evangelischen Amtskollegin) sind fixe Bestandteile einer wirklich gelungenen Tiroler Eröffnungsfeier.

Nicht zur sogenannten einheimischen Bevölkerung zählende, aber eben in Tirol lebende, arbeitende und Steuern zahlende Menschen (kurzum unter dem Begriff „Migrant/inn/en" subsumierte Personen), reagieren nicht selten mit einer gewissen Verblüffung. Religion war geschichtlich betrachtet immer auch ein Kontrapunkt zur weltlichen Macht. Wie auch immer – auf jeden Fall ist in Tirol nach dem Schlusssegen des Priesters der Gottesdienst beendet. Und in der Regel verlassen die Gläubigen erst dann das Gotteshaus. Und erst nach dem Akt einer Segnung wird ein neues Gebäude wirklich seiner Bestimmung übergeben. Mag sein, wie manchmal zu hören ist – das gehöre halt in Tirol einfach dazu. Es mag aber durchaus auch zutreffen, dass vielen Menschen ohne den Akt der Segnung etwas fehlen würde.

Gottesbund

Es war im Frühjahr 1796. Der junge General Napoleon Bonaparte hatte die Österreicher zum Rückzug aus der Lombardei gezwungen. In Tirol läuteten die Sturmglocken. Ein Ständeausschuss wurde mit der Gesamtorganisation der Landesverteidigung – basierend auf der Grundlage der alten Tiroler Wehrverfassung – beauftragt. Nicht nur die viel strapazierte Tiroler Freiheitsliebe oder der angeblich besonders ausgeprägte Patriotismus waren dafür ausschlaggebend, dass Schützenkompanien an den Südgrenzen des Landes Stellung bezogen. Religion und Kirche spielten als Verteidigungsstrategie eine wesentliche Rolle. Diese Stimmung führte zu einer Frömmigkeit, die heute oft nur mehr schwer verständlich ist: der Verehrung des Herzens Jesu. Die Tiroler Volksvertreter gelobten, das Herz-Jesu-Fest in allen Tiroler Pfarren besonders festlich zu begehen.

Durch eine ungeschickte Religionspolitik entstand im Laufe der Jahre zunehmend das Bild eines Gottesbundes in der Auseinandersetzung mit Andersdenkenden, aber auch den Eliten des österreichischen Staates. Das „Heilige" wurde auf die Schlachtfelder getragen und in die Werte der Französischen Revolution wurde der Antichrist gedeutet. Der Gedanke vom „Heiligen Land" wirkt vor allem außerhalb Tirols bis heute stark nach.

Möglicherweise ist es eine Logik von Klischeebildungen, dass die Menschen vor Ort ihre Lebensrealität vor Augen haben und somit verbalen Überbauungen kritisch, ablehnend oder mit der Zeit gleichgültig begegnen. Volkstanzgruppen – wie etwa „Franz Mayr's Tiroler Nationalsänger" – exportierten gegen Mitte des vorigen Jahrhunderts das Klischeebild vom lustigen Tiroler. Weitere Tiroler Gruppen unternahmen Konzertreisen durch Europa und bis nach Amerika. Klischees halten sich sehr lange. Es ist nicht verwunderlich, dass die Tiroler/innen bis heute als ein singendes, in Lederhosen und Dirndl tanzendes Volk abgespeichert sind. US-amerikanische oder japanische Besucher/innen haben häufig dieses Bild vor Augen. Und mit den Tiroler Abenden wird ja bis heute mit einem Augenzwinkern diesem reduzierten Selbstbild entsprochen.

Ein ähnliches Klischee ist eben das „Heilige Land". Die guten Wirtschaftsdaten des Landes, die Bettenzahlen und dass in Tirol die Kirche noch im Dorf geblieben ist – das ist eine Art kommunikativer Dreiklang. Aber wie tönt es denn im „Heiligen Land" wirklich? Bilder vom ersten Minarett in Telfs haben den Aspekt des „Heiligen" um eine Religionsgemeinschaft erweitert, und stürmische politische Diskussionen begleiteten einen dezenten und auf hohem Niveau geführten Dialog zwischen der muslimischen und der katholischen Glaubensgemeinschaft.

Der Teufel ist los

Seit 2005 ist in Telfs der Teufel los. Der Grund dafür ist aber nicht ein ganzjähriges Narrentreiben gehörnter Faschingswesen, sondern ein Türmchen namens Minarett. Und dieses Türmchen spaltet die Gemeinde wie kein anderes Ereignis je zuvor. Das musste auch die ÖVP – deren Bürgermeister sich in der Frage des Minarettbaus äußerst kompetent und korrekt äußerte – zur Kenntnis nehmen. Die FPÖ polarisierte vor allem im Nationalratswahlkampf 2008 mit den österreichweit bekannten Parolen wie „Kirchenglocken statt Muezzins" oder mit der mehr auf Ostösterreich abgestimmten Komposition mit „Schweinskotelett statt Minarett". In Telfs zeigte die Kampagne am Wahltag Wirkung. 23,3 Prozent der Telferinnen und Telfer wählten die FPÖ. Die ÖVP verlor gegenüber 2006 ein Zehntel ihrer Stimmen und liegt nun bei 18,2 Prozent.

Es liegt auf der Hand, dass die bürgerliche ÖVP diesen Ist-Zustand langfristig nicht gutheißen wird können. Aber was ist zu tun? Einer anerkannten

Religionsgemeinschaft – der Islam zählt in Österreich seit 1912 zu den staatlich anerkannten Religionsgemeinschaften – kann letztlich kein Bürgermeister, egal welcher Farbenzuordnung, den Bau eines Gebetshauses verbieten. Die Gesetze und die entsprechenden Verordnungen regeln hier klar die Spielräume. Stammtischlastige Argumente – „Was wäre, wenn wir in der Türkei eine Kirche bauen …" – helfen weder weiter noch entsprechen sie den rechtlichen Grundlagen. Für Generalvikar Jakob Bürger, er ist in seiner Funktion der Stellvertreter von Diözesanbischof Manfred Scheuer, sind die Dinge nicht mit „wenn und wäre" zu diskutieren, sondern es gab seitens der Diözese sehr rasch eine eindeutige Position, die da lautete: „Es ist eine Tatsache, dass in unserem Land, besonders in manchen Gemeinden und Städten, eine große Anzahl von muslimischen Gläubigen wohnt. Wenn diese Tatsache geleugnet oder verdrängt wird, kann das zum Nährboden für Aggression und Gewalt werden. Das Bemühen um eine nachhaltige Integration und die klare Absage an jede Art von Fundamentalismus und Gewalt ist unmissverständliches Anliegen der katholischen Kirche. Dieses Bemühen erwarten wir uns auch von anderen Religionsgemeinschaften. Wir erwarten uns auch, dass Christen in muslimischen Ländern ihren Glauben frei und öffentlich ausüben können. Ein Minarett erinnert Muslime an das Gebet. Es erinnert uns Christen auch an die Tatsache, dass wir mit Menschen anderer Religionen zusammenleben. Zugleich sehen wir uns als Christen herausgefordert, unseren eigenen Glauben zu bezeugen und zu leben. Einem Minarett, das als Zeichen des Glaubens und des Gebetes und nicht als Zeichen der Provokation verstanden und im Einvernehmen mit den Verantwortlichen vor Ort errichtet wird, wollen wir als Kirche nicht entgegenstehen, denn Religion und Frieden gehen Hand in Hand."

Diese Position ließ aufhorchen. Schon Jahre zuvor war in vielen kirchlichen Kreisen und Gremien das Thema offen diskutiert worden. Eine eigene Fachstelle für den interreligiösen Dialog wurde im Haus der Begegnung eingerichtet, Pfarrgemeinden beteiligen sich an Dialogprogrammen und innerhalb der Caritas – als einer Teilorganisation der katholischen Kirche – wurde neben dem Caritas-Integrationshaus auch eine Stabstelle für „Migration & Integration" installiert. Solche Vorlaufprozesse führen in der Folge zu fundierten und klaren Positionen. Die Herangehensweise an das Thema „Interreligiös in Tirol leben zu lernen" wurde seitens der katholischen Kirche somit durchaus professionell angelegt. Dass damit nicht alle Probleme des Alltags aufgelöst sind und trotzdem eine Flut an Vorurteilen (meist bedingt durch eine schwach ausgeprägte religiöse Bildung) vorhanden sind, das lässt sich bei einem Themenkreis dieser Größenordnung nicht ausschließen und nicht vom Tisch weisen.

Seitens der Glaubensgemeinschaften kann aber festgehalten werden: Es gibt eine hohe Wertschätzung gegenüber dem, was dem jeweils anders Gläubigen heilig ist. Die grundsätzlichere Sichtweise und die Versachlichung der Diskussion im interreligiösen Miteinander wurde und wird in Tirol wesentlich durch engagierte Christinnen und Christen, durch Bildungsangebote und durch hervorragende und ausgezeichnete Projekte der Theologischen Fakultät Innsbruck vorangetrieben. In der Zwischenzeit entwickelt sich auch in diesem Bereich – langsam aber doch – so etwas wie eine kontinuierliche Gegenseitigkeit. Muslimische Gemeinschaften öffnen ihre Türen und laden zu Info-Tagen. Immer wieder werden Schauplätze geboten, an denen eine entsprechend sachkundige Auseinandersetzung mit dem Islam ermöglicht wird.

Dornröschenschlaf

Das „Heilige" stößt in Tirol auf Interesse. Einseitige Rückschlüsse können jedoch zu beträchtlichen Verzerrungen führen. Eine solche Verzerrung ist die Dornenkrone als politisches Instrument. Das Symbol für das Leiden Jesu wurde in Großformat bereits bei den Landesumzügen 1959 und 1984 durch Innsbruck getragen. Die Südtiroler Schützen planen auch beim Festumzug im Rahmen des Gedenkjahres „1809–2009" eine Dornenkrone mitzutragen – als Symbol für die Zerreißung der Landeseinheit nach dem Ersten Weltkrieg. 1959 standen 100 000 Menschen beim Schützenumzug in Innsbruck Spalier. Die Dornenkrone fand einen „Ruheplatz" vor dem Passionsspielhaus in Erl. Hier steht sie auch heute noch. Die 1986 mitgetragene und 650 Kilo schwere Dornenkrone des Leutascher Schmieds Arnold Mair beschäftigte nicht nur während, sondern vor allem nach dem Umzug die Öffentlichkeit. Hinter der Dornenkrone wurde ein Plakat präsentiert, auf dem zu lesen war: „Selbstbestimmung für Südtirol – Tirol den Tirolern". Es gab heftige Proteststimmen aus Italien, aber auch aus Österreich. Doch das Symbol an sich schien letztlich nicht so wichtig zu sein. Die Krone landete nach dem Umzug vorerst beim Innsbrucker Zeughaus und dann auf dem städtischen Bauhof. Der Wiltener Schützenhauptmann Dietmar Ganahl entdeckte das vergessene Symbol und sorgte für eine entsprechende Renovierung. In weiterer Folge gingen die politischen Wogen neuerlich hoch, als Bürgermeister Herwig van Staa und Landeshauptmann Wendelin Weingartner für eine Aufstellung vor der Innsbrucker Hofburg plädierten. Südtirols Landeshauptmann Luis

Durnwalder distanzierte sich von dieser Idee und Bischof Reinhold Stecher kritisierte den Missbrauch christlicher Symbolik.

Ihre aktuelle Ruhestätte fand die Dornenkrone letztlich auf dem Areal des Telfer Industriellen Arthur Thöni. In einer mit seinem Südtiroler Amtskollegen akkordierten Stellungnahme ließ Landeshauptmann Günther Platter die Schützen wissen, dass ein neuerliches Mittragen der Dornenkrone für ihn nicht in Frage komme. Es gelte über neue Symbole nachzudenken. „Die Zeiten haben sich geändert. Wir befinden uns heute im Herzen eines Europas ohne Grenzen" (tt.com; 22.08.2008).

Die Zeiten haben sich geändert. Auch in den Herrgottswinkel ist Bewegung gekommen und das ist gut so.

Literatur

Horx, Matthias (2005). Wie wir leben werden, Frankfurt/Main: Campus.
Polak, Regina (2006). Religion kehrt wieder, Ostfildern: Schwabenverlag.

Margret Friedrich, Karlheinz Töchterle

Landesuniversität – oder eine Universität im Land?

Die Universität Innsbruck stellt sich neuen Herausforderungen

Auch wenn kaiserlicher Stiftsbrief und päpstliche Bestätigung noch auf sich warten ließen, ist das Gründungsdatum der Universität Innsbruck im Jahr 1669 anzusetzen – mit der kaiserlichen Genehmigung, zur Finanzierung einen Aufschlag von zwölf Kreuzern auf jedes Fuder Salz im Inland einzuheben. Ein Jahr später nahm die Universität ihren Lehrbetrieb auf. Die Tiroler Stände hatten die Errichtung einer Universität vorgeschlagen, um das Geld, das für das Studium junger Männer sonst anderwärts ausgegeben würde, im Land zu behalten und gleichzeitig „mitlst der frembden Scolarn" Geld aus anderen Orten hereinzuholen. In der landesfürstlichen Antwort riet man zunächst zur Vorsicht, weil das Ganze „ain nambhafftes stuckh gelt" erfordere.

Die Argumente, dass mit Errichtung einer Universität in Innsbruck weniger Geld ins Ausland fließe, mehr Mittel durch auswärtige Studierende hereinkämen und die Wirtschaft belebt würde, wurden noch angereichert um das Argument der Versorgung der Söhne des Adels und die Diskussion eines standesspezifischen Numerus Clausus. Mit der gewählten Ausstattung durch den Salzaufschlag war der finanzielle Spielraum der neu gegründeten Universität von Anfang an gering. Doch wurde sie als „Hohe Schule" angenommen. Nach den vorliegenden Matricula philosophica, also dem Verzeichnis der Studenten des philosophischen Propädeutikums, studierten 1671 bis 1700 574 junge Männer aus Nordtirol, 580 aus Südtirol und 80 aus Vorarlberg, aus dem Trentino kamen 216, aus dem damaligen Bayern (ohne Pfalz) 62, aus Baden und Württemberg insgesamt 81.

Die Landesuniversität – verschiedene Sichtweisen

Das Ziel, die eigenen Söhne im Land zu versorgen und Studenten aus den benachbarten Regionen hereinzuholen, wurde also durchaus erreicht und schließlich um Töchter und Studentinnen ergänzt. Der Status der Universität Innsbruck als eine Landesuniversität konnte aber erst Thema werden, als die Regionen mit den größten Studierendenaufkommen eigene Bundesländer wurden bzw. zu einem anderen Staat gehörten. Für Südtirol war das Thema Landesuniversität ab 1918 besonders brisant: Mit Innsbruck als Landesuniversität wollte man die Landeseinheit dokumentieren. Allerdings war dabei Vorsicht geboten, um nicht eine harsche, restriktive Reaktion der italienischen Unterrichtsverwaltung zu provozieren.

Offiziell dokumentiert wurde die starke Verbindung erst durch die Ernennung des Südtiroler Landeshauptmannes Dr. Silvius Magnago zum Ehrensenator der Uni Innsbruck im Studienjahr 1969/70, dem Jahr, in dem das Südtiroler Autonomiepaket verabschiedet wurde. Einen weiteren wichtigen Schritt in der Positionierung als Landesuniversität für Südtirol stellte die Sicherung einer adäquaten Ausbildung für Südtiroler Jusstudent/inn/en durch ein finanziell abgedecktes integriertes Rechtsstudium dar. An der Universität Innsbruck wurde vor allem durch Paduaner Juristen Italienisches Recht gelesen. Als die Finanzierung dieses Lehrangebotes in Frage gestellt wurde, entschied Wissenschaftsministerin Hertha Firnberg 1982 zugunsten der Fortsetzung der Finanzierung. Die Landeshauptleute Wallnöfer und Magnago begrüßten diesen Schritt, beide auch in der Hoffnung, dass damit einer bereits thematisierten Errichtung einer Universität Bozen das Wasser abgegraben sei. Sie befürchteten, dass an einer Universität Bozen 90 Prozent der Lehrenden und bald auch gleich viele Studierende Italiener/innen seien und damit die deutschsprachigen Südtiroler Studierenden zu einer verschwindend geringen Minderheit würden.

Politisch unkompliziert war die mögliche Positionierung als Landesuniversität für Vorarlberg. In den 1960er-Jahren, als nicht nur die Zahl der Vorarlberger Studierenden anstieg, von 211 im Wintersemester 1959/60 auf 425 fünf Jahre später, sondern auch der Bedarf an akademisch gebildeten Arbeitskräften größer wurde, intensivierte das Land Vorarlberg seinen Kontakt mit der Universität Innsbruck. 1965 widmete das Land der Universität Innsbruck einen eigenen Budgetposten als Forschungsbeitrag. Im März 1967 besuchte der Vorarlberger Landeshauptmann die Universität Innsbruck und bezeichnete sie als Landesuniversität, auch vor dem Hintergrund der Gründung der Universität Konstanz. Anlässlich der 300-Jahr-Feier der

Universität Innsbruck 1970 bekannte sich das Bundesland Vorarlberg ebenfalls zu „seiner Landesuniversität". Thematisiert wurde in diesem Zusammenhang vor allem die Möglichkeit, Wirtschaftswissenschaften zu studieren, und die Planung einer Technischen Fakultät. Näher an der Vorarlberger Studierendenwirklichkeit war der Vorarlberger Landtagspräsident beim Besuch von Vorarlberger Landtag und Landesregierung an der Universität Innsbruck 1967. Vorarlberg werde keine eigene Universität errichten, denn die Studierenden hätten gute Möglichkeiten, die Universitäten von Innsbruck, St. Gallen und Konstanz zu besuchen. Der Blick war also nicht nur auf Innsbruck, sondern auch in den Bodenseeraum und auf das Thema einer eigenen Hochschule gerichtet.

Die Bedeutung der Universität Innsbruck für Liechtenstein hob S. D. Reg. Fürst Franz Josef von und zu Liechtenstein hervor, als er im Juni 1983 die Ehrensenatorwürde erhielt. Allerdings sprach er nicht von der „Landesuniversität", sondern von der „Innsbrucker Universität" als „beachtlichem Faktor" „in der Heranbildung unserer studierenden Jugend". Er untermauerte dies mit der Zahl, dass ungefähr 40 Prozent der Liechtensteiner Student/inn/en in Österreich studierten, davon fast alle in Innsbruck.

Anlässlich der 300-Jahr-Feier der Universität Innsbruck wurde im Bundesland Tirol selbst eine spezielle Version zum Thema Landesuniversität entwickelt: Landeshauptmann Wallnöfer sah die Innsbrucker Universität als Landesuniversität vor der Kontrastfolie der Universitäten als Bundesangelegenheit unter Inanspruchnahme einer zurecht gelegten historischen Dimension: Die Universität sei zwar aufgrund eines kaiserlichen Aktes gegründet worden, aber „mit demokratischer Willensbildung und mit materiellen Opfern des Tiroler Volkes von damals" entstanden.

Versorgung mit Hochschulbildung – unterschiedliche Konzeptionen

Unangefochten war der Weg zur wichtigsten Universität in der Region allerdings nicht. Schon in den Reformkonzepten Josephs II. war eine Universität Innsbruck nicht vorgesehen, was zu ihrer Degradierung führte. Leopold II. ließ den Universitätsbetrieb 1792 wieder aufnehmen. Die folgenden Kriegsjahre waren diesem allerdings nicht förderlich, so dass die Universität 1810, zur Zeit der bayrischen Herrschaft, eingestellt wurde. Ab 1826 begann unter Kaiser Franz I. der Wiederaufbau, der sich mühsam gestaltete, aber letztendlich, begünstigt durch die Universitätsreform 1848/49, erfolgreich durchgeführt wurde. Nun präsentierte sich die Universität Innsbruck mit dem Namen ihres Gründers und ihres Wiederbegründers als Leopold-Franzens-Universität. Im ausgehenden 19. und im 20. Jahrhundert verdichtete sich das Netz der Universitäten durch die Aufwertung spezieller Ausbildungsstätten zu Universitäten, wie zum Beispiel der Polytechnischen Anstalten zu Technischen Universitäten, durch den Ausbau bestehender und die Gründung neuer Universitäten.

Es entwickelte sich allerdings (noch) kein Konkurrenzkampf, da die Zahl der Studierenden stieg, ab den 1960/70er-Jahren sogar massiv, und Forschungskonkurrenz, abgesehen vom individuellen Ehrgeiz, aufgrund kaum verfügbarer Drittmittel und der umfassenden Zuständigkeiten des jeweiligen Ministeriums, noch kein Thema war. Allmählich zeichnete sich die steigende Bedeutung von Wissenschaft ab. Die Wissenschaft müsse der Gesellschaft eine Fackel voran- und nicht eine Schleppe nachtragen, lautete das inoffizielle Motto der Wiener Wissenschaftswochen anlässlich des 600. Geburtstages der Universität Wien 1965. 1968 wurde der Fonds zur Förderung wissenschaftlicher Forschung (FWF) eingerichtet, der sich zur zentralen Forschungsförderungsinstitution in Österreich entwickelte und heute 80 Prozent seiner Mittel an die universitäre Forschung vergibt.

Mit der Einrichtung der Fachhochschulen startete auch in Österreich ein neuer Hochschultyp, der mit seinen stärker arbeitsmarktbezogenen und leichter einzurichtenden Studien gut dafür geeignet ist, auf die Bedürfnisse einer Region zu reagieren. Damit haben diese „universities of applied sciences" durchaus auch das Potenzial zur Landesuniversität – nicht zuletzt, weil sie großzügig von Land und Kommunen finanziert werden.

In Vorarlberg, einem Land mit einer ausgeprägten industriellen Tradition, begann man 1992 mit einem fachhochschulartigen Studienversuch „Fertigungsautomatisierung", getragen von der TU Graz. Als 1994 die ersten zehn Fachhochschulstudiengänge in Österreich gestartet wurden, gehörte dieser dazu. An der FH Vorarlberg wurden in der Folge die Bereiche Technik, Wirtschaft, Gestaltung, Informations- und Kommunikationstechnologie sowie Soziale Arbeit auf- bzw. ausgebaut.

Etwas später (1995) formierte sich in Kufstein die „FHS Kufstein Tirol Bildungs GmbH" mit dem Ziel, international ausgerichtete und akzeptierte Fachhochschulstudiengänge und Weiterbildungsangebote einzurichten. 1997 begann die Fachhochschule Kufstein mit ihren Studien mit einem Schwerpunkt auf Spezialisierungen im betriebswirtschaftlichen Bereich.

Die Hochschule Liechtenstein ging aus dem 1961 auf Initiative und unter der Trägerschaft von Staat und Wirtschaft gegründeten Abendtechnikum Vaduz hervor. Zunächst erfolgte die Umwandlung in die „Liechtensteinische Ingenieurschule (LIS)", die 1992 als Fachhochschule anerkannt und 1997 zur „Fachhochschule Liechtenstein" als Stiftung des öffentlichen Rechts umgewandelt wurde. 2005 erfolgte die Aufwertung zur „Hochschule Liechtenstein" mit Studienangeboten in den Bereichen Wirtschaft, Architektur und Informatik.

Neben der Einrichtung stärker berufsfeldbezogener Studien wurde angesichts des beschleunigten Wandels in allen Bereichen berufliche Weiterbildung auf Hochschulniveau notwendig. In Innsbruck konstituierte sich 1993 ein Projektteam zur Errichtung eines Management-Zentrums Tirol, 1994 wurde der Träger-Verein gegründet, 1995 die Geschäftsführung bestellt und der Start der ersten Aktivitäten vollzogen. Die Gründung des MCI als „praxisorientiertes Fortbildungszentrum" erfolgte 1995/96. Es wurde von einem Weiterbildungszentrum sehr rasch um das Angebot von Diplom- bzw. Bachelor- und Masterstudiengängen erweitert und in Richtung Fachhochschule ausgebaut. 2000 startete der erste Diplomstudiengang in Vollzeitform.

Nach der Ermöglichung der Einrichtung von Fachhochschulen wurden mit der Verabschiedung des Universitäts-Akkreditierungsgesetzes 1999, das die Rahmenbedingungen für Gründung und Betrieb von Universitäten schuf, die nicht durch Bundesmittel finanziert werden, im Sommer 2000 in Tirol erste Überlegungen laut, eine Universität für Medizinische Informatik zu gründen. 2001 startete der Studienbetrieb in Hall mit genau diesem Fach. Inzwischen ist das Studienangebot der UMIT, die als „Private Universität für Gesundheitswissenschaften, Medizinische Informatik und Technik" firmiert, in den Bereichen medizinische Informatik und Gesundheits- und Pflegewissenschaften ausgebaut. LH van Staa wies an prominenter Stelle darauf hin, dass die UMIT von TILAK und Tiroler Zukunftsstiftung maßgeblich finanziert werde und somit keine Privat-, sondern eine „Landesuniversität" sei. Inzwischen ist die UMIT in das ausschließliche Eigentum des Landes Tirol übergegangen.

Die Bestrebungen in Südtirol gingen nicht in Richtung Fachhochschul-, sondern in Richtung Universitätsgründung, und das nicht nur, wie in den 1960er-Jahren befürchtet wurde, von italienischsprachiger, sondern auch von deutschsprachiger Seite. In den 1980er-Jahren wurde vor allem seitens der Wirtschaft, später auch wegen der universitären Lehrer/innenausbildung, der Ruf nach einer Hochschule als Entwicklungsfaktor laut.

1993 beschloss die Landesregierung, die Europäische Akademie Bozen mit der Einrichtung einer Koordinierungsstelle für Hochschulfragen zu beauftragen. Diese stellte 1994 eine Vorstudie zum Projekt Universität vor und erhielt 1995 den Auftrag, das Projekt auszuarbeiten, das im gleichen Jahr noch im zuständigen Ministerium eingereicht wurde.

Im Oktober 1997 wurde die Freie Universität Bozen gegründet, das erste akademische Jahr startete im Herbst 1998.

Mit ihren inzwischen fünf Fakultäten bietet sie eine mehrsprachige, praxisorientierte Ausbildung an. In seiner Eröffnungsrede sprach der Gründungsrektor, Prof. Alfred Steinherr, Themen an, die vertraut klingen: Er diskutierte die Kosten-Nutzen-Frage mit dem Argument, eine Präsenz von 2000 Studierenden ersetze kaufkraftmäßig 24 000 Touristenwochen. Bürger/innen, die nicht im Ausland studieren könnten, hätten nun vor Ort eine Studienmöglichkeit. Eine hiesige Universität könne auf hiesige Bedürfnisse eingehen. Denn anderswo Studierende kämen nicht mehr zurück, da sie dort ihre persönlichen und beruflichen Beziehungen aufbauten. Er konnte außerdem auf die Vorteile einer kleinen, aber gut ausgestatteten und zur Auswahl der Studierenden berechtigten Universität setzen – die Studierendenzahlen hielten sich in Grenzen, die Professor/inn/en hätten weniger mit Verwaltung zu tun, ein flexibleres Agieren sei möglich.

Die Zahl der Hochschuleinrichtungen in der Region wurde noch gesteigert durch die gesetzlich notwendige Umwandlung der Medizinischen Fakultäten zu Medizinischen Universitäten, die in Innsbruck zu einer weiteren Universität mit ihrem eigenen administrativen Apparat führte, und durch die Umwandlung der Pädagogischen Akademien in Pädagogische Hochschulen.

Innerhalb eines Jahrzehnts sah sich also die Universität Innsbruck in der Region, für die sie ursprünglich die einzige Universität war, umrundet von einer Vielfalt von Universitäten und Hochschulen, deren akademische Grade sich nicht mehr unterscheiden. Mit dem Universitätsgesetz 2002 hatten die Universitäten außerdem die Autonomie erlangt, was nicht nur Autonomie in der Mangelverwaltung hieß, sondern ebenso eigenständige Positionierung innerhalb der skizzierten Ausdifferenzierung des Hochschulbereichs, Konkurrenzfähigkeit mit den anderen österreichischen Universitäten bei der Einwerbung von Drittmitteln auf nationaler Ebene, zusätzlich mit den umliegenden ausländischen Universitäten im Wettbewerb um EU- und private Drittmittel, um besonders gut ausgewiesene Forscherinnen und Forscher und um engagierte Studierende. Im Zuge des vom Ministerium verlangten Berichtswesens zeigte sich außerdem, dass sogenannte Volluniversitäten aus verschiedenen Gründen schlechter abschnitten als spezialisierte und generell weniger leicht manövrierbar sind. Die Tatsache, dass im Sprachgebrauch die traditionelle Universität eine spezielle Bezeichnung, wie „Volluniversität" oder „Allgemeine Universität", bekommt, sagt ebenfalls aus, dass die Universität nicht mehr „die Universität" sein sollte, sondern eine Bildungseinrichtung unter vielen auf dem Hochschulsektor.

Die Universität Innsbruck – *die Universität* in der Region

An der Universität Innsbruck ist man sich ihrer Tradition ebenso wie dieser Veränderungen bewusst, der Vorteile in dieser neuen Situation ebenso wie der Nachteile. Daher gilt es zunächst die Stärken zu betonen und auszubauen. Dank ihrer Jahrhunderte langen Tradition ist die klassische Universität etabliert. Sie muss sich den Hochschulsektor zwar mit anderen Einrichtungen teilen, muss dabei unter diesen Gegebenheiten ihren Platz behaupten, aber nicht erst erobern. Ihre Fächer sind primär die klassischen großen universitären Fächer, die meist auf eine lange Tradition zurückblicken können, deren Forschung verankert ist, jederzeit ausgebaut oder spezialisiert werden kann, und deren Forscher/innen durch die eigene Forschungsarbeit und die Rezeption anderer Ergebnisse stets auf dem neuesten Stand sind. Es ist nicht nötig, ständig neue Fächer und Studien einzurichten, da das je aktuelle Wissen in den vorhandenen Fächern zur Lösung neu auftauchender Probleme bzw. zum Erwerb des zusätzlich nötigen Spezialwissens befähigt. Ein Absolvent des Masterprogramms Atmosphärenwissenschaften wird sich mit Fragen des Klimawandels wissenschaftlich befassen können, ohne dass diese neue Anforderung im Titel auftaucht. Und damit sind wir bei einem weiteren Vorteil der Universität: Der Großteil der Lehre wird von Forscher/inne/n erbracht, die mitten im Forschungsprozess stehen, und damit einerseits ihr Spezialwissen, andererseits generell ihre Forschungserfahrung unmittelbar in die Lehre einbringen. Und es steht in einer „Volluniversität" eine große Bandbreite an Forschungsmöglichkeiten, vorhandenem Wissen und angebotener Lehre zur Verfügung – vom theologischen über den geistes- und sozialwissenschaftlichen, juristischen bis zum naturwissenschaftlichen und technischen Bereich. Eine Grundlage, die angesichts der Komplexität der Fragen, die zu beantworten, der Probleme, die zu lösen sind, noch weitaus mehr genutzt werden kann. Eine Grundlage auch dafür, dass bei sich ändernden politischen oder wirtschaftlichen Gegebenheiten die für entsprechende Zusatzausbildungen nötigen Studien bereits vorhanden sind. Man denke in diesem Zusammenhang nur an die gestiegene Bedeutung von Spanisch und neuerdings Russisch.

Vor diesem Hintergrund will die Universität Innsbruck weiterhin eine breite und grundlegende Versorgung der Region – nunmehr im Studienangebot der Bachelorstudien – anbieten. Dass hier die Studierenden, die „nur" ein erstes dreijähriges Studium absolvieren und sich dann dem Arbeitsmarkt stellen wollen, ebenso angesprochen werden müssen wie jene, die neugierig auf Wissenschaft sind, sich in einem Masterprogramm spezialisieren, vielleicht anschließend als Jungforscher/innen in einem Doktoratsstudium arbeiten wollen, ist eine Herausforderung. Dieser Spagat muss der Universität gelingen. Ebenso muss sie es schaffen, die internationale Anerkennung und Vernetzung, die im Bereich der Forschung bereits vorhanden sind, im Bereich der Master- und Doktoratsprogramme in Form von überregionaler und internationaler Attraktivität aufzubauen. Und die Universität muss dafür sorgen, dass ihr für diese Aufgaben genügend finanzielle Mittel zur Verfügung stehen.

Die Landesuniversität in der EU

In einen stark veränderten Kontext ist die „Landesuniversität" schließlich 1995 durch den Beitritt Österreichs zur Europäischen Union gestellt worden. Wie massiv die Auswirkungen auf die Universität Innsbruck sich darstellen, wurde allerdings erst allmählich sichtbar. Zwar wurde schon vor dem Beitritt von verschiedenen Seiten angesichts des national „offenen" Hochschulzugangs die Problematik möglicher Diskriminierungen nicht-österreichischer Studierender gesehen, doch erst 1999 veranlasste das neue Universitätsstudiengesetz die Europäische Kommission zur Einleitung eines Gesetzesprüfungsverfahrens gegen die Republik Österreich, weil Bedenken gegen seine Kompatibilität mit den EU-Verträgen bestanden. Im Jänner 2005 stellte der Generalanwalt des Europäischen Gerichtshofes fest, dass der Zugang zur österreichischen Hochschulbildung für nicht-österreichische Studierwillige aus der EU erschwert sei und sie daher diskriminiere. Diese Ansicht wurde schließlich durch das Urteil des EuGH vom 7. Juli 2005 bestätigt. Der österreichische Nationalrat reagierte darauf mit einer Novelle zum UG 2002, indem er in § 124 b den Universitäten in bestimmten Fächern die Erlassung von Zulassungsbeschränkungen einräumte. Deren Zweck lag explizit in einer Barriere gegen den Zustrom von Interessent/inn/en aus Deutschland, das in bestimmten „Massenfächern" bereits seit Jahrzehnten mithilfe eines numerus clausus Zugangsbeschränkungen installiert hatte. Zusätzlich wurde im Februar 2006 in den Studien der Human- und der Zahnmedizin eine sogenannte Quotenregelung eingeführt: 75 Prozent der Studienplätze in diesen Fächern wurden für Personen mit österreichischem Reifezeugnis reserviert, 20 Prozent für Studierende aus den übrigen EU-Ländern, fünf Prozent für den Rest. Zusätzlich legte man Obergrenzen fest und reduzierte die Zahl der Studienplätze.

Auch diese Beschränkungen geraten nun wieder unter Druck, und zwar sowohl vonseiten der Union, die hier nur befristet zugestimmt hat, als auch vonseiten Österreichs selbst, dessen Nationalrat kurz vor den Neuwahlen im Herbst 2008 nicht nur großen Teilen der Studierenden die Studienbeiträge erlassen, sondern auch die Bestimmungen des § 124 b UG 2002 beträchtlich gelockert hat.

Als unmittelbare Folge dieser Gesetzesänderung ist zu erwarten, dass vor allem in Westösterreich und also auch an der Universität Innsbruck Studierwillige aus Deutschland vermehrt Studienplätze anstreben werden. Der Status der Landesuniversität gerät daher nun auch von dieser Seite her ins Wanken oder besser gesagt, er wird neu gedacht werden müssen und zwar so, wie es einer europäischen Gesinnung entspricht. Für eine Universität, die den Anschluss an die internationale Entwicklung nicht nur nicht verlieren, sondern vielmehr ihre Spitzenstellung in Forschung und Lehre, wo immer es geht, halten, ja sogar ausbauen will, führt an einer weitgehenden Öffnung und Internationalisierung kein Weg vorbei. Nur unter Beachtung dieser Prinzipien kann sich eine Universität erfolgreich weiterentwickeln. Und nur eine erfolgreiche, international voll anschlussfähige Universität ist auch als „Landesuniversität" zweckdienlich und tauglich. Gleichzeitig aber muss eine solche weiterhin ausreichend Studienplätze für „ihr" Einzugsgebiet bereithalten können, und dies umso mehr, als ja ihre Finanzierung nach wie vor zum allergrößten Teil aus dem nationalen Bundesbudget kommt. Je mehr sich also auch die Regierungen der Länder des Einzugsgebietes in diese Finanzierung einbringen, desto mehr können auch deren „Landeskinder" solche Studienplätze einfordern.

Um diese Rolle als Landesuniversität also weiterhin effektiv spielen zu können, muss man ihr allerdings die nötigen Rahmenbedingungen und Mittel an die Hand geben. Zu diesen gehört neben ausreichenden Ressourcen auch die Möglichkeit, Kapazitätsgrenzen zu formulieren und zu exekutieren.

Peter Plaikner

Leibesübungen jetzt![1]

Anmerkungen zur Sportpolitik der drei mittleren Bundesländer anlässlich der EURO 2008

Sport ist Politik. 2008 mehr denn je. Das reicht vom singulären globalen Ereignis der Olympischen Spiele in Peking über die binationale Vermarktungschance der Fußball-Europameisterschaft[2] in Österreich und der Schweiz bis zur Dreiteilung dieser Selbstdarstellungssegnung auf Salzburg, Tirol und Kärnten.[3]

Die drei Bundesländer waren nicht zufällig neben der Metropole Wien die einzigen Nutznießer der Euro. Insgesamt kaum bevölkerungsreicher als die Hauptstadt an der Donau, gelten die drei Mittelständler[4] als jene Austro-Regionen, die schon aufgrund ihrer touristischen Prägung am stärksten auf den Faktor Sport setzen. Wirtschaftlich wie politisch.

Doch all ihre Ähnlichkeit wird ständig konterkariert durch die Unterschiede. Regiert von Landeshauptleuten dreier verschiedener Parteien, ist das Sportressort durchwegs in sozialdemokratischer Hand.[5] Tirol hat seine Landtagswahl früher als geplant hinter sich – exakt zum Start der *EURO*. Kärnten und Salzburg erwarten ihre regionalen Urnengänge einerseits unter mühselig, andererseits unter urplötzlich veränderten Vorzeichen.

Die Zusammensetzung der neuen Bundesregierung und mehr noch der Tod Jörg Haiders nähren national und regional eine parteiliche Unberechenbarkeit, wie sie auch der vermeintliche Herrgottswinkel zwischen Arlberg und Großglockner schon verkraften musste – dank der einstigen Sportskanone Fritz Dinkhauser, dem früheren Olympiateilnehmer im Bob und Landesmeister im Hammerwerfen. Nun fährt er mit dem politischen Gegner

Schlitten und schmeißt Wuchteln der brachialsprachlichen Art. Politik ist Sport.

Sport ist Politik. Als der Kärntner Franz Klammer 1976 die Olympia-Abfahrt in Innsbruck gewann, war der nationale Jubel groß, aber der Tiroler Regionalstolz durchaus angeknackst. Auch die Salzburger Annemarie Pröll und Hermann Maier taugten nicht wirklich zur Hebung des Selbstwertgefühls eines Bergvolks, das seine skifahrerische Vormacht mit Toni Sailer und Karl Schranz begründet und ungern akzeptiert, dass weder Stefan Eberharter und Benjamin Raich noch Nicole Hosp über jenen Popstar-Appeal verfügen, der den Wiener Heldenplatz wie einst der Gröfaz füllt oder zum leidlichen Filmschauspieler prädestiniert – wie die Altvordern vom Arlberg und aus Kitz.

Ein Maier und ein Assinger, ein Salzburger und ein Kärntner, sind die Schmähführer der Sportnation, an deren Spitze sich immer noch das Land Tirol wähnt. Ausgestattet vor allem durch den deklarierten Anspruch, aber auch bestätigt durch zahlreiche Marktforschungen, dass hier die Sportaffinität am größten sei – sowohl der Drang zum Selbertun wie auch die Lust am Miterleben.

Beim Auftakt zum Skiweltcup in Sölden und bei seinem Höhepunkt auf der Streif – da ist des Tirolers Sportwelt noch in Ordnung. Obwohl: Wäre nicht das unvergleichliche Schickimicki-Flair von Kitzbühel, hätte der Nachtslalom von Schladming durchaus schon den Co-Anspruch aufs Premium-Event der Brettlfetischisten.

Staat machen und Sport fördern

Mit Sport ist in Tirol zwar immer noch Staat zu machen, doch die Erfolge halten mit dem Interesse insgesamt kaum mehr Schritt. Der erfolgreichste Bundesländerfußballklub Wacker Innsbruck[6] kickt mittlerweile zweitklassig. Aus diesem Kellerdasein hat just die Politik den Klagenfurter Spitzenverein befreit. Letztlich sind heute jedoch beide zweite Wahl hinter den erst von Quehenbergers Frächter-Geld und dann von Mateschitz' Energy-Drink geförderten Salzburgern, die jenes *Austria*, das die Kärntner erst jüngst in den Namen pressten, schon längst durch *Red Bull* werbeflächendeckend verdrängt haben.

Abgesehen vom Fußball ist auch die Rivalität der einstigen Eishockey-Vormacht im Land des Wassers und ihrem Herausforderer aus dem Herz der

Tabelle 1: Sportbudget des Bundeslandes Tirol, Voranschlag 2008; Tiroler Landessportförderung, Voranschlag 2008

Sportbudget Bundesland Tirol 2008 (in €)	**Summen**
Zuwendungen sonstige Sportförderungsmaßnahmen	1190800
Zuwendungen an Gemeinden	12900
Verbände und Vereine	444500
Zuwendungen für Sportveranstaltungen 2008	519200
Gütesiegel für Pisten, Loipen und Bergwege	2800
Fachpublikationen	17400
Investitionszwecke von Gemeinden	740000
Sportvereinigung der Landesbediensteten	3400
Internatschule für Skisportler Stams	783700
ordentlicher Haushalt	3714700
Landessportförderung 2008 (in €)	**Summen**
Regierungsanteil	381100
Basisförderung Mannschaften	375000
Errichtung von Sportstätten	685000
Tiroler Skiverband	115000
Jugendsportförderung Tiroler Skiverband	80000
Förderung Dachverbände	322000
Förderung Fachverbände	420000
Int. Sportveranstaltungen und österr. Meisterschaften	110000
Allgemeine Jugendsportförderung	335000
Jugendsportförderung Osttirol	63000
Leistungszentren/Kaderförderung	570000
Fahrtkostenzuschuss (a. und b. Liga)	180000
Besonderes	79900
Frauensport	5000
Behindertensport	20000
Aus- und Weiterbildung	10000
Außerordentliche Förderung	25000
Schulsportserivce	35000
Sportförderung insgesamt	**3811000**

Quelle: Amt der Tiroler Landesregierung, Abteilung Sport; vereinfachte Darstellung durch den Autor dieses Beitrags.

Alpen[7] ein weit zurückliegendes Phänomen neben dem erst Vorarlberger und nun Mozartstädter Stammplatz an der Spitze geworden. Folgerichtig plakatiert sich die traditionelle Kulturmetropole auch als Sportstadt Salzburg – zwar an ihrer Autobahn-Durchfahrt; aber noch ohne auf die motorisierte Dominanz zu verweisen. Sogar dass nach dem Ende des Österreich-Rings jener in Salzburg als einzige nationale Pilgerstätte für die Im-Kreis-Raser verbleibt, bekommt durch das Formel-1-Engagement des Roten Bullen eine nachträgliche Logik.

Zeitgeistiger jedoch wirkt noch der vermeintlich erst Dritte im Sportbunde. Mit *Iron Man Austria*[8] und *Beachvolleyball Grand Slam*[9] in Klagenfurt bietet Kärnten die angesagtesten Events der neuen Sport-Art. Einerseits für die rasant wachsende Zahl der Ausdauersport-Aktiven, andererseits für das boomende Segment der Publikums-Ereignisse mit nebensächlichem Ausgang der Wettkämpfe. Der *Vienna City Marathon*[10] mag an Teilnehmern gemessen die größte Sportveranstaltung Österreichs sein, der *Iron Man* am Wörthersee nimmt in seiner Kategorie die international bedeutendere Position ein. Es ist auch kein Zufall, dass die Klagenfurter Fanzone die in Österreich stimmungsärmste bei der *EURO* war. Der jugendliche Jahreshöhepunkt der Sportbegeisterung wurde hier auch 2008 erst beim Beachvolleyball-Turnier erreicht.

Bei solchem Publikum lassen sich für die Politik kaum Blumentöpfe gewinnen, also hält sich jenes Schaulaufen in Grenzen, das seinen Zenit erreicht hatte, als Landeshauptmann Jörg Haider den Kärntnern einen vermeintlich erstklassigen Fußballklub angeblich geradezu schenkte. In Salzburg verbietet sich durch die offensichtliche Unternehmer-Gönnerschaft eine allzu deutliche Vereinnahmung der Spitzenkicker durch die Regionalpolitik. In Tirol ist infolge wirtschaftlichen und sportlichen Abstiegs das Tragen des Fanschals bei den Honoratioren von Stadt und Land ohnehin etwas aus der Mode gekommen.

Läufer und Surfer in Kanzleramt und Landhaus

Auf Bundesebene zeigt sich bereits in der Ressortverteilung die Attraktivität von Sport als Repräsentationsfläche. Der SP-Kanzler als Sportminister, der einstige VP-Generalsekretär als Sportstaatssekretär: Das war insbesondere in der Vorbereitung und Ausrichtung der *EURO* auch ein durchaus eifernder Paarlauf[11] zweier Partei-Schwergewichte auf unfreiwilliger Einflussdiät. Je schwindsüchtiger die Macht, desto schöner der Sport.

Tabelle 2: Sportbudget des Landes Kärnten, Voranschlag 2008

Sportbudget Bundesland Kärnten 2008 (in €)	**Teilbeträge**	**Summen**
sonstige Maßnahmen		2000
Förderungsausgaben, Ermessen		1198400
– Kostenbeiträge an Gemeinden	100	
– Beiträge an Sportverbände u. Sportvereine	804200	
– Förderung spezifischer Sportveranstaltungen	384800	
– Beitrag an das ÖISS	7700	
– Beiträge an Einzelpersonen	1600	
sonstige Sachausgaben, Ermessen		463400
– Dienstverhältnis gem. § 4/2 ASVG-Grundbezug	100	
– Ankauf von Pokalen	25000	
– Druckwerke	20000	
– Repräsentationsausgaben	46200	
– Teilnahme an Kursen, Tagungen etc.	18000	
– Mitgliedsbeiträge	14400	
– Sportmedizinische Betreuung	154200	
– Sonstige Maßnahmen	185500	
Leistungs- bzw. Spitzensport; Förderungen		779000
Bundessport- u. Freizeitzentrum Faaker See		43100
Alpen-Adria; Förderungsausgaben, Ermessen		59900
Sportstätten, -einrichtungen, -leistungszentren		4596100
– Beiträge an Gemeinden	100	
– Projekt »Akademie SK Austria Kärnten«	1000000	
– Beiträge an Sportverbände u. Sportvereine	2012000	
– Beiträge Leistungszentren u. Trainingsmodelle	1584000	
Infrastrukturmaßnahmen Fußball EM 2008		1000000
Alpine Vereinigungen		53100
EURO 2008 – Stadionneubau		1500000
Sporthalle Feldkirchen		900000
Int. Großveranstaltungen u. Meisterschaften		427500
ordentlicher Haushalt		**11022500**

Quelle: Amt der Kärntner Landesregierung, Sport-Büro LR Dr. Peter Kaiser; vereinfachte Darstellung durch den Autor dieses Beitrags.

Das erfordert jedoch auch in der politischen Vertretung zunehmend jene persönliche Authentizität, für die offensichtlich immer mehr Funktionäre zur Verfügung stehen: Denn Alfred Gusenbauer mag neben dem leistungsorientierten Marathonmann Reinhold Lopatka (Bestzeit 2:58) statisch wirken, er ist aber als regelmäßiger Jogger allem Outfit-Spott zum Trotz glaubwürdig bewegungsorientiert.

In Kärnten bekam der Marathonläufer Jörg Haider erst durch den Wechsel der sportlichen Ressorthoheit zu Peter Kaiser, einem vielfachen *Iron Man*, fachspezifische Konkurrenz zu seiner omnipräsenten Fitness-Selbstdarstellung. In Salzburg geriet mit David Brenner ein Windsurfer und Eishockeyspieler zum Sportlandesrat. Auch sein Tiroler Kollege Hannes Gschwentner läuft und kurvt hinter dem Puck her, fährt Rad oder Snowboard und geht auf Skitouren. Doch er hat mit dem regionalen ÖGB-Chef Franz Reiter (Bestzeit: 2:54) und dem neuen Landeshauptmann Günther Platter gleich zwei Marathonis als athletische Konkurrenz.

Vereinsmeier, Schweißvoyeure und Selbsttäter

Diese *added values* zur politischen Verantwortung gereichen gerade in den drei mittleren Bundesländern zu durchaus beachtlicher Außenwirkung. Denn sie bilden auch ungeachtet der Markt- und Meinungsforschung die Region mit der stärksten Sportorientierung. Während österreichweit rund 20 Prozent der Bevölkerung Mitglieder in Sportvereinen sind, gilt dies für jeweils 27 Prozent der Tiroler, Salzburger und Kärntner.[12] Die Mehrfachmitglieder, die solche Statistiken grundsätzlich verzerren, verfälschen nicht den Gesamtbefund zur heimischen Sportorientierung: Demnach treiben 27 Prozent der über 14-jährigen Österreicher selbst Sport, aber nur 16 Prozent haben ein hohes Informationsinteresse über Sportveranstaltungen.[13] Eine durchaus überraschende pro-aktive Aussage, die das durchgängige Parteienbekenntnis zum Breitensport über eine öffentlichkeitswirksame Idealisierung hinaushebt. In diesem Fall entspricht die politische Kommunikation offenbar den Prioritäten der Bürger.

Dieses Wahlvolk bleibt allerdings in seiner sportlichen Komponente noch seltsam unerforscht. Verwunderlich ist das vor allem, weil es schon beinahe so viel aktiv Sport Treibende gibt wie Wähler der stärksten Partei. Dementsprechend bemängelt eine Evaluierung des Bundeskanzleramtes:

Es liegen wenige empirische Daten über den österreichischen Sport vor. Rele-

Tabelle 3: Sportbudget des Bundeslandes Salzburg, Voranschlag 2008

Sportbudget Bundesland Salzburg (in €)	**Teilbeträge**	**Summen**
Sportstättenförderung an Gemeinden/Vereine		1952000
Beitrag an die Landessportorganisation		998600
– Fachverbands-Jahresförderungen	318000	
– Dachverbands-Jahresförderungen	162000	
– Trainerförderungen an Vereine	174500	
– Trainerförderungen an Fachverbände	48700	
– Fahrtkostenzuschüsse Teams/Einzelsportler	92000	
– Veranstaltungsförderungen	60000	
– Sonstiges	143400	
Allgemeine Sportförderung		200000
Jugendsport		220000
Gesundheits- und Breitensport		80000
Spitzensport (Salzburger Sporthilfe)		200000
Landestrainer und Leistungszentren		230000
Partnerschaften des Landes		10000
Behindertensportverband Salzburg		22000
Internationale Großsportveranstaltungen		30000
Alpine Schutzhüttenförderung		60000
Landessportzentrum Salzburg in Rif		1636200
ordentlicher Haushalt		**5638800**
außerordentlicher Haushalt		**980000**

Quelle: Amt der Salzburger Landesregierung, Büro LH-Stv. Mag. David Brenner; vereinfachte Darstellung durch den Autor dieses Beitrags.

vante Daten sind die Marktmechanismen am österreichischen Bewegungsmarkt (Angebot und Nachfrage, Gesundheitszustand der Bevölkerung, soziologische und psychologische Indikatoren). Diese Daten wären zu erheben (von den Dach- und Fachverbänden, Universitäten, Meinungsforschungsinstituten). [14]

Ausgerechnet im von Leistungsdaten und Wettbewerb geprägten Sport sind aussagekräftige Zahlen über ihn selbst Mangelware. Das liegt nicht nur an fehlenden Untersuchungen, sondern auch an ihrer geringen Vergleichbarkeit. Ein Grund dafür ist die politische Zuständigkeit der einzelnen Gebietskörperschaften:

Agenden des Sports sind nicht in den sog. „Kompetenzartikeln" 10 bis 14 des österreichischen Bundes-Verfassungsgesetzes ausdrücklich geregelt und fallen daher aufgrund der Generalklausel des Artikels 15 B-VG unter den selbstständigen Wirkungsbereich der Bundesländer. Jedes Bundesland verfügt über zahlreiche eigene landesgesetzliche Regelungen im Sport, eine Verbindungsstelle der Bundesländer ist beim Amt der Niederösterreichischen Landesregierung in Wien eingerichtet. Eine wichtige Koordinationsfunktion hat die Landessportreferentenkonferenz inne.[15]

Grundsätzlich bewirkt diese Länderzuständigkeit und dennoch Bundesabhängigkeit zwar eine ständige Leistungsschau für die jeweils regionale Öffentlichkeit und die Wiener Regierungsstellen, doch letztlich regiert trotz anderslautender Lippenbekenntnisse ein geradezu eidgenössisch separatistischer *Kantönligeist*.

Schon die Sportbudgets der einzelnen Bundesländer (siehe Tabellen 1, 2 und 3) entziehen sich der Vergleichbarkeit über einen eingeweihten Spezialistenzirkel hinaus. Die Meldungen der Mitgliederzahlen an die Bundessportorganisation sind Interessenspolitik: So unterscheiden sich die 100 266 Golfer von den 122 532 Eisstockschützen weniger durch ihre Mitglieder- als in ihrer Vereinszahl: 144 gegenüber 1781, den meisten nach dem Fußball. Von Karteileichen zu reden, verbietet neben Pietät auch die Loyalität: Sogar der unterentwickelte kritische Sportjournalismus in Österreich rührt nicht an das Eingemachte der Verbände, von denen es natürlich einen roten (ASKÖ) und einen schwarzen (Union), aber durchaus überraschend auch einen parteiunabhängigen (ASVÖ) – alle mit jeweils mehr als einer Million Mitglieder – gibt.

Das Ganze ist schön säuberlich aufgeteilt in 60 Fachverbände von American Football bis Wasserskilauf, von denen Casting[16] zwar am exotischsten anmutet, aber Curling (169) noch hinter Dinkhausers Zweitkompetenz Bob & Skeleton (754) der mitgliederärmste ist – im Land der Eisstockschützen.[17]

Unbeeindruckt von dieser Macht an Ansprechpartnern für die Subventionsverteiler von Bund, Land und Gemeinden konstatieren die Förderungs-Evaluierer des Bundeskanzleramts:

Relevante wissenschaftliche Untersuchungen dokumentieren, dass sich viel zu wenige Menschen in Österreich sportlich betätigen. Der vielfältige Nutzen sportlicher Betätigung steht außer Zweifel. Es ist eine zentrale Aufgabe von Politik, Verbänden, Verwaltung, Wirtschaft und Medien, diesen Nutzen sportlicher Betätigung mittels geeigneter Konzepte für die Menschen in Österreich zu realisieren.[18]

Tabelle 4: Mitglieder in Sportvereinen

Stichtag 1.1.2008	Total	Kärnten		Salzburg		Tirol		Kt. | Sbg. | Tirol	
		Anzahl	%	Anzahl	%	Anzahl	%	Anzahl	%
Verbände									
ASKÖ	1171855	93123	7,9	74206	6,3	76293	6,5	243622	20,8
ASVÖ	1087000								
UNION	1103526	53524	4,9	85276	7,7	82654	7,5	221454	20,1
	3362381								
Fachverbände									
American Football	4860	100	2,1	97	2,0	1640	33,7	1837	37,8
Badminton	5446	246	4,5	213	3,9	517	9,5	976	17,9
Bahnengolf	5230	31	0,6	362	6,9	1418	27,1	1811	34,6
Base-& Softball	2495					461	18,5	461	18,5
Basketball	16387	1860	11,4	620	3,8	640	3,9	3120	19,0
Billard	3258	194	6,0	183	5,6	412	12,6	789	24,2
Bob & Skeleton	754								
Bogensport	5520	159	2,9	718	13,0	1249	22,6	2126	38,5
Boxen	2812	140	5,0	693	24,6	175	6,2	1008	35,9
Casting	1035								
Curling	169					73	43,2	73	43,2
Eishockey	10762	2320	21,6	1500	13,9	1969	18,3	5789	53,8
Eiskunstlauf	6656	124	1,9	470	7,1	1265	19,0	1859	27,9
Eisschnelllauf	3137	902	28,8	74	2,4	1280	40,8	2256	71,9
Eisstocksport	122532	15211	12,4	17204	14,0	10305	8,4	42720	34,9
Faustball	6389	232	3,6	704	11,0			936	14,7
Fechten	1176	179	15,2	88	7,5	42	6,2	309	26,3
Floorball	1413	262	18,5	160	11,3	87	10,5	509	36,0
Flugsport	18509	1708	9,2	1742	9,4	1936	10,5	5386	29,1
Fußball	525000	60000	11,4	35000	6,7	35000	6,7	130000	24,8
Gewichtheben	3795			295	7,8	355	9,4	650	17,1
Golf	100266	5626	5,6	10921	10,9	10780	10,8	27327	27,3
Handball	19296	1235	6,4	729	3,8	2143	11,1	4107	21,3
Hockey	4087	17	0,4	23	0,6		0,0	40	1,0
Jagd/Wurftaubens.	13616	600	4,4	1537	11,3	305	2,2	2442	17,9
Jiu-Jitsu	4448	113	2,5	131	2,9	33	0,7	277	6,2
Judo	15665	857	5,5	1758	11,2	1138	7,3	3753	24,0

Stichtag 1. 1. 2008	Total	Kärnten		Salzburg		Tirol		Kt. | Sbg. | Tirol	
		Anzahl	%	Anzahl	%	Anzahl	%	Anzahl	%
Kanu	3892	389	10,0	46	1,2	362	9,3	797	20,5
Karate	10 149	775	7,6	1020	10,1	138	1,4	1933	19,0
Kickboxen	3017	688	22,8	76	2,5	635	21,0	1399	46,4
Kraftdreikampf	925			172	18,6	117	12,6	289	31,3
Leichtathletik	29 516	888	3,0	791	2,7	4208	14,3	5887	19,9
Mod. Fünfkampf	404			7	1,7	8	2,0	15	3,7
Orientierungslauf	1457	153	10,5	116	8,0	179	12,3	448	30,8
Pferdesport	47 962	4170	8,7	2719	5,7	3795	7,9	10 684	22,3
Rad	38 964	3468	8,9	2550	6,5	6630	17,0	12 648	32,5
Ringen	4331			676	15,6	489	11,3	1165	26,9
Rodeln	25 850								
Rollsport	2803	187	6,7	293	10,5	351	12,5	831	29,7
Rudern	3775	404	10,7	335	8,9	24	0,6	763	20,2
Rugby	984	58	5,9			70	7,1	128	13,0
Schach	13 154	1621	12,3	860	6,5	1144	8,7	3625	27,6
Schießen	28 795	1032	3,6	3249	11,3	8 576	29,8	12 857	44,7
Schwimmen	64 925	6140	9,5	4306	6,6	5040	7,8	15 486	23,9
Segeln	17 357	1100	6,3	1450	8,4	1095	6,3	3645	21,0
Skibob	3227	88	2,7	520	16,1	560	17,4	1168	36,2
Ski	147 096	12 626	8,6	15 831	10,8	37 453	25,5	65 910	44,8
Sportkegeln	19 820	626	3,2	3222	16,3	2551	12,9	6399	32,3
Squash	1694	12	0,7	84	5,0	328	19,4	424	25,0
Taekwondo	7147			692	9,7	3360	47,0	4052	56,7
Tanzen	4814	156	3,2	493	10,2	296	6,1	945	19,6
Tauchen	4489	238	5,3	431	9,6	230	5,1	899	20,0
Tennis	168 895	11 374	6,7	11 614	6,9	16 338	9,7	39 326	23,3
Tischtennis	25 803	957	3,7	787	3,1	2574	10,0	4318	16,7
Triathlon	9000	1400	15,6	700	7,8	800	8,9	2900	32,2
Turnen	94 094	5509	5,9	6601	7,0	9950	10,6	22 060	23,4
Volleyball	24 654	1234	5,0	2900	11,8	2612	10,6	6746	27,4
Wettklettern	20 355	867	4,3	3997	19,6	5185	25,5	10 049	49,4
Wasserskilauf	4912	1194	24,3	1167	23,8			2361	48,1
Behindertensport	6606	603	9,1	581	8,8	1314	19,9	2498	37,8
	1 745 579	**150 073**	**8,6**	**143 508**	**8,2**	**189 635**	**10,9**	**483 216**	**27,7**

Stichtag 1. 1. 2008	Total	Kärnten		Salzburg		Tirol		Kt. | Sbg. | Tirol	
		Anzahl	%	Anzahl	%	Anzahl	%	Anzahl	%
Sonstige									
Boccia	353					85	24,1	85	24,1
Heeressport	28 397	2391	8,4	2479	8,7	2703	9,5	7573	26,7
Motorboot	2948								
Motorsport (OSK)	3354								
Wasserrettung	12 910	1230	9,5	2000	15,5	2280	17,7	5510	42,7
Zillensport									
	47 962	**3621**	**7,5**	**4479**	**9,3**	**5068**	**10,6**	**13 168**	**27,5**

Mitgliederstatistik der Bundessportorganisation (BSO) zum Stichtag 1. 1. 2008. Österreich total im Vergleich zu Kärnten, Salzburg und Tirol – sowohl einzeln wie auch gemeinsam; dazu der jeweilige Anteil dieser Bundesländer an der gesamtösterreichischen Mitgliederzahl des jeweiligen „ordentlichen Fachverbands"; Quelle: BSO, Zusammenstellung und Vergleich durch den Autor dieses Beitrags.

Ungeachtet einer solchen Prämisse bleibt die *EURO* zwar das öffentlich wirksamste Sportereignis, dessen internationale Beachtung wahrscheinlich nie mehr zu überbieten sein wird. Immerhin handelt es sich nach den Olympischen Spielen und der Fußball-WM um das global meistgesehene TV-Event überhaupt.[19] Aus dieser Bildschirmvermarktung erwarten sich die Host Citys und ihre Bundesländer den langfristig größten Nutzen. Kurzfristig lässt sich der Effekt bereits beziffern:

Unter der Berücksichtigung von Verdrängungen ergab sich im Mai/Juni/Juli 2008 ein Primärimpuls von 287 Mio. Euro für ganz Österreich. Auf die Regionen betrachtet gaben die Besucher in der Finalstadt Wien mit 134 Mio. Euro das meiste Geld aus, vor Innsbruck-Tirol mit 52 Mio. Euro, Kärnten mit 42 Mio. Euro, und in Salzburg haben die Fußballfans während der UEFA EURO 2008 immerhin 36 Mio. Euro ausgegeben.[20]

Die positive Wirkung für Österreich liegt aber offenbar in erster Linie im touristischen und wirtschaftlichen Bereich – wenn überhaupt. Die Sportreferenten der sportaffinsten Bundesländer sind dazu durchaus geteilter Ansicht – wie der Vergleich der Antworten vom 10. und 11. Oktober 2008 in einem standardisierten E-Mail-Interview mit Peter Kaiser (Sportreferent Kärnten), Hannes Gschwentner (Sportreferent Tirol) und David Brenner (Sportreferent Salzburg) zeigt. Gemeinsam ist dem SP-Trio an den Hebeln der regionalen Sportpolitik seine Betonung des Breitensports. Schon die unterschiedliche Betonung der Wichtigkeit von Vereinsfunktionären zeigt aber das Dilemma der aktuellen Sportförderung: Die organisierte Leibesübung sitzt an den öffentlichen Futtertrögen, der Trend im Breiten- und Publikumssport geht jedoch zur freien Liebe:

1. ***Wie stark hat die* EURO 2008 *insgesamt das Sportbudget des Landes belastet?***
   Kaiser: Mit 15 Millionen Euro für den Stadionbau. Darüber hinaus gab es auch Unterstützung für zahlreiche sportliche Veranstaltungen im Rahmen der *EURO*.
   Gschwentner: Die *EURO 2008* wurde nicht aus Mitteln des Sportbudgets finanziert.
   Brenner: Die *EURO 2008* hat das Sportbudget des Landes nicht belastet, da eine Sonderfinanzierung außerhalb des Sportbudgets erfolgt ist.

2. ***Wie bewerten Sie heute Kosten und Nutzen dieser Veranstaltung für Ihr Bundesland?***
   Kaiser: Die Investition der Kärnten Werbung von über acht Millionen Euro hatte nur einen kleinen touristischen und wirtschaftlichen Effekt, wie die Nächtigungszahlen beweisen. Darüber hinaus ist von diesem Geld viel in die Italien-Connection mit Giorgio Garafalo geflossen, ohne ersichtliche nachhaltige Wirkung. Für das Stadion wurden samt Infrastruktur 66 Millionen Euro (Stadt/Land/Bund) veranschlagt. Dass mit dem Bau der Trainingsplätze erst sehr verspätet begonnen wurde und die rund 200 Nachwuchskicker der Fußballakademie noch immer kein sportliches Zuhause haben, stellt den Verantwortlichen der Stadt Klagenfurt kein gutes Zeugnis aus.
   Gschwentner: Die *EURO* war vor allem touristisch und wirtschaftlich von Nutzen – der sportliche Aspekt kam zu kurz. In meiner Funktion als Sportreferent habe ich daher versucht, mit Veranstaltungen wie der „*Mini EURO*" den Nachwuchssport zu fördern: Die meisten Schülerinnen und Schüler sind nicht in den Genuss einer Karte für die *EURO* gekommen, daher war es umso wichtiger, ihnen eine Alternative anzubieten, bei der sie aktiv im Umfeld dieser sportlichen Großveranstaltung teilnehmen konnten.
   Brenner: Der Nutzen der *EURO 2008* war sowohl sportlich wie auch wirtschaftlich und touristisch sehr hoch. Aufgrund der nachhaltigen Nachnutzung vieler Investitionskosten, wie etwa die Erweiterung und Aufstockung des Stadions, handelt es sich auch hierbei um keine verlorenen Aufwände.

3. ***Mit der EURO-Erfahrung: Was würden Sie bei einer neuerlichen Austragung anders machen?***
Kaiser: Jedenfalls müsste es schon im Vorfeld einen engeren Schulterschluss zwischen Politik, Sport und Medien geben, was die Berichterstattung betrifft. Die Chance, einheimische Bevölkerung und potenzielle Gäste für ein gemeinsames Fußballfest zu begeistern, wurde nicht optimal genutzt. Vorbild sollte die WM in Deutschland 2006 sein. Außerdem müsste das Steuergeld zur Bewerbung gezielter eingesetzt werden.
Gschwentner: Ich würde die *EURO* nicht als rein wirtschaftliche Angelegenheit betrachten, sondern als Anstoß für eine vermehrte Sportlichkeit in Tirol mit all seinen Facetten. Mit attraktiven Side-Events hätten die Tirolerinnen und Tiroler, aber auch die Gäste aus dem Ausland, die *EURO* vermehrt als sportliches Event erleben können.
Brenner: Abgesehen von kleineren Verbesserungsmöglichkeiten im Detail hat es im Zusammenhang mit der Abwicklung der *EURO 2008* keine groben Probleme in Salzburg gegeben.

4. ***Was war der Grund, sich letztlich gegen/für den Rückbau des Stadions zu entscheiden?***
Kaiser: Der gemeinsame Beschluss, die preiswürdige Architektur des Stadions zu belassen und die Kapazität auf 22 000 Sitzplätze zu verringern, entspricht den Anforderungen an dieses Stadion. Ein erfolgreicher SK Austria Kärnten wird es schaffen, das in erster Linie dem Fußball gewidmete Stadion halbwegs gut zu füllen. Zusätzlich hat man bei dieser Kapazität auch die Chance auf prestigeträchtige Länderspiele und andere fußballerische Highlights.
Gschwentner: Ein langfristig ausgebautes Tivoli-Stadion hätte durchaus seinen Reiz gehabt. Allerdings war die Ausführung auf einen zeitlich begrenzten Ausbau ausgerichtet. Darüber hinaus hätte sich ein Stadion für 30 000 ZuschauerInnen wirtschaftlich nicht gerechnet.
Brenner: Da das Bundesland mit Red Bull Salzburg über einen attraktiven Fußballverein verfügt, der alljährlich um die Meisterschaft in Österreich mitspielt und auch internationale Ambitionen hat, sind die Chancen gut, auch ein nicht rückgebautes Stadion immer wieder gut auszulasten. Entscheidend war der Wunsch des Vereins, das erweiterte Stadion nutzen zu wollen.

5. ***War die EURO 2008 eine einmalige Gelegenheit oder hat sie Auswirkungen auf die grundsätzliche Strategie der Sportpolitik Ihres Bundeslandes?***

Kaiser: Die *EURO* war ein einmaliges Ereignis in der Geschichte unseres Bundeslandes. Es wurde vom Sportreferat genutzt, um Sportbegeisterung generell und Fußballbegeisterung im Speziellen zu steigern, mehr und vor allem junge Kärntnerinnen und Kärntner dazu zu motivieren, sich aktiv sportlich zu betätigen. Mit Nachwuchsaktionen und Veranstaltungen wie Kärnten Team 08 und dem Public Viewing in 30 Gemeinden ist uns das auch gelungen.

Gschwentner: Tirol konnte sich wieder international als Sportland positionieren und zeigen, wie professionell es Großveranstaltungen abwickeln kann. Für künftige Bewerbungen können wir nun darauf verweisen, dass Tirol neben Olympischen Spielen, Eishockey-WM, Special Olympics, Winter-Universiade, Biathlon-Weltmeisterschaft sowie alpinen und nordischen Wettkämpfen auch Sommerevents erfolgreich durchführen kann.

Brenner: Strategie des Bundeslandes Salzburg war es bereits früher, internationale Sportgroßveranstaltungen nach Salzburg zu akquirieren. Hier sei beispielsweise auf die UCI-Straßenradweltmeisterschaft 2006 verwiesen oder die leider gescheiterten Bewerbungen um die Austragung der Olympischen Winterspiele 2010 und 2014. Insofern ist es folgerichtig, dass die *EURO 2008* auch in Salzburg ausgetragen wurde.

6. ***Wie lautet diese Strategie? Wo sehen Sie in ihr spezielle sozialdemokratische Akzente?***

Kaiser: Sport ist mehr als Tore und Rekorde. Er ist ein gesellschaftspolitischer Aspekt, der soziale Kontakte fördert, gesundheitliche Vorbeugung verstärkt, der die Akzeptanz von Regeln, Normen und Selbstdisziplin fördert und insbesondere im Mannschaftssport solidarisches Handeln bewirkt. Es ist Aufgabe der sozialdemokratischen Politik, über den Bau von entsprechenden Sportstätten, sowohl Breiten- als auch Spitzensport zu ermöglichen.

Darüber hinaus müssen wir die notwendigen Rahmenbedingungen dafür schaffen, dass es den über 20 000 ehrenamtlichen Funktionärinnen und Funktionären in unseren 1600 Sportvereinen in über 50 Sportarten möglich ist, sich zeitintensiv mit den Sportlerinnen und Sportlern zu beschäftigen.

Gschwentner: Mir ist vor allem der Breiten- und Nachwuchssport ein großes Anliegen. Großevents dienen neben wirtschaftlichen Aspekten vor allem der Begeisterung der Bevölkerung – diese soll durch die einhergehende Euphorie animiert werden, selbst Sport zu betreiben. Sport soll und darf an keine finanzielle Grenzen stoßen und muss für jede/n zugänglich sein.
Brenner: Sportpolitische Strategie des Landes ist es, organisierten Vereinssport wie auch Breitensport optimal zu fördern. Diese Hauptausrichtung unserer Sportpolitik wird ergänzt durch Bemühungen, internationale Sportgroßveranstaltungen nach Salzburg zu akquirieren. Sie wirken bewusstseinsbildend. Im Zusammenhang mit der Straßenradweltmeisterschaft war zum Beispiel ein Rad-Boom im Breitensport festzustellen, selbiges geschieht derzeit aufgrund der vielen Erfolge im Fußball und im Eishockey. Es gibt somit eine Wechselwirkung, die auch breitensportpolitische Ziele verfolgen lässt.

7. ***Worin sehen Sie die größte Eigenheit, die Unverwechselbarkeit ihres Landes in Sachen Sport?***
Kaiser: Der größte Vorteil des Sportlandes Kärnten sind die Vielfalt sportlicher Möglichkeiten und seine geographischen Gegebenheiten. Wo sonst gibt es so viele sportliche Angebote in unmittelbarer Nähe und in einer einzigartigen Naturlandschaft?
Gschwentner: Tirol punktet vor allem im Alpinsport. Unser Land ist die Heimat der größten Berg- und Skilegenden. Auch die Voraussetzungen könnten besser nicht sein: Eine herrliche Berglandschaft und beste Infrastruktur. Doch auch für andere Sportarten ist Tirol dank hochwertiger Anlagen und vielfältiger Outdoor-Möglichkeiten bestens geeignet.
Brenner: Salzburg ist eine Wintersportgroßmacht und seit jeher Medaillenbringer Nummer Eins für Österreich.

8. ***Setzen Sie mehr auf Publikums- oder stärker auf Breitensport? Bitte erläutern Sie diese Ausrichtung anhand eines praktischen Beispiels.***
Kaiser: Aktiv sein ist wichtiger als zuschauen. Zuschauen kann zum Einstieg in den Sport motivieren. Breitensport ist Basis für Spitzensport, der wiederum zu Breitensport motiviert. Beispiel: Triathlon erlebt in Kärnten einen noch nie da gewesenen Boom. Immer mehr Kärntnerinnen und Kärntner schwimmen, laufen, fahren Rad und kombinieren diese Sportarten im Triathlon. Mit dem Ironman Austria Klagenfurt,

den ich selbst schon fünf Mal gefinisht habe, werden immer wieder Menschen motiviert, sich selbst in diesem Sport zu versuchen.
Gschwentner: Mir ist der Breitensport ein großes Anliegen. Deshalb erhalten die Dach- und Fachverbände seit meiner Novellierung des Landessportförderungsgesetzes noch großzügigere Zuwendungen, die im vom autonomen Sport dominierten Landessportrat gerecht verteilt werden.
Brenner: Das Land Salzburg hat seine Hauptausrichtung im Bereich des Breitensports und des organisierten Vereinssports.

9. ***Empfinden Sie den Spielraum des Landes bei Sportfragen im Verhältnis zum Bund als ausreichend? Wenn ja bzw. nein, an welchem Beispiel zeigt sich das?***
Kaiser: Sport kennt keine Grenzen. Gemeinsame Planung ist immer zu begrüßen.
Gschwentner: Der Spielraum ist unzureichend.
Beispiel 1: Das Schulsportservice in Tirol wurde vor langer Zeit dem Staatssekretariat vorgestellt. Die Intention dahinter war, ein Projektbeispiel für die Verbindung Schule-Verein vorzustellen und eine Erweiterung des Angebotes mithilfe des Bundes zu erreichen. Bis heute erhielt das Land keine Antwort.
Beispiel 2: Es gibt zu geringe Werteinheiten für die Koordinatoren von Sport-Bundesoberstufenrealgymnasien und Sport-Handelsschulen. Hier werden zusätzliche Landesmittel aus dem Sportbudget beigesteuert, um ergänzende Tätigkeiten abzudecken.
Beispiel 3: Projekte von Landesfachverbänden bedürfen der Einreichung und Unterstützung der Bundesfachverbände. Dabei gehen wertvolle Initiativen der Nachwuchsförderung für die Länder verloren, da meist der Bundesverband selbst die bereitgestellten Budgetmittel beansprucht.
Brenner: In Angelegenheiten des Sports ist eine Kooperation aller Gebietskörperschaften erforderlich, der Kommunen, des Landes und des Bundes. Nach meinem Eindruck funktioniert die Zusammenarbeit grundsätzlich sehr gut.

10. ***Wie sehr sehen Sie Tourismus und Sportpolitik in direktem Zusammenhang?***
Kaiser: Das Sportland Kärnten hat sich einen hervorragenden Namen gemacht. Sowohl durch Erfolge heimischer Sportlerinnen und Sportler als auch durch Angebote und Veranstaltungen. Damit ist der Sport ein

wichtiger wirtschaftlicher und touristischer Faktor, und ergeben sich deutliche Synergieeffekte.
Gschwentner: Vor allem in Tirol ist der Tourismus stark mit Sportangebot verbunden. Viele Gäste kommen in unser Land, um die vielen Sportmöglichkeiten zu nutzen. Im Ausland wird Tirol auch verstärkt als Sportland beworben. Mir ist allerdings wichtig, dass Gäste wie Einheimische gleichermaßen in den Genuss der Sportangebote kommen.
Brenner: Insbesondere bei der Orientierung auf internationale Sportgroßveranstaltungen ergänzen sich Sport- und Tourismuspolitik perfekt. Investitionen in die Akquise internationaler Sportgroßveranstaltungen sind nur dann vertretbar, wenn sie sportpolitisch Sinn machen und touristischen Mehrwert zeitigen.

11. ***Gibt es eine direkte oder indirekte finanzielle Verbindung des Tourismus mit dem Sportbudget? Wenn ja: Haben Sie darauf als Sportreferent hinreichend Einfluss?***
Kaiser: Veranstaltungen werden vom Tourismus- und vom Sportreferat unterstützt. Es gibt aber keine gegenseitige Einflussnahme.
Gschwentner: Förderungen von Veranstaltungen werden oft zwischen Sport- und Tourismusreferent abgesprochen. Einige Events finanziert nur die Tirol Werbung. Im neuen Koalitionsabkommen wurde ein Delegationsrecht in das Kuratorium des Tiroler Tourismusförderungsfonds durch den Sportreferenten vereinbart.
Brenner: Es gibt keine direkte Verbindung der beiden Budgets. Allenfalls werden Sportveranstaltungen zusätzlich aus dem Tourismusförderungsfonds oder anderer Tourismusbudgets unterstützt.

12. ***Wie stehen Sie dazu, internationale Großveranstaltungen mithilfe öffentlicher Förderung ins Land zu bekommen?***
Kaiser: Subventionierung muss mit Augenmaß und nach vorgegebenen Richtlinien erfolgen. Großveranstaltungen dürfen nicht um jeden von der öffentlichen Hand zu bezahlenden Peis gefördert werden. Kosten und Nutzen müssen sich die Waage halten.
Gschwentner: Es kommt auf die Art der Förderung an. Als Sportreferent ist es mir wichtiger, den Sport im eigenen Land zu fördern und unsere Dach- und Fachverbände finanziell zu unterstützen. Wirtschafts- und Tourismusförderungen sind – neben geringen Förderungen aus dem Sportbereich – durchaus vorstellbar.
Brenner: *Siehe Antwort 10.*

13. ***Fördern Sie auch Trainingslager von internationalen Fußballteams – warum (nicht)?***
Kaiser: Vom Sportreferat gibt es keine Förderung für Trainingslager internationaler Fußballteams, weil nicht einzusehen ist, dass schwerreiche Klubs und Millionen verdienende Fußballer Geld für ihren Trainingsurlaub bekommen und auch noch ihre Bierrechnungen bezahlt werden, während hier Tausende Funktionäre ehrenamtlich arbeiten.
Gschwentner: Nein. Das ist Angelegenheit der Tirol Werbung und der Tourismusförderung. Aus der Sportförderung ist diese finanzielle Unterstützung nicht gerechtfertigt, da Profisport im Allgemeinen und Teams aus dem Ausland im Speziellen sich selbst finanzieren müssen.
Brenner: Aus Sportmitteln werden keine Trainingslager internationaler Fußballteams gefördert. Dies ist Aufgabe der Tourismuspolitik im Land Salzburg.

14. ***Ungeachtet der Schulautonomie: Wie weit kann/will das Land Druck auf die Erhöhung der Sportstundenzahl machen?***
Kaiser: Als Sportreferent habe ich keinen Einfluss auf die Gestaltung des Unterrichts. Jedoch versuchen wir die Schülerinnen und Schüler zu mehr Bewegung zu motivieren. Ein Vorzeigeprojekt ist „Sportverein trifft Schule – gesund ins Leben". In nur zwei Jahren haben 20 000 Schülerinnen und Schüler aus 270 Klassen daran teilgenommen. Lehrwarte, Vereinstrainer, Übungsleiter werden von uns bezahlt und gestalten mit dem jeweiligen Lehrer gesundheitsorientierte Bewegungsstunden. Das soll zu regelmäßigem Sport in Vereinen motivieren. Ein Ganztagesschulmodell mit sportlichen Komponenten wäre ein Riesenschritt in die richtige Richtung.
Gschwentner: Leider wurden unter Ministerin Elisabeth Gehrer die Sportstunden massiv gekürzt. Da auf diese das Land keinen Einfluss hat, versuchte ich als Sportreferent mit dem Schulsportservice dieses Manko zumindest teilweise auszugleichen: TrainerInnen aus den Fachverbänden werden in Schulen geschickt, um Sportarten vorzustellen. Die Vereine können dabei ihren Sportnachwuchs rekrutieren. Die Resonanz nach sechs Jahren ist nach wie vor ausgezeichnet.
Brenner: Hier ist Bewusstseinsbildung gefragt. Bewegungsmangel bei Jugendlichen ist ein zunehmendes Problem, auf das die Schulpolitik richtige Antworten geben muss. Das Land fördert daher die Aktionen „Schule und Sport" und „Jugend zum Sport", um Schülerbewegungsangebote zu setzen.

15. ***Wie sehr sehen Sie sich in Sachen Sport im Wettbewerb mit den Nachbarbundesländern?***

Kaiser: Kärntens Natur macht es möglich, so viele Sportarten auszuüben wie sonst kaum. Ironman, Tennis ATP-Turnier, alpine und nordische Weltcupbewerbe, Beachvolleyball-Turnier, X-Terra-Triathlon und viele andere Veranstaltungen prägen das Sportland. Dazu kommen ein Schulsport-Leistungsmodell, Leistungszentren und Trainingsmodelle sowie mit dem Projekt Spitzensport und Studium sowie kostenlosen Möglichkeiten zur Weiterbildung für Funktionärinnen und Funktionäre ideale Voraussetzungen, um sich sportlich und beruflich gleichermaßen weiterzuentwickeln.

Gschwentner: Tirol kann auf eine ausgezeichnete Sportförderung und Sportinfrastruktur verweisen und muss den Vergleich mit den Nachbarbundesländern nicht scheuen.

Brenner: Sport und Bewegung ist keine Frage von Wettbewerb mit anderen, da wir alle die gleichen Ziele verfolgen müssen: Mehr Österreicherinnen und Österreicher sollen zur Bewegung animiert werden.

16. ***Wenn Sie Ihr Bundesland in einer Sport-Hitparade einordnen müssten, welche Bundesländer sähen Sie noch vor dem Ihren – und warum?***

Kaiser: Eine solche Reihung ist objektiv kaum möglich. Kärnten bietet sehr viel, hat aber in der Infrastruktur Aufholbedarf. Beispiele sind die Leichtathletikanlage in Klagenfurt, ein Schwimmbad mit 50-m-Bahnen, eine Ballsporthalle im Bezirk Völkermarkt. Ein reizvolles Projekt wäre auch eine Mehrzweckhalle in Klagenfurt.

Gschwentner: Aus meiner Sicht liegt Tirol an der Spitze. Statistiken belegen, dass die Tirolerinnen und Tiroler österreichweit am meisten Sport betreiben – und der Breitensport soll auch das erste Ziel eines jeden Sportreferenten sein.

Brenner: Keine. Das zeigt die langjährige Medaillenstatistik.

17. ***Gibt es bzw. empfinden Sie eine Rivaliät zwischen Kultur- und Sportausgaben?***

Kaiser: Nein.

Gschwentner: Ich halte nichts davon, Sport und Kultur gegeneinander auszuspielen. Beides sind wichtige Aspekte des gesellschaftlichen Lebens und sollen auch entsprechend gefördert werden. Leider entsprechen aber die Sportfördermittel nicht jenen des Kulturbereiches.

Brenner: Kultur einerseits und Sport und Bewegung andererseits sind beides Grundbedürfnisse des Menschen. Hier ist ein gegenseitiges Ausspielen nicht angebracht.

18. ***Das Sportressort bietet auch eine große politische Bühne: Wie nutzen Sie sie?***
Kaiser: Sachpolitisch. Parteipolitische Spielchen auf dem Rücken des Sports sind diesem Ansinnen nicht förderlich. Ich spreche mich ganz klar für eine faire und gerechte Behandlung aller Sportvereine und Sportarten aus. Die Farbe der Funktionäre oder anderer Akteure spielt für mich dabei keine Rolle.
Gschwentner: Ich versuche, möglichst viele Sportveranstaltungen zu besuchen. Einerseits, um mir „hautnah" einen Überblick über die Sportlandschaft Tirols zu verschaffen, und andererseits, um die Anliegen der SportlerInnen und FunktionärInnen zu erfahren.
Brenner: Inhaltliche Arbeit und Verbesserungen für den Sport sind wichtiger als bloße Show. So halte ich dies.

19. ***Welche heute noch nicht voll massentaugliche Sportart hat das größte Zukunftspotenzial?***
Kaiser: Es kommen ständig neue Trendsportarten. Welche zur Massensportart wird, lässt sich schwer sagen. Zu Beginn hätte auch niemand gedacht, dass sich Beachvolleyball oder Snowboard zu so publikumswirksamen Sportarten entwickeln.
Gschwentner: Großes Potenzial hat sicher das Klettern. Bis dato ist es noch nicht olympisch, wird jedoch immer populärer – sowohl als Breitensport wie auch beim Publikumsinteresse.
Brenner: Ich glaube, Individualsportarten haben ein größeres Wachstumspotenzial als Mannschaftssportarten.

20. ***Bitte zeichnen Sie eine kurze Landesperspektive in Sachen Sport für das Jahr 2020!***
Kaiser: Das Sportland Kärnten sorgt national und international für Aufsehen. Wir stellen viele österreichische Meister, und einige von uns gehören zu den Weltbesten. Die sportliche Infrastruktur wird allen Anforderungen gerecht. Die längst fertig gestellte Leichtathletikarena ist ebenso Schauplatz internationaler Meetings und bietet heimischen Athletinnen und Athleten beste Trainingsmöglichkeiten wie das neue Sporthallenbad. Der Sportpark beim Stadion ist ein Vorzeigemodell, das auch Raum für kulturelle Veranstaltungen bietet.

Gschwentner: 2020 soll Tirol über sportbegeisterte Bevölkerung wie auch heimische Vorbilder aus dem Spitzensport verfügen. Die Sportinfrastruktur ist weiter ausgebaut und bietet verschiedensten Sportarten Platz. Verbände und Vereine sind finanziell gut ausgestattet und können Breiten- wie Nachwuchssport bestens betreuen. Darüber hinaus ist Tirol weiterhin Austragungsort hochwertiger Großveranstaltungen.
Brenner: Heute sind rund 30 Prozent der Salzburgerinnen und Salzburger sportabstinent. Ich will, dass 2020 noch mehr Salzburgerinnen und Salzburger sport- und bewegungsaktiv sind.

Die *EURO* spielt hier nicht nur in den direkten Antworten keine entscheidende Rolle und wird höchstens als Impulsgeber eingeschätzt. Schon die klare Abgrenzung vom Sportbudget, das in Kärnten vor allem aufgrund der Stadionbauten so hoch ist, lässt doch bei aller Freude über das Jahrhundertereignis auch eine gewisse Distanz erkennen. Denn das Großereignis löst kein Problem des angeblich so wertvollen gesellschaftlichen Faktors, der pflichtschuldige Jubel täuscht sogar mitunter über die schwierigen Zukunftsaufgaben regionaler (wie auch nationaler) Förderung individueller körperlicher Mobilität hinweg.

Das von den Referenten unerwähnte Hauptproblem liegt in der wachsenden Kluft zwischen Geförderten und zu Fördernden, zwischen traditionell organisierter und öffentliche Unterstützung fordernder Bewegung und den via Fitnessboom in kommerziellen Studios durchaus sozial aktiven Vereinsverweigerern wie auch den individualistischen Straßen- und Naturnutzern, die weder in Leichtathletikklubs noch alpinen Verbänden vertreten sind. Letztere, also vor allem die Naturfreunde und der 350 000 Mitglieder starke Alpenverein, werden übrigens erst seit 2007 nicht mehr unter „Sonstige" von der BSO ausgewiesen – ein statistischer Verlust von immerhin 480 000 Wanderern, der angesichts von 13 154 ausgewiesenen Schachsportlern zu denken geben sollte.

Sportliche Evaluierung und utopisches Ideal

Weder hält der Sport die Politik fern noch ist er so politikfern, um seine methodische Erfassung nachhaltig zu be- oder gar verhindern. Es muss sich also um ein Manko der Sportpolitik handeln, dass es nicht gelingt, das Netz von Beziehungen zwischen Funktionären beider Welten, das Dickicht an eigentlich unvereinbaren, aber durch die Trennung von vermeintlichem Privat- und angeblichem Berufsleben problemlos erreich- und verteidigbaren Mehrfachfunktionen zu zerschlagen und durch ein objektivierbares Förderungssystem zu ersetzen, das auf langfristigen, vor allem die Volksgesundheit stützenden Strategien beruht.

Das ist nicht bloß eine ketzerische These für ein politisches Jahrbuch, sondern entspricht durchaus den Forderungen des schon mehrfach zitierten Evaluierungsberichts für das Bundeskanzleramt:

- *Vergabegremien von Bundes-Sportförderungsmitteln sollten ohne politische und verbandbezogene Interessen besetzt werden (Expertengremien).*
- *Die Synchronisation von einzelnen Förderbereichen ist herzustellen (keine Doppel- oder Querförderungen). Damit könnten Förderentscheidungen sachgerechter und zielorientierter vorgenommen und den Förderungsempfängern ein einfaches Förderantrags- und Abrechnungssystem ermöglicht werden.*
- *Das Abrechnungswesen ist auf einen zeitgemäßen Standard zu heben (Vorlage eines Jahresabschlussberichtes bzw. einer Bilanz eines jeden Fördernehmers, stichprobenartige Einsicht in die Finanzgebarung vor Ort, Professionalisierung des Finanzmanagements bei den NGO's).*
- *Entwicklung einer öffentlich zugänglichen Förderdatenbank (Internet) über alle Sportfördersegmente (Bund, Länder, Städte und Kommunen).*
- *Im Breitensport-Segment müssten sich die Dach- und Fachverbände in Zusammenarbeit mit den Schulen und Kindergärten als kundenorientierter Dienstleister für den dynamischen Bewegungsmarkt in Österreich entwickeln (konkrete Ziele, Mitteleinsatz, Erfolgskontrolle, Öffnung des Bundes-Sportförderungsgesetzes für weitere private Dienstleister am Bewegungsmarkt, marktkonforme Angebote für neue Trends am Bewegungsmarkt und für die traditionell in der österreichischen Bewegungskultur fest verankerten Bewegungsarten wie Wandern, Schwimmen und Radfahren).*
- *Für eine nachhaltige Realisierung bundesweiter Bewegungsinitiativen sind optimale Netzwerkstrukturen mit den relevanten Partnern herzustellen (Kindergärten, Schulen, Universitäten, Berufsschulen, Sozialversicherungsträger, Rehab-Einrichtungen, Kuranstalten, Altenheime, Betriebssporteinrichtungen etc.).*[21]

Sport ist Politik. Politik ist das Bohren harter Bretter.[22] Doch diese geistige Definition wird zunehmend bodenständig interpretiert. Das Kärntner Landessportbudget weist allein für Stadionbau und Infrastruktur zur *EURO 2008* in den vergangenen drei Jahren rund 6,5 Millionen Euro aus – also eine Förderung der regionalen Bauwirtschaft, die höher ist als ein gesamter ordentlicher Sport-Landesjahreshaushalt für Salzburg. Die Host City Innsbruck wurde von Stadt und Land mit 1,4 Millionen Euro subventioniert. Das ist mehr als das Dreifache der Tiroler Jahresförderung für die Sportverbände und -vereine im Land (vgl. Tabelle 1).

Die materielle Wirklichkeit hält mit den ideellen Vorstellungen der Landessportreferenten also ebenso wenig mit wie mit den Visionen der Evaluierer für das Bundeskanzleramt. Politik verhält sich gerade in diesem Bereich allzu oft wie Sport im Sinne Helmut Qualtingers: schneller dort, aber nicht wissend wohin. Gerade die Mittelständler unter den Bundesländern hätten die Voraussetzungen, dies zu ändern: überschaubares Handlungsfeld, überdurchschnittlich interessiertes und betroffenes Klientel sowie ideale Rahmenbedingungen durch parallele (aber nicht gleiche) Interessenslagen von Wirtschaft und Tourismus. Dazu allerdings benötigt es vorerst die Entdeckung des Sports als Spielfeld für visionär gestaltende statt überkommene Zustände verwaltende Politik.

Anmerkungen

1 Dieser Beitrag erscheint auch in: Anderwald, Karl/Filzmaier, Peter/Hren, Karl (Hg.) (2008). Kärntner Jahrbuch für Politik 2008, Klagenfurt: Kärntner Druck- und Verlagsgesellschaft.

2 Erstes Resümee aus Sicht des Europäischen Fußballverbandes UEFA abrufbar unter: http://de.euro2008.uefa.com/MultimediaFiles/Download/MediaRelease/Competitions/MediaServices/73/54/31/735431_DOWNLOAD.pdf (29. 10. 2008); Österreichs Bilanz zur *Euro 2008* unter: http://www.austria.gv.at/DocView.axd?CobId=32147 (29. 10. 2008); vgl. dazu die eidgenössische Vorab-Studie von 2004 und 2007 über „Wirtschaftliche Wirkungen der UEFA Euro 2008 in der Schweiz“ unter: www.switzerland.com/files/?id=3992 (29. 10. 2008).

3 Bilanzen der Host Citys Innsbruck, Salzburg, Klagenfurt abrufbar unter: http://www.innsbruck-tirol08.at/ (29. 10. 2008), http://www.klagenfurt.at/euro08/deutsch/startseite.htm (29. 10. 2008) bzw. im „Salzburger Sportjahrbuch 2008“ http://www.salzburg.gv.at/themen/ks/sport/publikationen_sport.htm#anc-publikationen_Sportjahrbuch (29. 10. 2008); vgl. dazu den „Final Report – UEFA EURO 2008 Host City Innsbruck-Tirol“, abrufbar unter: http://www.innsbruck-tirol08.at/index.php?sys_ppi=75&sys_ag=159&sys_pmf=1&sys_pmp=PKfirmennewsID:673& (29. 10. 2008).

4 Bevölkerungsstände zum 1. 1. 2008 laut Statistik Austria: Wien 1.677.867; Tirol (703.512), Salzburg (530.576) und Kärnten (561.094) zusammen 1.795.182.

5 Herwig van Staa bzw. Günther Platter (ÖVP) und Sportlandesrat Hannes Gschwentner in Tirol, Jörg Haider bzw. Gerhard Dörfler (BZÖ) und Sportlandesrat Peter Kaiser in Kärnten sowie Gabi Burgstaller (SPÖ) und Sportlandesrat David Brenner in Salzburg.

6 Zehnmal österreichischer Meister unter verschiedenen Namen; erstmals 1970 als zweiter Nicht-Wiener Verein überhaupt nach dem LASK (1965) aus Linz.

7 Rekordmeister KAC aus Klagenfurt mit 28 Titeln, Rivale VSV aus Villach mit sechs Titeln; Innsbruck mit sieben Titeln; aber Kärnten stellt mit 2.320 vor Tirol mit 1.969 und Salzburg mit 1.500 Klubs immer noch die meisten Klubs; insgesamt 10.762, also mehr als die Hälfte davon in den drei mittleren Bundesländern.

8 Auch für 2009 bereits frühzeitig ausgebucht; vgl. http://dwr2.ironmanaustria.at/netautor/napro4/appl/na_professional/parse.php?mlay_id=2500&mdoc_id=1015434&xmlval_ID_KEY[0]=1525&lang=de (29. 10. 2008).

9 Vgl. http://www.beachvolleyball.at/ (29. 10. 2008).

10 Vgl. http://www.vienna-marathon.com/ (29. 10. 2008).

11 Vgl. http://www.sport.austria.gv.at/ (29. 10. 2008).

12 Eigene Berechnungen aufgrund der Bevölkerungsstatistik der Statistik Austria und Mitgliederstatistik der Bundessportorganisation zum Stichtag 1. 1. 2008.

13 Media-Analyse 07/08; veröffentlicht am 10. 10. 2008 vom Verein Arbeitsgemeinschaft Media-Analysen; abrufbar unter: http://www.media-analyse.at/studies.do (29. 10. 2008).

14 Evaluierungsbericht 2007 gemäß § 11 Abs. 6 des Bundes-Sportförderungsgesetzes der Sektion Sport an den Herrn Bundeskanzler; abrufbar unter: www.sport.austria.gv.at/DocView.axd?cobId=28432 (29. 10. 2008).

15 Mag. Barbara Spindler, Sektion Sport des Bundeskanzleramtes, Abteilung VI/1. Die Organisation des Sports in Österreich und Europa – Struktur, Projekte und Internationale Aktivitäten, Stand: August 2005, Seite 6; abrufbar unter: www.austria.gv.at/Docs/2005/11/9/Sportstruktur.pdf (29. 10. 2008).

16 Eine spezielle Form des Sportangelns; vgl. http://www.castingaustria.at/ (29. 10. 2008).

17 Vereins- und Mitgliederstatistiken der Bundessportorganisation BSO; abrufbar unter: http://www.bso.or.at/main.asp?kat1=10&kat2=129&kat3=&vid=1 (29. 10. 2008).

18 Mag. Barbara Spindler, Sektion Sport des Bundeskanzleramtes, Abteilung VI/1. Die Organisation des Sports in Österreich und Europa – Struktur, Projekte und Internationale Aktivitäten, Stand: August 2005, Seite 6; abrufbar unter: www.austria.gv.at/Docs/2005/11/9/Sportstruktur.pdf (29. 10. 2008).

19 Schon die Euro 2004 hatte 7,9 Milliarden Fern-Seher, zu 2008 gab die UEFA noch keine Gesamtzahl bekannt; vgl. http://de.euro2008.uefa.com/MultimediaFiles/Download/MediaRelease/Competitions/MediaServices/70/28/52/702852_DOWNLOAD.pdf (29. 10. 2008).

20 Medieninformation der Host-City Innsbruck-Tirol vom 15. 10. 2008 über „Wirtschaftliche Wirkungen und Besucherzufriedenheit der Fußballeuropameisterschaft 2008 in Österreich", eine Studie von Univ.-Prof. Dr. Holger Preuss (Universität Mainz), Prof. (FH) Mag. Hubert Siller (Management Center Innsbruck) und Dipl.-Kfm. Marc Stickdorn (Management Center Innsbruck); abrufbar unter: http://www.innsbruck-tirol08.at/index.php?sys_ppi=106&sys_ag=317&sys_pmf=1&sys_pmp=PKfirmennewsID:678& (29. 10. 2008).

21 Mag. Barbara Spindler, Sektion Sport des Bundeskanzleramtes, Abteilung VI/1. Die Organisation des Sports in Österreich und Europa – Struktur, Projekte und Internationale Aktivitäten, Stand: August 2005, Seite 6; abrufbar unter: www.austria.gv.at/Docs/2005/11/9/Sportstruktur.pdf (29. 10. 2008).

22 „Die Politik bedeutet ein starkes langsames Bohren von harten Brettern mit Leidenschaft und Augenmaß zugleich" (Max Weber: Politik als Beruf, 1919).

Anhang

Nationalratswahlen – Ergebnisse in Tirol

Wahltag	Wahlberechtigte und -beteiligung		gültige Stimmen	ÖVP		SPÖ		FPÖ		GRÜNE		BZÖ		FRITZ		KPÖ		LIF		sonstige	
				Stimmen	%	Stimmen	%	Stimmen	%	Stimmen	%	Stimmen	%	Stimmen	%	Stimmen	%	Stimmen	%	Stimmen	%
25.11.1945	178449	88,0	153571	109360	71,2	40857	26,6	–	–	–	–			–	–	3354	2,2	–	–	–	–
9.10.1949	237912	97,3	226497	127528	56,3	53820	23,8	39377	17,4	–	–			–	–	3705	1,6	–	–	2067	0,9
22.2.1953	257656	96,2	240944	132655	55,1	70473	29,2	31650	13,1	–	–			–	–	5716	2,4	–	–	450	0,2
13.5.1956	266492	97,0	253163	159287	62,9	74865	29,6	15254	6,0	–	–			–	–	3754	1,5	–	–	3	0,0
10.5.1959	279785	94,9	260200	154659	59,4	82038	31,5	20446	7,9	–	–			–	–	3057	1,2	–	–	–	–
18.11.1962	295598	94,5	274820	170148	61,9	82461	30,0	17925	6,5	–	–			–	–	2691	1,0	–	–	1595	0,6
6.3.1966	309926	95,6	291426	187986	64,5	82073	28,2	14367	4,9	–	–			–	–	–	–	–	–	7000	2,4
1.3.1970	329088	94,4	305994	177103	57,9	109926	35,9	16960	5,5	–	–			–	–	1278	0,4	–	–	727	0,2
10.10.1971	329134	93,9	304100	171759	56,5	114892	37,8	15736	5,2	–	–			–	–	1713	0,6	–	–	–	–
5.10.1975	342841	94,3	318649	181062	56,8	118543	37,2	16967	5,3	–	–			–	–	2077	0,7	–	–	–	–
6.5.1979	365334	94,3	338847	187782	55,4	127664	37,7	19272	5,7	–	–			–	–	1866	0,6	–	–	2263	0,7
24.4.1983	388957	94,5	361227	207292	57,4	125856	34,8	15926	4,4	–	–			–	–	1459	0,4	–	–	10694	3,0
23.11.1986	411454	93,6	374830	199509	53,2	109401	29,2	42186	11,3	21593	5,8			–	–	2141	0,6	–	–	–	–
7.10.1990	434154	90,9	375705	152929	40,7	114641	30,5	64393	17,1	23771	6,3			–	–	2148	0,6	–	–	17823	4,7
9.10.1994	454205	81,3	359263	130218	36,2	87728	24,4	79269	22,1	34293	9,5			–	–	650	0,2	18998	5,3	8107	2,3
17.12.1995	455706	87,4	386174	120953	31,3	105526	27,3	104263	27,0	24600	6,4			–	–	985	0,3	23844	6,2	5903	1,5
3.10.1999	469348	77,9	359426	118146	32,9	82984	23,1	100692	28,0	34898	9,7			–	–	1032	0,3	13407	3,7	8267	2,3
24.11.2002	480099	82,8	391810	203228	51,9	95855	24,5	39059	10,0	45585	11,6			–	–	2199	0,6	5884	1,5	–	–
1.10.2006	503580	72,8	361783	158608	43,8	83842	23,2	39187	10,8	46935	13,0	11837	3,3	–	–	2702	0,7	–	–	18672	5,2
28.9.2008	525960	70,6	365790	113790	31,1	65982	18,0	62146	16,7	40497	11,1	35473	9,7	31749	8,7	1851	0,5	8541	2,3	5761	1,6

Tiroler Landtagswahlen

Tiroler Landtagswahlen				ÖVP			FRITZ			SPÖ			FPÖ			GRÜNE			sonstige Parteien (Stimmen)								
Wahltag	Wahlberechtigte und -beteiligung		gültige Stimmen	Stimmen	%	Md	Stimmen	%	Md	Stimmen	%	Md	Stimmen	%	Md	Stimmen	%	Md	KPÖ	Die Christen	VGÖ	LIF	DU	Liste für ein anderes Tirol	Tiroler Arbeitsbund	Tiroler Mittelstand	sonstige
25.11.1945				106 955	69,8	26				42 863	28,0	10							3340								
9.10.1949				126 510	56,4	24				53 801	24,0	8		17,4	4				3667								1380
25.10.1953	256 497	93,9	232 476	134 169	57,7	23				63 628	27,4	9	23 104	13,3	4				3707								7888
27.10.1957	269 451	93,4	244 781	145 025	59,3	23				75 812	31,0	11	20 739	8,5	2				1909								1296
22.10.1961	289 646	92,4	260 383	155 121	59,6	23				78 448	30,1	11	23 620	9,1	2				2773								421
17.10.1965	308 926	90,9	269 995	171 531	63,5	25				82 146	30,5	10	16 278	6,0	1												
4.10.1970	326 425	92,3	296 318	179 146	60,5	23				99 169	33,5	12	16 927	5,7	1				477								599
8.6.1975	352 748	91,8	317 110	193 695	61,1	24				102 743	32,4	11	18 811	5,9	1				1861								599
30.9.1979	371 375	90,6	329 906	207 269	62,8	24				96 617	29,3	10	22 377	6,8	2				1362							2281	
17.6.1984	403 881	88,8	350 027	226 242	64,6	25				88 256	25,2	9	21 098	6,0	2	2799			1411					10 221			
12.3.1989	434 471	90,9	374 780	182 601	48,7	19				85 550	22,8	9	58 320	15,6	5	30 960	9,6	3	2257		4732				10 360		
13.3.1994	451 673	88,1	367 011	173 587	47,3	19				72 803	19,8	7	59 230	16,1	6	39 208	10,8	4			223	12 323	8815				822
7.3.1999	465 067	80,6	347 147	163 936	47,2	18				75 573	21,8	8	68 088	19,6	7	27 860	8,0	3	490			11 200					
28.9.2003	483 559	60,9	290 177	144 774	49,9	20				75 019	25,9	9	23 113	8,0	2	45 239	15,6	5	2032								
28.9.2008	520 527	65,8	336 781	136 401	40,5	16	61 795	18,4	7	52 066	15,5	5	41 788	12,4	4	36 136	10,7	4	3896	4699							

Abkürzungen: Md: Mandate; ÖVP: Österreichische Volkspartei (1953 inkl. Arbeiter-, Angestellten- und Beamtenbund/AABB); FRITZ: Liste Fritz Dinkhauser – Bürgerforum Tirol; SPÖ: Sozialdemokratische (früher Sozialistische) Partei Österreichs; FPÖ (Freiheitliche Partei Österreichs [1953 in Tirol WdU und WPV – Wahlpartei der Unabhängigen und Wahlgemeinschaft Parteilose Volksvertreter]); KPÖ: Kommunistische Partei Österreichs; VGÖ: Vereinte Grüne Österreichs; LIF: Liberales Forum; DU: Die Unabhängigen – Liste Lugner; BZÖ: Bündnis Zukunft Österreich.

Quellen: Bundesministerium für Inneres; Amt der Tiroler Landesregierung; Jahrbuch für Politik – Tirol und Südtirol 3003 (Athesia 2004).

Südtiroler Landtagswahlen

Südtiroler Landtagswahlen				SVP			DC/PPI 1			PSI 2			PCI/KPI/PDS 3			UI			PSLI			MSI/DN/AN 6		
Jahr	Wahlberechtigte und -beteiligung		gültige Stimmen	Stimmen	%	Md	Stimmen	%	Md	Stimmen	%	Md	Stimmen	%	Md	Stimmen	%	Md	Stimmen	%	Md	Stimmen	%	Md
28.11.1948			158646	107249	67,6	13	17096	10,8	2	7925	5,0	1	6281	4,0	1	5674	3,6	1	4891	3,1	1	4662	2,9	1
16.11.1952			173874	112602	64,8	15	23864	13,7	3	9996	5,8	1	5335	3,1	1							8317	4,8	1
11.11.1956			192795	124165	64,4	15	27676	14,4	3	10826	5,6	1	4203	2,2	1							11607	6,0	1
6.11.1960			210085	132351	63,9	15	30277	14,6	3	12217	5,9	1	6514	3,1	1							14687	7,1	1
15.11.1964			218998	134188	61,3	16	29596	13,5	3	11780	5,4	1	8051	3,7	1							13615	6,2	1
17.11.1968			227349	137982	60,7	16	32734	14,4	4	16328	7,2	2	13569	6,0	1							11059	4,9	1
18.11.1973			234302	132186	56,4	20	32990	14,1	5	13214	5,6	2	13343	5,7	2							9431	4,0	1
19.11.1978			266848	163468	61,3	21	28800	10,8	4	8944	3,4	1	18776	7,0	3							7782	2,9	1
20.11.1983	318272	92,6	286221	170125	59,4	22	27341	9,6	3	11207	3,9	1	16079	5,6	2							16829	5,9	2
20.11.1988	340481	92,5	305906	184717	60,4	22	27748	9,1	3	12332	4,0	1	9214	3,0	1							31491	10,3	4
21.11.1993	359117	89,6	307838	160186	52,0	19	13622	4,4	2				9046	2,9	1							35833	11,6	4
22.11.1998	369335	85,7	303589	171820	56,6	21							14659	4,8	1							29287	9,7	3
26.11.2003	379379	82,3	300790	167353	55,6	21							11575	3,8	1							25382	8,4	3
26.10.2008	387796	80,1	304636	146555	48,1	18																		

	PSDI 4			PLI 5			THP			SPS			SFP			Grüne 7			PDU/FPS 8			Union 10		
Jahr	Stimmen	%	Md	Stimmen	%	Md	Stimmen	%	Md	Stimmen	%	Md	Stimmen	%	Md	Stimmen	%	Md	Stimmen	%	Md	Stimmen	%	Md
28.11.1948																								
16.11.1952	6013	3,5	1																					
11.11.1956	7774	4,0	1																					
6.11.1960	7544	3,6	1																					
15.11.1964	8369	3,8	1	5413	2,5	1	5258	2,4	1	5258	2,4	1	5258	2,4	1									
17.11.1968				5872	2,6	1																		
18.11.1973	8059	3,4	1							12037	5,1	2	4012	1,7	1									
19.11.1978	6120	2,3	1							5926	2,2	1				9749	3,7	1	3548	1,3	1			
20.11.1983																12942	4,5	2	6959	2,4	1	7285	2,5	1
20.11.1988																20549	6,7	2	4133	1,4	1	7003	2,3	1
21.11.1993																21293	6,9	2				14777	4,8	2
22.11.1998																19696	6,5	2				16607	5,5	2
26.11.2003																23708	7,9	3				20554	6,8	2
26.10.2008																17745	5,8	2				7048	2,3	1

	Grüne 7			PDU/FPS 8			Union 10			PRI 9			Die Freiheitlichen			Lega Nord			Ladins 11			UCAA		
Jahr	Stimmen	%	Md	Stimmen	%	Md	Stimmen	%	Md	Stimmen	%	Md	Stimmen	%	Md	Stimmen	%	Md	Stimmen	%	Md	Stimmen	%	Md
28.11.1948																								
16.11.1952																								
11.11.1956																								
6.11.1960																								
15.11.1964																								
17.11.1968																								
18.11.1973																								
19.11.1978	9749	3,7	1	3548	1,3	1																		
20.11.1983	12942	4,5	2	6959	2,4	1	7285	2,5	1	5890	2,1	1												
20.11.1988	20549	6,7	2	4133	1,4	1	7003	2,3	1															
21.11.1993	21293	6,9	2				14777	4,8	2				18669	6,1	2	9115	3,0	1	6058	2,0	1	5343	1,7	1
22.11.1998	19696	6,5	2				16607	5,5	2				7543	2,5	1				11028	3,6	1			
26.11.2003	23708	7,9	3				20554	6,8	2				15121	5,0	2									
26.10.2008	17745	5,8	2				7048	2,3	1				43615	14,3	5	6413	2,1							

Jahr	Forza Italia 12			Unitalia			Unione 13			Südtiroler Freiheit			PD				
	Stimmen	%	Md	Stimmen	%	Md	Stimmen	%	Md	Stimmen	%	Md	Stimmen	%	Md	Md	sonstige Parteien
28.11.1948																20	4869
16.11.1952																22	7747
11.11.1956																22	6544
6.11.1960																22	6495
15.11.1964																25	2688
17.11.1968																25	9805
18.11.1973																34	9029
19.11.1978																34	13687
20.11.1983																35	11564
20.11.1988																35	19855
21.11.1993																35	13896
22.11.1998	11345	3,7	1	5419	1,8	1	13579	4,5	2							35	2606
26.11.2003	10186	3,4	1	4499	1,5	1	11179	3,7	1							35	11233
26.10.2008	25297	8,3	3	5689	1,9	1				14888	4,9	2	18141	6,0	2	35	19245

Abkürzungen: Md: Mandate; SVP: Südtiroler Volkspartei; DC: Democrazia Cristiana; PPAA: Partito Popolare dell'Alto Adige; PSI: Partito Socialista Italiano; PCI: Partito Comunista Italiano; PDS: Partito Democratico della Sinistra; PSDI: Partito Socialista Democratico Italiano; PSLI: Partito Socialista Lavoratori Italiani; MSI: Movimento Sociale Italiano; AN: Alleanza Nazionale; THP: Tiroler Heimatpartei; SFP: Soziale Fortschrittspartei; SPS: Sozialdemokratische Partei Südtirols; PDU: Partei der Unabhängigen; FPS: Freiheitliche Partei Südtirols; PRI: Partito Repubblicano Italiano; UfS: Union für Südtirol; LN: Lega Nord; UCAA: Unione di Centro Alto Adige; Il Centro – UDA: Unione Democratica dell'Alto Adige; PD: Partito Democratico.
Quellen: Zusammengestellt aus Daten in den Südtirol-Handbücher 1999 und 2007, teilweise entnommen aus Pallaver 2001a, 318f und dem Jahrbuch für Politik - Tirol und Südtirol 3003 (Athesia 2004).

Anmerkungen

1 1993 kandidierte die DC als Partito Popolare Alto Adige, 1998 als Popolari - Alto Adige Domani.

2 1968 hatte der PSI mit dem PSDI ein Wahlbündnis geschlossen; 1998 haben die Socialisti Italiani (SI) in einem Wahlbündnis mit den Democratici di Sinistra und dem Partito Repubblicano kandidiert.

3 1993 kandidierte der PCI als Partito Democratico della Sinistra, 1998 als Progetto Centrosinistra, einem Wahlbündnis zwischen PDS/Democratici di Sinistra, Partito Repubblicano, Socialisti Italiani.

4 Der PSDI kandidierte 1968 zusammen mit dem PSI.

5 1998 kandidierten I Liberali gemeinsam mit Alleanza Nazionale.

6 1998 kandidierte der MSI als Alleanza Nazionale.

7 1978 kandidierte die Bewegung Neue Linke/Nuova Sinistra, 1983 als Alternative Liste für das andere Südtirol/Lista Alternativa per l'altro Sudtirolo/Pêsc, 1988 als Grün-Alternative Liste/Lista Verde Alternativi, ab 1993 als Verdi-Grüne-Vërc.

8 Die Partei der Unabhängigen kandidierte 1988 als Freiheitliche Partei Südtirols.

9 Der Partito Repubblicano kandidierte 1998 gemeinsam mit den Democratici di Sinistra und den Socialisti Italiani.

10 1983 kandidierte der Wahlverband des Heimatbundes (WdH), 1988 der Südtiroler Heimatbund, 1993 die Union für Südtirol.

11 1998 kandidierten die Ladins mit der Demokratischen Partei Südtirols.

12 1993 unter Lista Civica mit Vertretern der Zivilgesellschaft und der Centro Cristiano Democratico (CCD); 2008 als Il Popolo della Liberta Berlusconi.

13 Die Partei Il Centro-Unione Democratica dell'Alto Adige entstand aus einer Spaltung des PPI in Südtirol und steht der gesamtstaatlichen Partei CDU nahe.

Kurzbiografien der Autor/inn/en

Maria Beyrl, Dr., geb. 1973, wissenschaftliche Mitarbeiterin am Department für Politische Kommunikation, Donau-Universität Krems; Politikwissenschafterin; aktuelle Arbeitsschwerpunkte: Politische Partizipation und Wahlen.

Peter Bußjäger, Univ.-Doz. Dr., Direktor des Instituts für Föderalismus in Innsbruck und Direktor des Vorarlberger Landtags; Forschungsschwerpunkte: insbesondere die demokratische Leistungsfähigkeit und die Effizienz des Föderalismus in Mehrebenensystemen. Homepage: www.foederalismus.at.

Hannah Crepaz, geb. 1974, Studium der Musikwissenschaften in Innsbruck und Paris; Postgraduate-Lehrgang für Kulturmanagement am ICCM in Salzburg; langjährige Erfahrung in der Kulturarbeit (Galerie St. Barbara, Osterfestival Tirol, Moment!Musik), seit 2004 Programmierung, Koordination und Organisation von musik+ und 123tanz, seit 2008 Obfrau der Tiroler Kulturinitiative, ab 2009 künstlerische Leiterin des Osterfestival Tirol.

Maria Crepaz, Studium der Geschichte, Germanistik, Psychologie. Geschäftsführerin der Galerie St. Barbara/Studienzentrum für Neue Musik; zwei Jahre Obfrau der ARGE Region Kultur; Mitgründerin der Tiroler Kulturinitiative 1989; Vorstand im Brenner Forum und der IG Kultur Österreich (1990–93); Diplom für europäisches Kulturmanagement der Universität Linz; Lehraufträge für Kulturmanagement an der Universität Innsbruck.

Peter Filzmaier, Univ.-Prof. Dr., Professor für Demokratiestudien und Politikforschung und Leiter des Departments für Politische Kommunikation an der Donau-Universität Krems sowie geschäftsführender Gesellschafter des Instituts für Strategienanalysen (ISA) in Wien.

Margret Friedrich, ao. Univ.-Prof. am Institut für Geschichte und Ethnologie der Universität Innsbruck, seit Oktober 2006 Vizerektorin für Lehre und Studierende, in dieser Funktion auch engagiert in mehreren Gremien der Universitätskonferenz und Beiräten des Wissenschaftsministeriums.

Hartmann Gallmetzer, geb. 1941 in Petersberg (Südtirol), klassische Matura bei den Franziskanern in Bozen; dann Sprachstudien in London, Barcelona, Mailand; 1965–1970 Journalist bei der Tageszeitung „Dolomiten“; 1971–1989 Leiter der Südtirol-Redaktion der „Tiroler Tageszeitung“; 1989–1997 Generalsekretär der Südtiroler Volkspartei; anschließend freier Journalist, Verfasser zahlreicher Bücher und Schriften mit lokalem bzw. wirtschaftlichem Inhalt.

Kathrin (Stainer-)Hämmerle, MMag., geb. 1969, Rechts- und Politikwissenschafterin an der Universität Klagenfurt; lehrt an den Universitäten Klagenfurt, Innsbruck und der Fachhochschule Kärnten; Schwerpunkte: Politische Bildung, Verfassungsrecht und Demokratieforschung.

Iris Höller, Mag., Dissertantin am Institut für Politikwissenschaft der Universität Innsbruck und Projektmitarbeiterin bei der APA-MediaWatch – Institut für Medienanalysen GmbH.

Stefan Kappacher, Mag., geb. 1962, seit 1984 als innenpolitischer Beobachter und Berichterstatter in Wien tätig, zuletzt als Producer ZIB 2 für das ORF-Fernsehen; derzeit Redakteur ORF-Radio mit Schwerpunkt Ö1-Journale.

Verena Langegger, Mag. MA, Studium der Politikwissenschaften, Englisch, Geschichte, Medienkunde an der Leopold-Franzens-Universität in Innsbruck und Masterstudium an der Donau-Universität in Krems im Fach Qualitätsjournalismus; seit der Studienzeit Mitarbeiterin diverser Medien, etwa Antenne Tirol, ORF-Tirol, ORF-Wien, Ö3; derzeit Tirol-Korrespondentin der Tageszeitung „Der Standard".

Christian Naderer, geb. 1968, seit 2004 Inhaber der Werbeagentur naderer communication und u. a. Berater der Südtiroler Volkspartei sowie lokaler CSU- und ÖVP-Gliederungen; arbeitete davor seit 1997 im Dienste der deutschen Agentur Zoffel-Hoff-Partner für die SVP; 1991–1997 Landesobmann der Jungen ÖVP Salzburg; 1989–1991 Pressereferent der ÖVP im Salzburger Landtag.

Heinrich Neisser, Univ.-Prof. Dr., geb.1936 in Wien, 1975–1999 Abgeordneter zum Nationalrat; seit 1989 Honorarprofessor am Institut für Politikwissenschaft der Universität Wien, 1997–1999 Gastprofessor am Institut für Politikwissenschaft; 2000–2008 Jean Monnet-Professor jeweils an der Universität Innsbruck; seit 2008 emeritiert; Forschungsschwerpunkte: Politisches System der EU, Parlamentarismus und Bürokratieforschung.

Erwin Niederwieser, Dr. jur. et Dr. phil., geb. 1951 in Lienz, Studium Jus und Erziehungswissenschaften in Innsbruck, BG und LG Innsbruck; seit 1978 Leiter der bildungspolitischen Abteilung der Kammer für Arbeiter und Angestellte für Tirol; 1990–2008 Abgeordneter zum Nationalrat, davon viele Jahre als Wissenschafts- und Bildungssprecher; Vorsitzender der SP Innsbruck-Land.

Flooh Perlot, Dr., Politikwissenschafter am Institut für Strategieanalysen (ISA) in Wien.

Clemens Pig, Mag., Studium der Politikwissenschaft an der Universität Innsbruck; Gründungsmitglied der MediaWatch Institut für Medienanalysen GmbH; wechselte 2008 als MediaWatch-Geschäftsführer in die APA – Austria Presse Agentur als Bereichsleiter Marketing & Verkauf.

Peter Plaikner, geb. 1960, führt das Beratungsunternehmen plaiknerpublic medienarbeit; Lehrgangsmanager für Politische Kommunikation an der Donau-Universität Krems; politischer Wochenkolumnist der „Tiroler Tageszeitung" und Medienkolumnist der Wochenzeitung „Die Furche"; zahlreiche Lehrtätigkeiten und Buchpublikationen; Journalist seit den 1970er-Jahren, ab 1981 „Tiroler Tageszeitung", 1995–2004 stv. Chefredakteur; seit 2005 selbstständig.

Gottfried Rainer, geb. 1943, 35 Jahre als Redakteur verantwortlich für die Berichterstattung der „Tiroler Tageszeitung" aus Osttirol; Textautor von zwei Bildbänden und zuletzt Beiträgen für Arunda und Quart. Wöchentliche Kolumne in der Regionalausgabe der TT.

Ulrike Reisner, Mag., geb. 1969, arbeitet als selbstständige Beraterin und Fachjournalistin in Innsbruck. Ihr Schwerpunkt liegt einerseits auf Politik & Kommunikation, andererseits ist sie seit mehr als 15 Jahren intensiv mit zahlreichen Projekten der alpinen Tourismus- und Freizeitwirtschaft beschäftigt.

Christoph Sailer, geb. 1958, seit 26 Jahren Journalist, zuerst im Printbereich, dann ab 1987 beim ORF Tirol; startet in der Gründungsmannschaft von „Tirol Heute" und wird 2001 Leiter des frisch aus der Taufe gehobenen Magazins „Südtirol Heute", das täglich um 18.30 Uhr in ORF 2 gesendet wird; ab 2004 Leiter der Kulturredaktion in Innsbruck; seit 2007 Chefredakteur des ORF Tirol.

Georg Schärmer, Dir., seit über 20 Jahren in führenden Funktionen im Sozialmanagement tätig, seit 1998 als Direktor der Caritas der Diözese Innsbruck; Erwachsenenbildner mit den Spezialbereichen Sozialorganisation und Sozialpolitik; Seminarbegleiter und Lektor bei zahlreichen Bildungsinstituten in Tirol und Österreich.

Ernst Schöpf, Mag., geb. 1960, seit 1986 Bürgermeister von Sölden; Studium der Betriebswirtschaft an der Universität Innsbruck; 1994–2003 Abgeordneter zum Tiroler Landtag; 1989–1994 Geschäftsführer der Ötztal Werbung; 1990–1994 Vorstand der Timmelsjoch-Hochalpenstraßen AG; 1994–2002 Bezirksparteiobmann der ÖVP; 1995–2000 Landesparteiobmannstellvertreter; seit 2004 Vizepräsident des Tiroler Gemeindeverbandes.

Gerulf Stix, Dr., geb. 1935, Studium der Volkswirtschaft an den Universitäten Innsbruck und Frankfurt am Main; dann bei verschiedenen Unternehmen in Deutschland und Österreich; seit 1963 ehrenamtlicher Funktionär der FPÖ Tirol; 1973–1985 Landesparteiobmann und Mitglied des Bundesvorstandes; 1971–1990 Abgeordneter zum Nationalrat; 1983–1990 Dritter Präsident des Nationalrates.

Karlheinz Töchterle, o. Univ.-Prof. Mag. Dr., geb. 1949, Rektor der Universität Innsbruck; Studium der Fächer Klassische Philologie und Germanistik an der Universität Innsbruck; Studienaufenthalte an den Universitäten Konstanz und Padua.

Hannes Vorhofer, Mag., Studium der Politikwissenschaft an der Universität Innsbruck; Geschäftsführer der APA-MediaWatch – Institut für Medienanalysen GmbH mit Sitz in Innsbruck.

Bernd Wachter, MMag., Leiter der Abteilung Kommunikation & Bildung der Caritas Tirol; freier Journalist im Print- und Radiosektor, u. a. als Mitarbeiter des ORF-Landesstudios Tirol; Lektor an der Universität Innsbruck im Bereich Medienkommunikation sowie Lehrbeauftragter an zahlreichen Bildungs- und Wissenschaftseinrichtungen.

Elisabeth Wiesmüller, Dr., geb. 1950, Volksschullehrerin; Erwachsenenbildnerin; 1992–2004 grüne Gemeinderätin in Lans; 1999–2008 grüne Landtagsabgeordnete; dzt. Familienarbeit und demnächst Ehrenamtliche in EZA und Hospiz.